序

　　這本書的初稿是我在1983年春天向加拿大英屬哥倫比亞大學（University of British Columbia）提出的博士論文 *Li Po：A Biographical Study*。我在取得學位回台任教之後，開始抽空把這部論文分段翻譯成為中文，並從事補強論證、整飭邏輯、潤飾語言的工作，然後發表於《清華學報》。原本期望於數年之內完成並出版整部修訂後的中文稿，沒想到由於日常教學研究工作十分繁忙，再加上不久之後個人健康狀況急遽惡化，遂一拖再拖，直到現在才終於得償夙願。

　　這些年來，李白學界在李白全集或選集的校注工作上取得了很大的進展；在李白生平的研究上也有不少值得參考的成果。在這些方面，本書已盡力吸收眾人之長，以期內容不至於過時。在另一方面，近年來有些相關著作在個別觀點上有與本書相似之處。這些地方則本書將不特別關注。因為本書的主要論點在1983年的論文裡基本上都已提出，並非承襲這些著作而來。

　　本書首章所要討論的是李白的家世問題。家世是影響唐代士人社會地位的一個緊要因素。而且，誠如該章內文所將指出，李白家世問題的答案又是次章重構李白生平的重要立足點之一。因此，關心李白生平的學者對這個問題本應都具有相當興趣才對。但是，由於此一問題自始就聚訟紛紜，糾纏至今自然而然形成一個必須經過

極端繁複的考訂才能解開的謎團，遂令不少學者對之望而却步。本書鑒於此問題之重要性，仍然決定徹底加以考察。惟爲免讀者不易索解，乃再三修改行文，希望使整個考察的過程儘量條理分明，讓讀者只要費心尋究，就終能掌握到問題所牽涉到的各個層面的可能眞相。

次章可以說是一篇形態稍異的李白年譜考證。其與一般年譜考證的差別主要只是不按譜主生平逐年逐月敘述、考訂，而改按譜主生平重要事迹分段敘述、考訂。這章考訂的結論雖然簡潔扼要，不像有些李白傳記那樣洋洋灑灑，卻是了解李白其人的比較堅實可靠的基礎。

後兩章延續第二章的成果，儘可能詳盡地介紹李白一生最重要的兩類活動，即政治追求與隱逸求仙生活，並把這些活動放到當時政治、社會、與文化的脈絡裡去觀察、解釋。

個人希望，這四章合起來能提供讀者一幅李白其人的眞實清晰的圖像。

趁著本書出版的機會，我首先要向提供優厚獎學金讓我安心攻讀學位的英屬哥倫比亞大學表達無限的感激。接著，我要向引導我從事唐代史研究的蒲立本（Edwin G. Pulleyblank）教授和引導我從事古典詩詞研究的葉嘉瑩教授致上最深摯的謝忱。沒有他們的諄諄教誨，這本書是不可能寫出來的。此外，我也要向對本書論點提出很多修訂意見的博士論文校外審查委員James R. Hightower教授致謝。最後，我還要向多年來一直悉心照顧我的內人呂秀玲和家兄施明山，在百忙中盡心爲我處理本書出版事宜的游均晶小姐，慷慨

提供相關資料給我的葛景春教授、潘呂棋昌教授、和崔文娟女士，
以及其他所有直接、間接幫助我完成本書的個人和單位表達謝意。

施逢雨

一九九九年五月

李白生平新探

目　次

第一章　李白家世之謎

（ 1 ）

　　一千多年來，關於李白的知識，即使像生年、生地、和家世這樣基本的資料，也一直混沌不清、眾說紛紜。其原因不在於相關原始資料的缺乏，而在於這些資料的不可信。除去李白本人所說的某些片言隻字外，至少還有四個作品看起來彷彿具有相當權威性，並因而一直受到重視。這四個作品是：

㈠李陽冰的〈草堂集序〉（李白在寶應元年，也就是762年，臨終時曾託陽冰爲之編集；陽冰所編即稱《草堂集》）❶。此文重要部分將列於書末附錄乙中。

㈡魏顥的〈李翰林集序〉（魏顥爲李白朋友，也曾爲李白編集，所編即《李翰林集》；此序約作於寶應元年）。❷

---

❶　見《王本》31／1443－47。關於此處所提年代，註❽有一些討論，可參看。

❷　序文見《王本》31／1447－53。由其末段看來，此序之作不早於上元末，也就是762年4月（見《通鑑》222／7118，胡三省對「寶應元年」的註）；也不會晚於762年末李白逝世之期很久。參看註❽。又，魏顥又曾名魏萬，見《王本》31／1450。

·1·

(三)李華（約715年至約774年之後）的〈故翰林學士李君墓誌并序〉。❸

(四)范傳正的〈唐左拾遺翰林學士李公新墓碑并序〉。范曾於憲宗元和十二年（817）為李白築新墓，碑文即作於其時。范自稱曾獲得李白之子伯禽手疏資料。❹此文重要部分亦將列於書末附錄乙中。

然而，這些作品所提供的資料能夠讓我們放心接受的實在很少，而需要我們費心去澄清或甚至去否定的則極多。在經過歷來一些傑出李白學者的努力研究之後，有兩個問題，無疑是最複雜最困難的兩個問題，仍然懸而未決。這兩個問題是：⑴李白是否真的出身隴西李氏，且為隴西李氏最顯赫的人物李暠的九世孫。⑵李白家是否真的謫居西域數代，而後於唐初遷居於蜀。（這兩點李陽冰與范傳正除了文字上的細微差別外，都同樣有肯定且詳細的敘述。）在本章裡面，這兩個問題顯然需要最廣泛的討論。

目前，學者大多已相信李白是生於長安元年（701）。❺王琦最先得到這個結論。他的理由有二。❻其一，李白在寫來呈給肅宗

---

❸ 見《王本》31／1458—59；《全文》321／1題目稍異。李華生卒年係依據1979年版《辭海》，頁2889。

❹ 見《王本》31／1461—68；《英華》945／1a—4b題目稍異。關於「左拾遺」這個官銜的來源，見註❽。

❺ 例如：詹鍈，《李白詩文繫年》，頁1；郭沫若，《李白與杜甫》，頁3；黃錫珪，《李太白年譜》，頁2。

❻ 《王本》35／1573—74，長安元年條及頁1612，寶應元年條。

的〈爲宋中丞自薦表〉裡聲稱自己五十七歲，而該篇表文可以推定係作於至德二載，也就是757年。❼其二，李華和李陽冰分別指出，李白卒年六十二歲，而該年是寶應元年，也就是762年。❽雖然有一條重要資料說法與此相矛盾（詳見後文），王琦這個推論應該站得住腳。❾

　　所有提及李白出生地的早期資料基本上似乎都同意李白係生於蜀之綿州。❿魏顥明白這麼講。李陽冰、范傳正、以及《新唐書》（按：《新唐書》的說法顯然是由李、范二人綜合簡化而來）都在敘述李家遷蜀一事後緊接著敘述李白之出生（李陽冰未提及係在蜀中何州），

---

❼　表文見《王本》26／1217。關於此一作品之繫年，見第二章第七節第四段正文及附考138丁點。

❽　曾鞏在其李白文集之後序（《王本》31／1479）中聲稱李白「年六十有四」。由於曾氏的說法顯然是依據李陽冰序及〈爲宋中丞自薦表〉而得，其說應如王琦（《王本》35／1612，31／1480）所主張，是一時疏失的結果。

　　李陽冰沒有直接指出李白的逝世年代。但是他自稱作序時爲「寶應元年（按：762年）十一月」，序中又說：「〔陽冰〕臨當挂冠，公又疾亟，草稿萬卷，手集未修，枕上授簡，俾予爲序。」看來李白是卒於762年末陽冰作序之前。劉全白〈唐故翰林學士李君碣記〉（《王本》31／1460，作於790年）以及范傳正碑文又爲這個年代提供了另外一個證據。依據這兩條資料，代宗即位之初曾封李白爲左拾遺，但李白在詔書送達之前（范），或說剛送達之後（劉），就去世了。由於代宗即位於762年4月（《舊書》11／268；《新書》6／167；《通鑑》222／7125），劉、范的話應該是與李陽冰一致的。

❾　見後文李陽冰與范傳正雙雙宣稱李白生於神龍年間一段。

❿　蜀指現今嘉陵江與邛崍山之間的廣大地區，不應與唐代的成都府蜀郡（今成都一帶）或蜀州唐安郡（今成都南方的一個區域）相混。見《新書》42／1079－80；《元和志》31／2b。

因此其立意應與魏顥無異。⓫有時候，人們會稱李白爲隴西人；李白也常如此自稱。這「隴西」所指的顯然是李白所自稱的郡望。⓬而依今人說法，一個人的郡望「並不必然是他居住或設籍的地方，也不是他的出生地，而是他身屬某一世族的地位〔而已〕。」⓭至於爲什麼有人會稱李白爲山東人，則比較不確定。爲方便起見，我把有關這個問題的資料按時代先後表列在附錄甲裡。這些資料裡面最早的一條，也就是杜甫寫給薛華的〈醉歌〉，大約於至德元載（756）作於長安。⓮至於歌中的「山東李白」一語，最令人信服的解釋來自詹鍈。⓯詹氏指出，唐朝時代山東一語泛指潼關以東的廣大地區，並常被拿來與關中或關西對比使用。由於杜甫在歌中是與一位同住在長安的朋友談及自天寶三載（744）之後就離開關中前往東方各地生活的李白，所以他用了「山東李白」一語。⓰類似

⓫ 見書末〈附錄乙〉。范傳正所用的地名廣漢是漢代地名，其轄區與唐代的綿州差不多。《新書》所說的巴西應該是巴西郡，也就是綿州。見《元和志》33／6綿州條及《新書》42／1089。劉全白（《王本》31／1460）和曾鞏（《王本》31／1478）分別稱李白爲「廣漢人」和「蜀郡人」（是否爲「蜀人」之誤稱？見註⓾），這可視爲李白生於蜀之附帶證據。

⓬ 見李陽冰、魏顥、范傳正以及李白的〈贈張相鎬二首其二〉和〈與韓荆州書〉（《王本》11／599，26／1240）。

⓭ 「郡望」之定義借自David G. Johnson, *The Medieval Chinese Oligarchy*, p.92。關於隴西郡望，下文有詳細討論。

⓮ 見〈蘇端薛復筵簡薛華醉歌〉，《杜少陵集詳註》4／21−22。關於寫作年代，見黃鶴詩題下註。

⓯ 〈李白家世考異〉，《李白詩論叢》，頁22−23。

⓰ 關於李白在744年後的行踪，可參看第二章第六節。

地，後來元稹在他爲杜甫寫的墓係銘裡會稱李白爲「山東人李白」，也是因爲他在對比李、杜二人居所。❶此後，《舊唐書》把李白寫成一個實際出身山東的人，似乎就由於它誤讀了杜甫或元稹或杜、元二人的話。❶《舊唐書》更進一步聲稱李白之父曾任任城（在今山東兗州）尉，李家因此居住在那邊。這個說法同樣不可靠。因爲依據今人對李白生平遊踪的了解，任城地區是李白直到四十出頭才漫遊到的地方。❶到了明代，楊愼又從不同角度誤讀了杜甫的〈醉歌〉。他引用了北宋學者樂史的一個作品（已亡佚），說李白常自稱「東山」，導致有些同時代人稱他爲「東山李白」。楊氏於是認爲，杜甫歌裡的「山東」應作「東山」才對。❷然而，樂史的話幾乎可確定是嚴重扭曲李陽冰與魏顥之記載而來的。東山本東晉謝安出仕前隱居之地。❷由於極度仰慕謝安，李白有時會模仿謝

---

❶　〈唐故工部員外郎杜君墓係銘〉，《全文》654／10b。

❶　《王本》31／1474或《舊書》190c／5053。另參看詹鍈，〈考異〉，《論叢》，頁23。

❶　見第二章，第四節。

❷　見《丹鉛總錄》10／3b，及〈李詩選題辭〉，《王本》33／1513。楊似乎把「山東」一語理解爲類似於近代山東省的一個區域。又，楊聲稱他引用的是樂史的某一「李白集」的序。王琦（《王本》33／1514）懷疑楊可能引用了魏顥而卻自以爲引了樂史，因爲楊所引的話並不見於樂史序文。事實上，《王本》（31／1453-58）裡面所收的唯一樂史著作乃是一篇李白的非詩歌作品的集子的序。依據此序，樂同時也編了一部李白詩集。我認爲楊所引的應該是樂爲此詩集所寫的序。

參看錢謙益，《錢注杜詩》，冊2，頁47-48；《四庫全書總目提要》29／33；以及詹鍈，〈考異〉，《論叢》，頁23。

❷　《晉書》79／2072-73。

安生活方式，並屢屢在詩中談及東山。㉒李陽冰所謂的「屢稱東山」，所指不過如此。而即使魏顥也不過說「世號〔李白〕爲李東山」。「東山李白」只是宋朝人一個很誤導人的發明而已。㉓

在探討李白出生地的工作上，更令問題複雜的是前面提過的李家曾謫居西域的說法。李陽冰與范傳正二人都指出說，李家直到「神龍之始（或初）」（即705年）才潛還蜀地。而很明顯地，在下面三個論斷中，至少有一個是假的：（甲）李白生於701年；（乙）李白生於蜀；以及（丙）李家直到705年才遷居蜀地。由於（甲）是一個大部份依據數目字推斷而得的結論，而數目字本質上又比較明確可靠，我認爲學者相信（甲）是有道理的。關於（乙）和（丙），王琦很謹愼地推測說，「神龍」或爲「神功」之誤，要不然就是（乙）可能是假的。㉔然而，「神功」始於697年九月，終於次年正月初三，是個非常短暫的年號。㉕這樣一個年號很不可能有「始」或「初」之稱。在另一方面，陳寅恪可能因爲沒有留心到（乙）的證據，所以主張說，依據（甲）和（丙），李白應出生於西域。㉖郭沫若推得更遠。他認定李白就如范傳正所說，係生於碎

㉒ 例如：〈示金陵子〉、〈梁園吟〉、及〈憶東山〉，《王本》25／1196、7／390、23／1087。李白集中用到「東山」一語之作品可由花房英樹《李白歌詩索引》頁334查出。

㉓ 關於「山東李白」及「東山李白」的問題，還有一些很難令人置信的說法。本書爲免繁瑣，就不再一一反駁。

㉔ 《王本》35／1574長安元年條。

㉕ 《新書》4／98；陳垣，《二十史朔閏表》，頁91。《通鑑》206／6523，6525不可靠。

㉖ 〈李太白氏族之疑問〉，《論文集》，頁11。

葉。至於李陽冰所說的條支，他誤以爲那是一個包括碎葉在內的廣大區域，所以不會與他的看法相矛盾。❷陳與郭的說法頗得學者支持。❷然而，事實上，即使單依目前所已舉出的證據來判斷，（乙）也是比（丙）更可靠的，因爲（乙）除了與（丙）同樣見於李陽冰、范傳正之記載外，還見於魏顥序文。不僅如此，有好些學者，包括陳寅恪與郭沫若，都懷疑李白家謫居西域後遷蜀地的故事有一大部份是不可能的。這意味那整個故事說不定是編造出來的。❷在這種情況下，拿那故事的一部份（丙）去否定（乙），顯然是不合理的。

（2 甲）

要解決上述這個問題，我們有必要徹底考察一下李陽冰和范傳正的陳述。我首先要探討的是碎葉和條支這兩個陌生地名的確切位置以及它們與中國內地的關係。在有關唐代西域的早期資料裡，碎葉是一個相當常見的地名。❸依照法國學者沙畹（Chavannes）的說

---

❷　《李白與杜甫》，頁3−5；關於條支的地理位置，見本章頁20−24。

❷　例見王運熙與李寶鈞編，《李白》（1979），頁1，6以及復旦大學中文系編，《李白詩選》，二版（1977），頁1。我懷疑Elling Eide（"On Li Po", in Wright and Twitchett, eds., *Perspectives on the T'ang*, p.388）也一樣受到陳與郭的影響。

❷　見郭，頁10−12；陳，〈李太白氏族〉，《論文集》，頁10−12；以及下文第(4)節。

❸　例見《舊書》194b及《新書》40，43b，215b，221b。最詳盡的描述在《新書》40／1047和43b／1149−50；後者正是沙畹在其書中所翻譯的部分（見下一條註）。

法，它是 "Sūj-āb" 這個字的幾種中文音譯之一，其地位於現今吉爾吉斯共和國伊塞克湖（Issyk Kul）附近的托克馬克（Tokmak）。❸❶本書稍後所將提到的兩個與此地區相關的地理名詞熱海與伊麗河，就是現今的伊塞克湖與伊犁河。❸❷

然而，《新唐書》裡有一段錯誤但是卻很顯眼的記載，卻使一些學者認爲碎葉位於焉者（在今新疆焉者回族自治區），要不然就是分別有位於伊塞克湖附近和位於焉者的兩個碎葉。❸❸這段記載說：

> 焉者都督府，貞觀十八年（按：644年）滅焉者置。有碎葉城，調露元年（按：679年）都護王方翼築。四面十二門，爲屈曲隱出伏沒之狀云。❸❹

---

❸❶　*Documents sur les Tou-kiue（Turks）Occidentaux, suivi des Notes Additionnelles,* pp.8－10, 12－13, 143, 359。
　　Chavannes不把「葉」字讀爲*yeh而讀爲*she（「葉」字在用作上古姓氏或地名時可讀爲*she），並認爲整個碎葉一名只是 "Sūj" 的音譯而已（*Documents,* p.143, n.5及p.359。E.G. Pulleyblank教授曾經告訴我說，"āb" 意爲「河」，可獨立成字，並非 "Sūj-āb" 不可分割的一部份）。但是我認爲：*she這個音不太可能用於一個外國字的音譯上，而且唐時碎葉一名的發音（*suâi-iäp；見Karlgren, *Grammata Serica Recensa,* 490n, 633d）比較像是 "Sūj-āb" 而非只是 "Sūj" 的音譯。

❸❷　Chavannes，前引書，頁10，13。

❸❸　見陳寅恪（見註❷❾）及郭沫若，頁3。

❸❹　《新書》43b／1134。此條記載出現在安西都護府所轄都督府名單中，因此在關於碎葉的眾記載中無疑是最搶眼的之一。
　　《新書》43b／1150在描寫由撥換（近龜茲）至疏勒（今喀什）的路線時又提到一個碎葉。Chavannes（p.10）已指出那是個錯誤。
　　由《通鑑》202／6392・195／6142，200／6295看來，胡三省也屢次被此地正文所引記載所迷惑。

　　這段話裡的錯誤在我們下面考察唐朝往碎葉地區擴張的過程時，自然會顯示出來。貞觀十四年（640）唐軍攻陷高昌（在今新疆吐魯番），把它變成中國的一個州（西州），並在此設置官署及常駐軍隊，使成爲一個軍民合一的行政區，那就是安西都護府。[35]這就是大唐帝國向西邁出的第一大步。其後，貞觀十八年（644），由於焉耆自貞觀六年（632）以來就向唐朝納貢，而今卻與西突厥結盟，唐將郭孝恪遂由西州出發攻打焉耆，並虜獲了它的國王。[36]但是，唐軍一撤退之後，焉耆便又投向突厥。直到貞觀二十二年（648），任職於唐朝廷的突厥將領阿史那社爾遠征龜茲（今新疆庫車）時，才眞正把焉耆置於唐朝控制之下。[37]貞觀二十二年末，阿史那社爾決定性地擊敗了龜茲，虜獲其王布失畢，並立了他的一個

---

[35]　Chavannes, pp.101－110；Twitchett, ed., *Sui and T'ang China*, Part I, pp.224－26。

　　《舊書》4／69與《元龜》991／12b都說唐於651年11月在高昌故址建安西都護府。《唐六典》30／23b－24a說永徽年間（650－655）始置安南及安西大都護。岑仲勉《西突厥史料補闕及考證》頁36認爲640年所建的是都護府，而651年所建的則是大都護府。但是，在另一方面，《唐會要》73／1323（參照《新書》40／1047）在描述完657年唐對阿史那賀魯的勝利（見下，（2甲）中間）之後說，由於賀魯已被征服，唐乃遷安西都護府於高昌故址。我因此懷疑說，由於賀魯在649年太宗駕崩之後不久就圖謀佔領西州（高昌）與庭州，並於651年7月實際攻擊二州（《舊書》4／69；《新書》215b／6060；《通鑑》199／6273－75），唐朝有可能把安西都護府暫時遷往他處，而於651年末暫時打敗賀魯後再遷回高昌。而《唐會要》就把651年末這次勝利誤以爲是657年那次決定性的勝利。

[36]　《舊書》198／5301；《新書》221a／6229。

[37]　《舊書》3／56，198／5302；《唐會要》73／1326；《新書》2／43，221a／6229；《通鑑》197／6211－12，199／6262。

弟弟（顯然是唐朝的一個傀儡）繼任爲王。後來，龜茲境內動亂不止。於是唐朝廷首先於高宗永徽元年（650）決定把布失畢送回國去安撫其人民，然後於顯慶三年（658）初出發去把這個國家永久地征服。此次征服之後，唐朝廷在那邊設立了龜茲都督府，並命剛病逝的布失畢的兒子素稽爲都督。同年五月，唐朝廷把安西都護府所在地由西州遷到龜茲。❸唐軍於貞觀二十二年首次擊敗龜茲時，

---

❸ 甲・上面關於龜茲的這段敘述根據是：《舊書》3／60-62，4／78，109／3289，3293，198／5303-04；《元龜》964／7b；《唐會要》73／1323；《新書》2／47，3／58，110／4115，221a／6230-32；《通鑑》198／6250-51，199／6262-65，220／6309。

乙・唐朝對龜茲第一次遠征的年代，《舊書》198／5303，《唐會要》73／1325，以及《新書》43b／1134均作646年；《唐會要》甚至挑明是那一年的閏十月（貞觀二十年閏十月）。在同一個地方，《唐會要》又記載說，于闐王伏闍信在648年閏2月（貞觀二十二年閏二月）臣服於唐。然而，事實上，646年只有閏3月（《舊書》3／58；《新書》2／45；《通鑑》198／6236）而648年只有閏十二月（《舊書》3／61；《新書》2／47；《通鑑》199／6264）。由於于闐係於648年12月龜茲挫敗之後接著降唐（《舊書》3／61-62；《通鑑》199／6264；參照《通鑑》199／6269伏闍信到達唐朝廷日期），《唐會要》裡的兩個日期可能均是648年閏12月（貞觀二十二年閏十二月）之誤。《新書》顯然是衍用了《唐會要》的錯誤；參看丁點。

丙・《舊書》198／5304（參照《元龜》964／7b及《新書》221a／6232）認爲移安西都護府於龜茲事在唐朝對龜茲首次勝利之後（648）。這說法並不可靠。詳細討論見本節後半正文及該處各相關附註。

丁・《元龜》991／13，《新書》221a／6232，及《通鑑》200／6309都以658年爲龜茲都督府設置之年代；《舊書》40／1648及《新書》43b／1134則認爲是648年。其中《新書》43b的相關段落似乎是根據《唐會要》中一段類似文字而來的（見本節稍後正文及註❸）。今察《唐會

于闐（今新疆和田）王伏闍信深爲大唐軍威所震撼。同時，他又親身爲唐官吏薛萬備所恫嚇。因此，他立刻答應擁護唐朝統治，並隨同薛萬備前往唐朝京城晉見高宗。❸❾關於疏勒（今新疆喀什）的資料比較稀少。我們只知道它早在貞觀九年（635）就是唐朝的附庸國，但在貞觀二十年（646）左右可能改爲突厥所控制，而後唐於顯慶三年（658）或四年曾在此設州或都督府。❹⓿

　　要》該段文字中有三個年代本是關於焉耆、龜茲、及疏勒之其他事件的，而《新書》卻把它們誤爲在該三地設都督府的年代。因此，648年的說法看來是比較不可靠的。

❸❾　《舊書》3／61－62，198／5305；《新書》110／4115，221a／6235；《通鑑》199／6268－69。又見上註乙點。

❹⓿　甲·《舊書》198／5305；《唐會要》73／1326；《新書》221a／6233，43b／1134。《新書》43b／1134認爲唐朝在同年設疏勒都督府，這是沒有根據的。見註❸❽丁點及本註丙點。今人或認爲于闐與疏勒在初次向唐朝納貢之後即自動臣服於中國威權之下，這也是不對的。（說見 *Sui and T'ang China*, Part I, p.228；依據《舊書》198／5305及《新書》221a／6235，于闐早在632年就向唐朝納貢。）焉耆與龜茲都在眞正被唐朝征服之前很久就已向唐納貢（《舊書》198／5301，5303；《新書》221a／6229, 6230）。這些國家之所以向唐納貢，主要似乎只是要表達對唐的友好與仰慕而已。

乙·646年西突厥可汗乙毗射匱遣使至唐朝廷納貢，並請求娶一位唐公主爲妻。太宗默許這個請求，但是回過來要求乙毗射匱割讓塔里木盆地中包括疏勒在內的五個綠洲給中國。見《舊書》194b／5185；《新書》215b／6060；《通鑑》199／6236。《唐會要》94／1694則獨以645年6月爲此事件之年代，不知何據。乙毗射匱能控制這些國家到什麼程度我們不得而知（參較 William Samolin 在 *East Turkistan to the Twelfth Century* 頁59的揣測），但是太宗的要求本身堅強證明說乙毗射匱的確多少控制著這些國家。

在現今的天山北路方面，乙毗射匱可汗在貞觀二十二年（648）之前幾年把乙毗咄祿可汗驅逐到吐火羅（在今阿富汗之北），成了西突厥的領袖。❹貞觀二十二年，原本在乙毗咄祿下面擔任葉護的阿史那賀魯率眾降唐。❷他們被安排在庭州（在今吐魯番以北，準噶爾盆地南緣）附近安頓下來；次年年初，唐朝在其地置瑤池都督府，並以賀魯爲都督。❸但是，在太宗於貞觀二十三年（649）夏逝世之

丙·《通鑑》200／6317說659年9月高宗下詔在許多中亞國家，包括疏勒及石（Tāshkent）、史（Kesch）、米（Māimargh）等索格底（Sogdian）國家，設置州與都督府。但是在《新書》221b及《唐會要》99／1771以下關於這些索格底國家的記載中，此事年代則作658年。（參較正文頁21及註❼中關於條支都督府之設置的討論。）在另一方面，《舊書》40／1648則說疏勒都督府係置於上元年間（674－76）。實際情況也許是：658或659年時，疏勒就和于闐一樣，只置了州而已，而未置都督府（于闐置州事見《舊書》上引處；另參較《新書》43b／1134）；要不然的話，就是因爲上元年間唐朝曾設置了其他一些都督府，導致《舊書》不察而致誤（參較岑仲勉，《西突厥史料補闕及考證》，頁56）。也參較甲點。

❹ 乙毗射匱的決定性的勝利應該發生於646年之前；見註❹乙點所引證之資料。

❷ 有關賀魯事之資料：《舊書》3／60，62，4／68，76，78，194b／5186－88；《元龜》973／12b；《唐會要》73／1322－23；《新書》3／53，57－58，43b／1130，215b／6060－63；《通鑑》199／6256－57，6266，6273－74，200／6295－96，6301，6305－08。其中有些點將在註❸、❹討論。

❸ 關於瑤池都督府的性質我們所知甚少。《新書》43b／1130說它治理著賀魯自己的部落。《新書》215b／6062及218／6154（參照Chavannes, *Documents*, 頁62，98）則顯示說此一都督府可能置於庭州及處月、沙陀諸部落附近。這些地方都在天山北麓、西州之北（見Chavannes, *Documents*, 附圖）。

後，賀魯就漸漸與唐破裂。高宗永徽二年（651）初，他終於往西逃逸，自稱沙鉢羅可汗，並日漸收服乙毗射匱屬下的突厥部落，取代了他的地位。❹顯慶二年（657）末，唐朝擊敗了賀魯，並設置了崑陵、濛池兩個都護府來管轄他所控制的部落和國家，（其範圍東至今阿爾泰山、西抵今錫爾河一帶）。❺這是唐朝的控制首次達到碎葉一帶。

自然，在這些新征服的外國領土上，時時會爆發一些小規模的叛亂。但是，直到咸亨元年（670）爲止，唐朝似乎沒有遭遇任何嚴重的挫敗。❻那一年，吐蕃在于闐國王的幫助下擊敗了唐軍，佔領了土耳其斯坦的一部分。整個情勢困難到令唐朝難以繼續在那邊維持軍隊，終致撤離它在現今天山南路的所有四個軍事要塞（四鎮），即龜茲、于闐、疏勒、和焉耆。❼有跡象顯示，唐朝的撤退

---

❹ 關於賀魯公開叛亂的年代，我所依據的是《舊書》194b／5186，《唐會要》73／1322，《新書》3／53，以及《通鑑》199／6273。《舊書》4／68將此事繫於650年12月。《唐會要》94／1694則作652年7月；依《舊書》4／69及《通鑑》199／6274，這是賀魯攻擊庭州的年代。

❺ 唐之遠征始於657年初，終於同年底；見《新書》3／57−58及《通鑑》200／6301，6305−07。《舊書》4／78將賀魯之最後潰敗及二都護府之設置繫於658年2月；《通鑑考異》（200／6307）依據《高宗實錄》（已亡佚）否定了這個年代。《唐會要》73／1322記載爲 657年11月。

❻ 關於658至670年間發生的次要事件，見岑仲勉，《西突厥》，頁51−55。

❼ 《舊書》5／94，196a／5224；《唐會要》73／1326；《新書》3／68，43b／1134，216a／6076；《通鑑》201／6363。依據這些資料中最詳細的《舊書》5／94及《通鑑》，吐蕃只攻克安西地區的一部分，而唐朝也似乎只是暫時被迫放棄諸鎮，並不像其他資料所可能暗示的那樣，在安西整個地直接被征服。參照註❺有關崔融〈拔四鎮議〉一文的討論。

並不必然導致吐蕃的入主；但是，毫無疑問地，吐蕃現在已成爲唐朝在土耳其斯坦的勁敵。❹儀鳳元年（676），吐蕃侵襲了那整個地區，攻下了高昌，然後一直往東挺進到現今的甘肅邊境。❹

上引《新唐書》中關於王方翼與碎葉的事件就如下述。❺自儀鳳二年（677）以來，西突厥可汗阿史那都支以及他手下一個頗有權勢的酋長李遮匐日漸叛離唐朝而與吐蕃聯合。❺爲了解決這個問

❹ 甲·673年12月之前一段時候，弓月以及另外一個部落與吐蕃結盟攻克疏勒。673年12月，由於擔心唐朝會來軍事干預，弓月王才偕同疏勒王前來唐京城輸誠。見《舊書》5／98及《通鑑》202／6371－72。
乙·于闐王曾於674年末晉見高宗，並因曾攻打吐蕃而特受嘉許。見《舊書》5／99－100及《通鑑》202／6371－72。

❹ 崔融〈拔四鎮議〉（《英華》769／9b；《全文》219／15a）說，自從670年高宗下令由四鎮撤退後，吐蕃變得比以前更爲囂張，並曾一度入侵整個西域，「焉者以西所以（按：當作『有』）城堡無不降下，遂長驅東向，踰高昌……斷莫賀延磧，以臨我燉煌。」他沒有指出這個事件的確切年代。不過在敦煌發現的某些古藏文文書中，倒有吐蕃於676年攻克高昌的記載。（見王堯譯〈敦煌古藏文歷史文書漢譯初稿選〉，《歷史學》，1979年第3期，頁89。）另外，《新書》221a／6232也指出，儀鳳年間（676－78）吐蕃曾攻打焉者以西地區，四鎮盡皆陷落。有可能唐朝於676年第二次喪失諸鎮。

❺ 所據資料：張說〈贈太尉裴公神道碑〉及〈唐故夏州都督王公神道碑〉，《全文》228／8a－15a，4b／8a；《舊書》84／2802－03，185a／4802－03及《新書》108／4086－87，111／4134－36的裴行儉與王方翼傳；《舊書》5／105，198／5313；《新書》3／74－75，215b／6064；《元龜》366／9，410／11；《通鑑》202／6390－92。諸資料間的一些較重大的歧異將在隨後各註中討論。

❺ 關於這個年代，見上註所引張說作裴行儉神道碑，《全文》228／9b；以及《舊書》84／2802，《新書》108／4086。實際上，《舊書》此處所

題，唐朝於調露元年（679）夏派了一個以裴行儉爲首的代表團，假裝要護送波斯王卑路斯（剛死於流亡地中國）之子泥涅師回國，由東都洛陽出發西行。❺❷透過裴的推薦，王方翼被任命爲安西副都護，充當裴的副手。由於曾任西州高官，裴行儉一到西州立刻有上千人志願隨他西行。但裴假裝在沙漠的炎熱天氣完全過去之前暫不西進，又說他要再次好好享受一番在安西游獵的樂趣；如此，他從安西都護府所轄各國聚集了上萬年輕人，並加以組織訓練，而竟沒

給年代係「儀鳳四年」（亦即調露元年，西元679年），而非677年。但是，它在校注中（頁2809）指出，所有它拿來校對用的板本都作「儀鳳二年」，它是依據《舊書》5／105和《通鑑》202／6390而改動的。而事實上，《舊書》5／和《通鑑》202只顯示出整個都支故事的最後階段發生於679年；而且，《通鑑》在開始敘述這個故事時所用的「初」字很清楚地告訴我們，整個故事是該回溯至679年之前的。更有進者，《新書》216a／6077說：由於吐蕃與西突厥聯合攻打安西，所以朝廷命李敬玄率領唐軍與之對抗；而依據《新書》3／74，李的任命事在678年1月。因此，《舊書》84／2802所作的改動看來是錯的。Chavannes（Documents, p.74, n.1）提到《新書》216a／6077，並說此處所提事件發生於上元三年（676）。岑仲勉（《西突厥》，頁56—57）已強力加以反駁。

阿史那都支在某些資料裡被稱爲匐延都支或阿史那匐延都支。

❺❷　甲·關於年代，見《舊書》5／105；《新書》3／74，215b／6064，221b／6259；及《通鑑》202／6390—92。亦見前註。

乙·泥涅師一名來自《新書》108／4086。在其他資料裡，有時稱泥洹師（《通鑑》202）、泥涅師師（《舊書》84）等。不過，名稱雖稍有差異，卻都可由文章脈絡辨認出來。

丙·《舊書》198／5313說裴行儉於678年護送卑路斯（而非泥涅師）西行，但只前進到碎葉而已。《通鑑考異》（202／6390）說《唐紀》（已佚）裡亦有類似說法，並對此說法加以駁斥。

有驚動到都支。裴行儉這支軍隊接著就迅速西進，並在同年秋天很輕易地虜獲了都支、李遮匐、以及其他許多酋長，把他們送往碎葉。其後，裴帶著俘虜回都，而把波斯王子留在碎葉；但王子後來據說改去住在吐火羅。在另一方面，王方翼則被留在碎葉建築要塞。

這個碎葉無疑是伊塞克湖附近的碎葉。先說，永淳元年（682）王方翼曾與阿史那車薄及其轄下突厥部落戰於伊麗河與熱海（即伊犁河與伊塞克湖），其地都遠離焉耆；[53]而且，有強烈證據顯示，都支與車薄的叛變發生在同一個地區。[54]第二，假設與都支的戰事戰場是在焉耆的話，都支勢力當已往東跨越整個安西地區；如此一來，裴行儉要在那裡聚集、組織軍隊並奇襲都支，就非常不可能。[55]第三，當伊塞克湖附近已經有一個叫做碎葉的出名城鎮時，唐

丁。唐朝廷當時在洛陽。見《通鑑》202／6388，調露元年一月；《舊書》5／104，105，儀鳳四年及調露二年。

[53] 見張說為王方翼作的〈神道碑〉，《全文》228／6；《舊書》5／109，185a／4803；《新書》111／4135；《通鑑》203／6407，6409。682年是永淳元年。《舊書》185a作永隆元年。然岑建功（《舊唐書校勘記》61／6）指出，「隆」字他本或作「淳」。因此，「隆」字可能是個錯字。

[54] 張說的王方翼〈神道碑〉（已見上註）敘述說，王隨裴行儉西行時官銜為「波斯軍副使兼安西都護」，而原安西都護杜懷寶則調為庭州刺史。但在建築碎葉城之後不久，王與杜的都護與刺史職又互調，於是杜「更統安西，鎮守碎葉」。接著張說談到這些調動的原因與後果：「朝廷始以鎮不寧蕃，故授公代寶。又以求不失鎮，復命寶代公。夫然有以見諸蕃之心搖矣。於是車薄啜（按：啜為一突厥名號）首唱寇兵，羣蕃響應。」據此，車薄和都支一樣，同為唐朝在碎葉一帶的敵人。

[55] 吳震在其〈從吐魯番出土汜德達告身談唐碎葉鎮城〉（《文物》，1975

朝廷又在焉耆建個要塞，稱為碎葉，似乎沒什麼道理。更有進者，《新唐書》裡有兩個段落描寫焉耆附近的要塞和哨所，都沒有提及碎葉，❺❻而王方翼所建的碎葉是大到不可能被遺漏的（前面引文提到，它有四面十二門以及十分複雜的街道設計）。❺❼最後一點，前引《新唐書》文與《唐會要》中一段關於四鎮的文字在內容和語言上都十分相似，有可能就是由《唐會要》引用而來。❺❽而《唐會要》在記載王方翼築城一事前曾附了一條其原編者唐人蘇冕的註記，指出蘇發現在不同時期的檔案裡，四鎮之一有時是焉耆，有時是碎葉，蘇因而甚感困惑。結果《新唐書》可能就把這兩個地方混淆起來了。

　　要了解第八世紀初，也就是據傳李白家由碎葉遷蜀時期，碎葉地區的政治軍事局面，關鍵就在於碎葉在四鎮中的角色。先說，《舊唐書》曾指出說，唐朝在貞觀二十二年（648）末打敗龜茲後，很快就有了包括碎葉在內的四鎮。類似的說法也可以在《冊府元龜》和《新唐書》裡找到。❺❾但是，要說唐朝在顯慶二年（657）打敗阿史那賀魯以前很久就已在碎葉設鎮，恐怕是很難想像的。更有進者，我們如果仔細察看上述資料，就會發現它們還包含其它

年8期頁14）中說裴行儉係由龜茲出發攻擊都支。此說如果屬實，那麼此處所談的碎葉應是伊塞克湖附近的碎葉，就很清楚了。但是，在我所查過的資料中，沒有一條能明確支持吳的說法。

❺❻　《新書》40／1046，1048。

❺❼　見張說的王方翼〈神道碑〉，《全文》228／6a。

❺❽　《唐會要》73／1325－26及《新書》43b／1134。亦見《舊書》40／1648。

❺❾　《舊書》198／5304；《元龜》964／7b；《新書》221a／6231－32。又，參較Chavannes, *Documents*, p.118及 "Notes Additionelles"，p.19。

一些可疑或甚至錯誤的說法，❻並發現它們之所以會提出貞觀二十二年這個可疑年代，可能是由於誤讀了崔融的一篇奏摺。❻總而言

---

❻ 甲·《舊書》198及《元龜》964說唐朝在648年末的勝利之後把安西都護府所在地遷往龜茲，並命郭孝恪爲安西都護。但是，其他資料一般都説該次遷徙發生於658年（見頁9－10及註❸）。更有進者，依據《通鑑》199／6264及《舊書》83／2774－75、《新書》111／4132郭孝恪傳，郭卒於此次遠征期間；眞正率領唐軍達到最後勝利的是阿史那社爾。

乙·《舊書》198沒有提及658年安西都護府遷轉的事。而《新書》221a則竟把648、658兩次遷轉敍述在同一個地方。這或許意味著，《新書》221a無法解決《舊書》198與其他資料之間的矛盾，因而致誤。

❻ 即〈拔四鎭議〉。前面已提及，此文全文見於《英華》769／8b－12a及《全文》219／12b－18a。此外，《唐會要》73／1327以下另有一個稍有改易的版本，而《新書》216a／6079、《舊書》198／5304、及《元龜》964／7b則錄有一些幾近於隨意改易的片段。此〈議〉係七世紀末左右呈給武后的一篇奏文（見岑仲勉，《西突厥》，頁66註）。在奏文裡，崔融極力反對廢除四鎭的主張。在敍述了中國歷代外交政策之後，他回顧了唐朝建國以來對土耳其斯坦的政策：「至唐，太宗方事外討，復修孝武（按：指漢武帝）舊跡。並南山（按：祁連山）至於蔥嶺（按：帕米爾高原）爲府（按：當指折衝府）鎭，烟火相望焉。其在高宗，勵精爲政，不欲廣地，務求安人，徭戍繁數，用度減耗，復命有司拔四鎭。其後吐蕃果驕，大入西域……」（引自《英華》769／9b；關於引文後緊接的幾個段落的內容，參看註❹、❻及下面緊接的正文。引文裡所謂「府鎭」的「鎭」，在唐朝初期本是幾類邊疆戍守單位之一的通名（《新書》50／1328），且崔融顯然也沒有把太宗時期置的鎭與高宗在670年所棄置的四鎭混爲一談。然而，在另一方面，《舊書》198／5304在敍述完648年唐軍破龜茲、安西都護府遷治、命郭孝恪爲都護統轄四鎭（參看註❻，甲點）等事之後，竟如此引述崔融的話：「高宗嗣位，不欲廣地勞人，復命有司棄龜茲等四鎭……」我因此懷疑，《舊書》的說法係源自於對崔融奏文中有關太宗置府鎭諸語的誤讀；而《元龜》964及《新書》221a文字與《舊書》雷同，當是源自《舊書》。

之，上述那些資料是不足採信的。比較合理的推想應該是：唐朝在攻克並可能鞏固整個四鎮所在地之後，也就是顯慶三年（658）之後，才建立四鎮。即使到了這個時候，碎葉也還未必已是四鎮之一，因爲我們知道，咸亨元年（670）唐朝從四鎮撤離時，四鎮包括焉耆，而非碎葉。❻依據某一資料，碎葉於調露元年（679）取代了焉耆。❻這點如果屬實，那一定是裴行儉打敗都支、王方翼在碎葉築城的結果。而這個年代也是大家所共同接受的唐朝強力控制碎葉的最早年代。垂拱二年（686），也就是阿史那車薄叛變（已見前文）之後四年，西突厥可能受到吐蕃教唆，又起而叛唐，迫使唐朝再度撤離四鎮。這一次，碎葉很明白的是四鎮之一。❻隔年，唐朝對安西地區的吐蕃人用兵，師勞而無功。❻直到長壽元年（692）末，唐軍才終於在王孝傑的率領之下，痛擊吐蕃，重建包括碎葉在內的四鎮。❻但是，我們可以想見，碎葉一帶的動亂絕對不會至此

---

❻ 《唐會要》73／1326；《通鑑》201／6363。

❻ 《元龜》967／11b。

❻ 員半千〈蜀州……達悉君神道碑〉（《全文》165／5a–8a，尤其是6b）記載說：686年時有一位叫達悉思敬的人曾任職於金牙道行軍，並曾提出一些自四鎮（包括碎葉）撤軍的策略，結果其策略進行得很成功。另外，根據吳震〈氾德達告身〉頁13，氾德達曾於某次唐軍自四鎮（亦包括碎葉）撤退時服務於金牙軍（即金牙道行軍？），並因功受獎。這次撤退應該也就是686年那一次。還有一條資料因無法確切定年，此地不贅述。讀者必要時可參看岑仲勉，《西突厥》，頁61–62。

❻ 崔融，〈拔四鎮議〉，《全文》219／15a–b；《舊書》77／2672及《新書》98／3904，皆待價傳。

❻ 《舊書》6／123，93／2977，196a／5225；《新書》4／93；及《通鑑》205／6487–88。《唐會要》73／1326蘇晃附註作長壽二年（693），可能是個錯誤。

就完全結束。聖曆年間（698－99），突厥酋長突騎施烏質勒經年圍困碎葉，佔領了部份城區，作爲他的牙帳。據記載說，守城的唐軍幾乎餓死。⑥⑦唐朝似乎只能封給烏質勒一個名譽職位安撫他，以換取短暫的和平。⑥⑧長安三年（703），因烏質勒與一些突厥酋長發生爭執，導致兵戎相見，這個地區又陷於不安，通行往來全然阻絕。⑥⑨恰巧的是，倒沒有任何資料記載說神龍元年（705），也就是相傳李白家自碎葉遷蜀那年，這裡有什麼動亂發生。

（2乙）

李陽冰序中所提到的條支一名很久以來就被認爲是指唐朝的條

---

⑥⑦ 見《元龜》967／11b；《舊書》194b／5190；《新書》215b／6066；以及《舊書》97／3046所載郭元振於708年左右上中宗的奏文（關於此奏文之定年，見岑仲勉，《西突厥》，頁75－76）。此一事件的年代只見於《元龜》，但是《舊書》97的描述以及下註其他一些資料可與該年代相印證。

⑥⑧ 《元龜》967／11b指出：武后在烏質勒將其牙帳遷往碎葉之後曾授給他「瑤池都督」銜。依據《元龜》970／18a及《通鑑》206／6540（參較《舊書》100／3112解琬傳），烏質勒於699年8月送了一個兒子到唐朝廷，而後唐朝廷乃派遣解琬西行前往安撫烏質勒及其他西突厥部落。有可能頒授「瑤池都督」予烏質勒一事就發生於解琬到達西域之後，而其後整個危機就跟著化解。

⑥⑨ 見《舊書》93／2979唐休璟傳；又參看《新書》111／4150及《大唐新語》8／133。只有《舊書》93記載了此一事件的年代：長安年間（701－04）。由此一資料的上下文來判斷，事件發生於唐休璟被命爲宰相之前不久；而根據《新書》4／103，該一任命發生於703年。《舊書》6／131說唐於703年7月被處死。這應該是個錯誤，因爲《舊書》93和《新書》111的唐休璟傳都記載其生平一路直到延和元年（712）他死於榮寵爲止。

支都督府而言。❼對於這個都督府的所在地也曾有過一些不夠成熟的猜想。有人認爲它就是怛邏斯城（Talas，在碎葉西南，也就是天寶十載（751）唐軍大敗於大食的地方）。如前文所述，又有人認爲它是碎葉一帶。❼這些看法都是靠不住的。

　　條支都督府之設立大約在顯慶三年至龍朔元年（658－661）間。當時，唐朝挾顯慶二年大破西突厥之餘威，遣使到怛邏斯河以南至現今阿富汗中部及巴基斯坦北部一帶國家，要求輸誠稱臣，並在這些國家廣設都督府。條支都督府即其中之一。❼其位置在訶達羅支國的伏寶瑟顛城。❼這個國家在唐代某些時候又以漕矩吒或謝颺之名爲人所知。❼依據一些關於漕矩吒和謝颺的相當詳細的記載，這個國家確如沙畹所說，應該位於現今的阿富汗城市哈茲尼

---

❼　見陳寅恪，〈李太白氏族〉，《論文集》，頁11；胡懷琛，〈李太白的國籍問題〉，《論文集》，頁14，16－18；郭沫若，頁4。

❼　見前註，胡與郭。

❼　《唐會要》73／1323－25，《新書》43b／1135－37，《舊書》40／1649－50，及《通鑑》200／6324－25（後二資料較不詳細）都記錄說：龍朔元年（661）以王名遠爲吐火羅道置州縣使在于闐以西、波斯以東地區設置眾多都督府及州縣（所設都督府及州縣數在各資料中並不一致；關於這點，岑仲勉在其〈唐代十六國羈縻府州數〉，《西突厥》，頁139－41中有一些討論）。條支都督府就是當時所設都督府之一。但是，《新書》221b／6252，6254，6241關於吐火羅、帆延、和罽賓的說明中都說唐朝於658年在這些國家設都督府。《舊書》198／5309（關於罽賓的說明）指出：唐朝於658年在罽賓設都督府，而於661年才頒授其王都督銜。依此，則這整個設府州縣的事件有可能始於658年而終於661年。參較《唐會要》73／1323「四年正月」條前的附註以及本章註❹丙點。

❼　《唐會要》73／1324；《舊書》40／1649；《新書》43b／1136。

❼　《新書》221b／6235。

（Ghaznī，在喀布爾西南）一帶。⑦除了偶爾向唐朝遣使納貢，接受唐朝冊封名義官位，以及在國際事務上與唐朝稍事合作外，這個國家不像還與唐朝有更進一步的關係。⑦所謂的條支都督府無疑只是個名義上的建置。

在另一方面，有些關於漢代的正史記載了一個叫做條支的國家。⑦

---

⑦　甲・資料：《新書》221b／6235；《大唐西域記》12／279－80，「漕矩吒」條；慧超（或作惠超）《往五天竺國傳》（見於羅振玉，《羅雪堂先生全集》第三輯，第六冊，《敦煌石室遺書》部分，頁2090－91；或《大日本佛教全書》第73冊，第590號，頁313b）。

乙・根據前人的研究，Chavannes（*Documents,* p.160正文與註❸；參看V. Minorsky, *Ḥudūd al-'Ālam, "The Regions of the World," A Persian Geography 372 A. H. -982 A. D.,* p.346）認定這個區域就是Zābulistān，並且說：「認定漕矩吒國爲阿拉伯人的Arokhadj（希臘人的Arachosie），並認定其首都鶴悉那爲阿富汗城市Ghazna，乃是歷史地理學上最古老也最確切的要點之一。」另外，Minorsky（p.112）也說：「Ghaznīn（按：即Ghazna，現代地圖上通常拼爲Ghaznī）及其鄰近地區都稱爲ZĀBULISTĀN。」謝颺一名有時也音譯爲謝越（見慧琳在《一切經音義》冊3，卷100，頁12中對慧超著作所作的註）。E.G. Pulleyblank教授告訴我說，謝颺和謝越二名的唐代發音（依據Karlgren, 807g, 304f, 303e, *zịa-jịuet與*zịa-jịwvt；其中「颺」字係由同音字「泅」而來）看起來是Zābul的非常精確的音譯。Chavannes（p.160, n.4）說訶達羅支一名或許應作「達羅訶支」，爲Tarokhadj之音譯，即是Arokhadj。但是，我沒有發現什麼資料可以支持他的猜想。

丙・關於此處所討論的地名認定的問題，岑仲勉（《西突厥》，頁145－46）及藤田豐八（《大日本佛教全書》前引處對慧超著作的註）還有一些較不重要的探討，讀者必要時可以參考。

⑦　Chavannes, pp.161, 293, 295－96。

⑦　《史記》123／3163－64；《漢書》96a／3888（烏弋山離條）；《後漢書》88／2918。

依據這些史料，這個國家位於安息（Parthia，音譯帕提亞，位於伊朗高原東北部）之西，面臨西海，有獅子、孔雀、與鴕鳥。❼❽學者們雖然無法一致認出這個國家，卻同意說這裡所謂的西海是現在的波斯灣，而條支就位於波斯灣頭附近。❼❾

李陽冰提及條支時，似乎並不指條支都督府而言。第一，唐朝設都督府的那些中亞國家一般上似乎仍以其國名爲唐人所知，而非以其都督府名（例如：于闐與吐火羅，而非毗沙都督府與月氏都督府）；而就我所知而言，訶達羅支（李白時稱謝䫻）也不例外。❽❶因此，李白很不可能會用「條支都督府」一名，更不可能會單用「條支」一名，來稱呼謝䫻。除外，假如李白對唐朝在中亞的軍事成就十分熟悉，熟悉到曉得有設立條支都督府一事，那麼他就不會告訴李陽冰說他的先世在隋朝或甚至隋朝以前就被放逐到那裡（詳見下文）。

---

❼❽　條支都督府所轄諸州中有一個取名爲西海，另有一個取名爲巨崖；資料見註❼❷開端。這兩個名字顯然是根據剛剛所陳述的條支國特色而取的。如此取名的原因，與其說是唐朝君臣混淆了條支都督府與古條支國，無寧說是他們動起了思古之幽情。理由是：爲整個恒邏斯河以南諸府州命名的工作，係根據實際訪察該地區的唐朝使者所畫的地圖而進行；而在今日的阿富汗中部一帶，是沒有任何海洋或大湖可被誤認爲古條支國瀕臨的所謂西海的。見《唐會要》73／1323；同時參照 Chavannes, *Documents,* pp.274–75。

❼❾　見藤田豊八，〈條支國考〉，《東西交涉史の研究・西域篇及附篇》，頁211–52；以及相馬隆，〈條支國雜考〉，《流沙海西古文化論考》，頁319–44。

❽❶　依據註❼❸至❼❻所引諸資料，條支都督府一名只出現在與其設立一事有關的段落裡。而即使在那些地方，它也不被用來取代謝䫻或訶達羅支。

李陽冰也不太可能是指漢代的條支而言，因爲到了他的時代中國人已經有幾百年沒有聽說過那個國家了。他（或李白）似乎只把「條支」用作一個指稱極西之處的籠統的、具有詩意的名字而已，未必嚴肅地指涉到任何特定的地點。[81]不過，依本書所需，我要特別指出，李陽冰既然放棄唐人所熟悉的西域（或說安西）不用，那麼他所想到的應該是一個比唐代西域更西邊的地方才是。

（2丙）

在接下來的文章裡，我要開始討論李白家謫居碎葉或條支之可能性。我的論證主要將集中在碎葉上。其原因有二。第一是，目前相信李家謫居碎葉者比相信謫居條支者多得多。第二是，就我下面所將達致的最終結論而言，即使把李陽冰的條支說也納入考慮，那些論證大部分仍將有效。

李陽冰與范傳正似乎一致認定李白先人是被放逐到西域的。[82]放逐的原因依李陽冰說是李白家人原本歷代仕宦，不幸突然有人得了不應得的罪（「非罪」），遂落得全家謫居的結局。[83]范傳正則只

---

[81] 參看註[78]。

[82] 依據李陽冰所用的「非罪」、「謫居」二語，以及范傳正所用的「被竄」一語。郭沫若（《李白與杜甫》，頁6-7）認爲李家是在中土多亂時自行逃難到碎葉；這說法實在太勉強了。

[83] 依據「非罪」（由於沒有根據的罪責；見諸橋轍次，《大漢和辭典》，冊12，頁133）及「蟬聯珪組，世爲顯著」（家族不斷有人身任高官，因而世世代代聲望卓著）二語。

簡單說是因爲國家「多難」。至於這事發生於何時，向無定說。范傳正說是隋末（隋興亡年代：581-617年），而李陽冰則只給了一個極其含混的年代：李家歷史之「中葉」。由於李白生於701年，而隴西李氏始祖李暠生於351年，其中點爲526年，即使我們允許526這個年代往前往後彈性調整個二、三十年，李陽冰所謂的「中葉」是否如一般人所相信的，是指隋末而言，就大有疑問。㉟李、范二人所給年代相去甚遠還算次要，更重要的是，誠如陳寅恪所說，在李、范二人所說的時代，李白家是不可能被放逐到碎葉去的，因爲那些時候碎葉根本遠在任何中國政權勢力所及之外。㉟

　　由李、范二人所用文字（李：「逃歸」；范：「潛還」）來判斷，他們二人都暗示李白家在神龍元年（705）回到中國內地是非法的。這個說法也令人懷疑。第一，在神龍元年之前，唐朝曾頒佈多次大赦，所不赦者只有叛國、弒父、奴隸殺主等少數極嚴重的罪行而已。㉟上述導致李白家被貶謫的原因不像是這麼嚴重的罪行。再者，神龍元年左右的李家家人少說也已是當初放逐碎葉的李家家人的三、四代孫。因此，要說在唐朝控制碎葉數十年之後，李白家仍需以罪人身份逃回中國內地，似乎有違常情。

㉟　關於李暠的生年，見下文（3甲）開頭及註㊾。

㉟　陳寅恪（〈李太白氏族〉，《論文集》，頁11）最先得到這樣的一個結論。他的立論基礎之一是李家在隋末被貶至焉者碎葉這一錯誤成說（見頁6及註㉝），因此他的整個說法與本書難免有歧異之處。但是，他的推論方向是相當令人信服的。

㉟　見《唐大詔令集》卷2與83裡的大赦詔令，尤其是〈神堯即位赦〉（2／5-6），〈太宗即位赦〉（2／6），及〈貞觀四年二月大赦〉（83／477）。

　　第二，就如前文所說，在神龍元年之前的二十年內，唐軍曾一度由碎葉等中亞軍事重地撤退，又曾一度被西突厥長期圍困於碎葉城內。很明顯地，唐朝在那個政軍情況極不穩定的地區，即使單要維持其軍事勢力也就很困難了。在這種情況下，唐朝廷有可能把某一個前代政權的某一個罪犯的後代子孫拘留在碎葉嗎？

　　第三，神龍元年時，唐朝對中亞的控制十分牢固，一個家庭一路從碎葉逃到蜀中，可以說是難以想像的。在現今的伊塞克湖和甘肅中部之間，到處都是沙漠和山嶺，因此只有循著某些固定路線行進才能橫度這片地方。而很明顯地，唐朝在這些路線上的大部分綠洲和山口都會設置軍事關卡。⑧更有進者，唐朝規定所有旅客在經過關卡時必須交驗一種稱做「過所」的許可證；又規定不准走私馬匹，因為馬匹被歸類為軍需品。⑧下面的一些例子可以顯示出，這些規定在西部邊境是如何嚴格地在執行著的。首先我們來看玄奘的故事。當玄奘於貞觀元年（627）出發前往天竺時，中國的西部邊界在現今的甘肅西北。慧立的玄奘傳敘述其行踪鉅細靡遺，其中就很生動地描寫到，當時邊界一帶沙漠上密密麻麻的軍事哨所對於像

----

⑧　唐朝初期，西北邊疆設有許多稱為「軍」、「鎮」、「城」、「守捉」等的軍事據點，以及稱為「驛」或「館」的驛站。見《新書》50／1328，40／1040－48；E. G. Pulleyblank, *The Background of the Rebellion of An Lu-shan*, p.68；以及新疆博物館與西北大學考古專業，〈1973年吐魯番阿斯塔那古墓群發掘簡報〉，《文物》，1975年7期頁13。在很大程度上，這些軍事據點與驛站的分佈可由《新書》40／1040－48的記載看出來。

⑧　見《唐六典》30／28關於關令職責的部分；以及《唐律疏議》8／178－84，尤其是〈私度關〉、〈不應度關〉、〈越度邊緣關塞〉等條。

玄奘這樣的偷渡客產生了多大的防堵作用。❽玄奘最終之所以能繼續西進，全靠某些官員受其宗教虔誠所感動，對他法外施恩。❾某些近年出土的文件充分支持了慧立的描述。這些文件包括一些過所和過所申請書，出土於吐魯番，源自開元年間（713－41），時間上很接近神龍元年（705）。❾依據這些文件，在整個安西都護府所轄範圍之內，一般旅客的確必須使用過所。文件中有許多是報告馬匹及驢子之使用情形的，這證明控制馬匹的規定也執行無誤。更重要的是，黏貼在某一張過所上的一張紙（看來是供檢查官員簽名或蓋章用的）還有一段殘片留下來；這段殘片顯示，該過所的主人在瓜州（今甘肅安西）附近三天之內就接受至少四個稱為「守捉」的軍事哨所檢查。❾講到這裡，我們應該已有足夠證據主張李白家由碎葉潛還之不可能了。

在我接下去考察李白與隴西李氏之關係前，我要簡單澄清另外一個把李白與西域扯在一起的似是而非的說法。有些一手資料指出，李白曾為唐玄宗草答蕃書。❾有些學者因此就以為李白懂某種外文，他與西域的關係也許不是假的。❾事實上，有許多唐朝外交

---

❽ 見《大慈恩寺三藏法師傳》，《大正藏》，冊50，2053號，頁223－24。

❾ 同上，頁224a－b。

❾ 王仲犖，〈試釋……幾件有關過所的唐代文書〉，《文物》，1975年7期頁35－42。

❾ 同上，頁36；關於「守捉」之意義，參看註❽。

❾ 見范傳正及劉全白（《王本》31／1460）。魏顥說李白草擬了一篇「出師詔」。

❾ 例見詹鍈，〈考異〉，《論叢》，頁23。

書信的稿子至今都還存在，而所有這些稿子都是中文寫的。❾❺李白即使眞寫過答蕃書，也不能證明什麼。

（3甲）

要討論李白與隴西李氏的關係，可由簡略敍述隴西李氏始祖李暠的生平開始。李暠是五胡十六國中的西涼的建立者。他據稱是漢名將李廣的後裔；他的郡望或說是隴西成紀，或說是隴西狄道。他通常以其諡號涼武昭王或興聖皇帝（後者爲七四三年唐玄宗所贈）爲人所知。❾❻西元四百年，他受部屬擁戴自立於敦煌。❾❼四〇五年，他向東遷都到酒泉，以與沮渠蒙遜的北涼政權相抗衡。❾❽他卒於四一七年，卒年六十七。❾❾沮渠蒙遜本匈奴種。四〇一年沮渠反叛其主

---

❾❺ 見《英華》，卷469–71。

❾❻ 以上關於李暠的敍述見《十六國春秋纂錄》6／59，〈西涼錄〉（此書性質見註❶❺）；《魏書》99／2202；《晉書》87／2257，2267；《北史》100／3313–14；《新書》5／143；《唐大詔令集》78／442，〈追尊⋯⋯興聖皇帝等制〉。李暠的所謂隴西成紀郡望見《新書》1／1及《晉書》87／2257等。

❾❼ 《通鑑》111／3515；《晉書》87／2259；《纂錄》6／59；《魏書》99／2202及《宋書》98／2413較粗略。由於李暠所用之年號「庚子」正爲公元四百年之干支，《北史》93／3082及100／3316裡的不同年代應該是錯的。

❾❽ 《通鑑》114／3587；《晉書》87／2259；《宋書》98／2413；《魏書》99／2202。

❾❾ 《通鑑》118／3699；《晉書》87／2267；《纂錄》6／59–60。只有後兩者提及李暠的年齡；《纂錄》頁148校勘記說有另外的板本「六十七」作「六十」。

段業，殺段於張掖，並即於此取代了段的地位。四一二年，他攻取姑臧（今武威）並遷都於此。⑩四二〇年秋，李暠的兒子暨繼承人李歆進攻張掖，為沮渠蒙遜所殺；李歆至少有兩個弟弟也同時罹難。沮渠接著進取酒泉。四二一年春，沮渠攻陷了西涼最後一個根據地敦煌，李歆之弟恂兵敗自殺。西涼於是完全被摧毀。⑩

　　在此之後，李暠後人中有一支在歷史上依舊保持顯赫。李暠的孫子李寶經歷家國之難而幸運不死，後來並仕宦於北魏朝廷。李寶最小的兒子李沖後來成了孝文帝面前最有權勢的大臣之一；他嫁了一個女兒給皇帝，又嫁了一個女兒與一個姪女給兩個王。如此一來，李寶後人便很快成為一個新的「山東」大族了（注意：雖是隴西人，但由於是在「山東」地區擠進大族之列，所以被算做「山東」大族）。⑩

　　李暠一族的詳細郡望有幾種編於唐代和唐代以後的史書說是隴西成紀（今甘肅秦安附近）。⑩但是，依據下面的一些證據，我們幾乎可以確定說，李暠是出自隴西狄道（今甘肅臨洮附近）。（甲）有

---

⑩　《通鑑》112／3523，116／3655-56；《魏書》99／2203；《晉書》129／3192，3195，3199；《纂錄》6／61-62；《北史》93／3082；《宋書》98／2412-13。《宋書》四〇一年作四〇〇年，似乎是個錯誤。

⑩　《通鑑》119／3736-39；《纂錄》6／60；《宋書》98／2414；《晉書》87／2270-71；129／3198。西涼潰亡年代《宋書》98及《晉書》87分別作四二二及四二三年。然《宋書》同一個地方說沮渠蒙遜早在四二〇年十月就派遣一個兒子到敦煌攻打李恂（與《通鑑》相近）。由此看來，似乎較可能如《通鑑》所說，李恂在四二〇年十月後不久就潰敗。

⑩　此段資料來源：《魏書》39／885以下及53／1179-89李寶、李沖傳；《北史》100／3316-41；《通鑑》140／4393-94；《新書》95／3842。

⑩　見註⑩。

一些唐以前的李寶後人的墓誌還存留下來，而這些墓誌都說李寶一族來自狄道。⑩（乙）同樣的說法也見於《魏書》李寶傳和《十六國春秋纂錄》中的〈西涼錄〉。而這兩部書是我所僅見的載有李崇郡望的唐以前的史書。⑩（丙）即使在唐代和唐代以後的資料裡，

---

⑩ 見趙萬里編《漢魏南北朝墓誌集釋》所收如下幾篇墓誌：

（甲）圖版二〇五，李蕤，字延賓，李寶之孫。參看《魏書》39／891；《北史》100／3325。

（乙）圖版五九二，李挺，字神儁，亦李寶之孫。參看《魏書》39／895−97；《北史》100／3328−29。

（丙）圖版一八六，李媛華，李沖之女。參看《通鑑》140／4394及趙書冊一，頁37b有關此圖版的註。

（丁）圖版二八二，李彰，李沖之孫。

（戊）圖版五七八，李豔華，李蕤之女。

（己）圖版二四三，李超，字景昇（不是《北史》100／3339所提字仲舉的李超）。參看趙書冊一，頁52b相關的註。

根據趙氏的圖版註，所有這些墓誌似都出土於今之河南。

⑩ 見《纂錄》6／51及《魏書》99／2202，39／885，82／1797李崇、李寶、李琰之傳（琰之為李寶孫詔之堂兄弟；參看《北史》100／3317−18，3337。

《魏書》為北齊魏收所修。《十六國春秋纂錄》之來源則較不確定。據清人湯球說（見其《纂錄》序），《隋書·經籍志》（33／963）所著錄，北魏崔鴻所撰的百卷本《十六國春秋》似乎在北宋末年時就已亡佚。但湯指出，〈隋志〉另還著錄了此書的一個節本，稱為《十六國春秋纂錄》（按：實際上〈隋志〉只是在《十六國春秋》之後緊接著著錄了一部十卷的稱做《纂錄》的書，並且連作者是誰都沒有指出；不過，湯的解釋似乎是對的），其內容尚存於《漢魏叢書》（明何鏜編）及《修文殿御覽·偏霸》部中（《修文殿御覽》編於北齊，今已不存，其〈偏霸〉部之內容相信與至今尚存的《太平御覽·偏霸》部同；見吳翊《纂錄》〈校勘記〉跋，《太平御覽》卷一一九至一二七，及張滌華《類書

這族的族人也常被稱爲狄道人。⑩甲項裡所提到的墓誌裡有四篇詳細指出其族來自「秦州隴西郡狄道縣都鄉和風里」。⑩根據歷代州郡廢置的情形來看，這個行政區劃最可能存在於西晉時期（265年至317年）。⑩這強烈顯示李暠一族是從西晉時期逐漸發跡定型爲一來自狄道的望族的。至於隴西成紀之說，則可能是唐皇室所僞託。這一點稍後還會討論到。

　　入唐以後，隴西李氏依然包括在全國最著名的幾個山東大姓之內，並與其他山東大姓同時受到朝廷的壓迫。當時，山東大族雖然

流別》，頁42-43）。湯還發現，此一《纂錄》可能與《通鑑考異》所引的《十六國春秋鈔》相同。本書所引的《十六國春秋纂錄》就是上述這個作品。

⑩　例如：《舊書》1／1；《元龜》1／25b；《隋書》50／1316；《舊書》62／2386李禮成、李大亮傳；梁肅〈明州刺史李公墓誌銘〉（作於772年），《英華》951／5b。

⑩　見註⑩甲、丙、丁、己項。己項的李超墓誌「和風里」作「華風里」，也許是作誌者疏忽所致。丁項的李彰墓誌在「秦州」之前加上了「司州河南郡洛陽縣澄風鄉顯德里領」等字。這或許意味，到了作誌年代（魏孝武帝太昌元年，即532年），此族在遠離其本鄉很久之後，雖然仍舊保持本貫，卻已同時使用了一個新的籍貫。

⑩　秦州始置於三國魏，不久即廢置（《晉書》14／435及《元和志》39／1b；參《寰宇記》150／1b-2a）。此州又置於269年，再廢於282年，然後又置於286年（《晉書》前引處；參《元和志》前引處；《志》第三行「秦川」應作「秦州」）。狄道縣明顯屬於秦州隴西郡的唯一時期是286年至晉惠帝年間，即290-306年間（《晉書》前引處）。在這段期間之後，狄道與其他數縣合爲狄道郡。其後，它又變成武始郡的一部份，終北魏之世一直如此（《晉書》14／436；《魏書》106b／2620）。關於狄道，註⑫尚有討論。

在政治上並沒有什麼勢力，在社會上卻仍擁有極崇高的地位。其中
最顯赫的幾個家族甚至壓過皇室及與皇室相善的一些源自西魏北周
統治地區的新興貴族。較寒素的家族往往爲了與這些巨族通婚結親
而厚致粧奩。新掌權的皇室，可能出自憤恨嫉羨以及政治顧忌，似
乎決心要壓抑這些家族。貞觀六年（632），太宗命高士廉等大臣
刊正全國氏族譜牒。初稿完成時唐室至少名列一個山東大族之後。
這使得太宗大感不悅。他在高士廉進呈這初稿時說：「我今特定族
姓者，欲崇重今朝冠冕……不須論數世以前，止取今日官爵高下作
等級。」這把他下令修訂譜牒的動機表現得十分清楚。貞觀十二
年，新的譜牒完成定稿，稱爲《貞觀氏族志》，並流通全國。除此
以外，唐室並避免讓諸王及公主與山東大族論婚嫁。顯慶四年
（659），高宗又下令修訂全國氏族譜牒。誠然，這件事有可能是
某些權臣爲了私人目的而攛掇從事的。然而，可以確定的是，高宗
之所以首肯，至少有一部份應是因爲《貞觀氏族志》囿於當時時
勢，在重定各族高下的問題上到底尚未能做得盡合唐室理想。重修
後的氏族譜稱爲《姓氏錄》，其排列各族的標準的確就是官位高的
排得高，官位低的排得低了。更有進者，高宗並於同年禁止寒族以
厚奩攀附於大族，且禁止全國最大的七個家族（包括隴西李氏在
內）互婚。⑩

---

⑩ 以上一段，包括引文（原出自《舊書》65／2444）在內，大致上是根據
　David G. Johnson, *The Medieval Chinese Oligarchy*, pp.45－53。
　關於《氏族志》初稿中名列前茅的崔幹一族之等第，另參《通鑑》195／
　6135－36；關於太宗禁止諸王公主與山東大族通婚一點，參《新書》95

　　爲了提昇其社會地位，唐朝廷除了正面壓抑山東大族之外，似乎還採取了一個較溫和的作法，那就是冒姓。而它所冒認的就是隴西李氏。由於文獻不足，這件事的經過現在已經很難追索；因此，下面的文章難免會有一些繁瑣的考證。

　　／3842高士廉傳；關於隴西李氏在山東士族間之地位，參《新書》95／3842，223a／6341，及《舊書》82／2769。

　　劉盼遂（〈李唐爲蕃姓三考〉，頁238-39）曾針對《新書》95所謂隴西李氏屬於山東大族一點提出質疑。然而他所舉的三點證據並不可靠。第一，當唐譜牒專家柳芳列舉「王崔盧李鄭」（應指太原王氏、清河崔氏、范陽盧氏、趙郡李氏及滎陽鄭氏；見《通鑑》140／4393-95及《唐國史補》上／21）以代表南北朝時期之山東大族時，他顯然只是舉出了幾個最出名的大族，而不是列了一個毫無遺漏的大族表（這樣的表似乎從來沒有過）。因此，一個家族（像隴西李氏這樣）不包含於柳芳所列名單而卻包含於《新書》所列的七大族之中，本是很自然的事。柳芳的話並不像劉盼遂所說那樣與《新書》95相抵觸。第二，《通鑑》140／4393-95明白顯示李寶一族在北魏變得非常顯赫。劉氏對《通鑑》的了解是錯的。第三，劉氏引自張鷟《朝野僉載》頁1b的故事並不可靠。這故事說北魏孝文帝「定四姓」時，有隴西李氏族人自遠方趕赴朝廷，以期確定包括於「四姓」之內；但等他們到達時，定「四姓」的工作已完畢。按魏孝文帝曾把治下漢人大姓依其祖先官位高下定爲甲、乙、丙、丁四等，稱爲四姓（見Johnson, pp.27-31）。以李寶一族先世之顯赫及在朝中權勢之大，則依照四姓制度之標準（見《新書》199／5678柳芳語，另參見Johnson前引處），似乎不必擔心會不列入。張鷟所謂騎駝入京一節實在難以置信。《唐國史補》（見21）中有一段話顯示出，到了唐朝中葉，「四姓」一語似已廣泛被用來指全國最顯赫的四個家族（不包括隴西李氏）。有可能張鷟（八世紀）甚至把「四姓」的兩個用法都弄混了。

（3乙）

　　到目前為止，關於唐皇室的眞正先世有兩個主要的說法。陳寅恪認為，唐室若不是出自趙郡李氏的一個「破落戶」，就是出自趙郡李氏的一個「假冒牌」。在另一方面，有些學者則相信唐室根本就是胡種。這兩種看法似乎都沒有充分的證據。⑩

---

⑩　陳氏先後寫了五篇有關唐室先世的文章：⑴〈李唐氏族之推測〉（1932），⑵〈李唐氏族之推測後記〉（1933），⑶〈三論李唐氏族問題〉（1935），⑷〈李唐武周先世事蹟雜考〉（1936；以上均見《陳寅恪先生論集》），及⑸《唐代政治史述論稿》之第一部份（1944）。其中第五篇可能代表了他的最後見解。在這些文章裡，陳氏發展了一個包含四點的理論。這四點是：（甲）李唐可能為李初古拔後人（詳下面正文）。（乙）李唐可能出自趙郡李氏。（丙）李唐係在西魏北周時期採用了隴西郡望；當時西魏北周朝廷命令很多出身山東地區的漢人高官改用關中郡望（參看下文。我不像陳氏那樣確信唐室出自漢人血統。陳氏的看法立基於上述的乙項以及他對《隋書》33／990一段相關記載的非常特殊的解釋，而這兩點都是有待商榷的。關於《隋書》該段記載的意義，可參看朱希祖〈再駁李唐氏族出於李初古拔及趙郡說〉，頁11－12；請注意朱氏的解釋亦自有其問題。關於乙項，詳下。）（丁）由高祖一些女系近祖的姓來判斷，唐室是在高祖母親或祖母的時候才由女系傳進胡人血統（除非乙項證實為眞，這一點也有疑問）。

關於乙項，陳氏的主要證據如下。高祖曾祖父天賜（錫）與天賜之父熙合葬於趙州昭慶縣（在今河北南部），看來此地是其本家所在。又，昭慶與趙郡李氏某一衰微支派之住地很接近。這樣的證據很明顯是不夠充分的。

在另一方面，劉盼遂（〈李唐為蕃姓考〉及〈李唐為蕃姓三考〉（見註⑩））與金井之忠（〈李唐源流出於夷狄考〉，轉引自陳寅恪，〈三論〉，《論集》，頁342）二人都試圖證明李唐出自胡姓。劉氏列舉了多

　　不管唐室源自何處，它在建國之前似乎曾一度以隴西成紀人爲
人所知。不然的話，它後來冒充李暠後人時應該會順理成章地採用
隴西狄道這個郡望才對（詳下）。⑪但是隴西（郡）成紀（縣）這個
行政區劃似乎從公元前一一四年以後就已不存在，而注重族姓、強
調郡望的風氣則遲至魏晉時期（公元220年以後）才有。⑫因此，唐
室先世的隴西成紀郡望也可能是假的。這個郡望有可能假造於西魏
北周時期。西魏北周政權是由宇文泰率領西遷的一小群北魏臣民所

　　達十七條的證據。不過，這些證據大部份都並不中肯（例如：他舉了許
　　多例子以顯示李唐皇族中有人具有胡人相貌或習性或二者兼有，而這些
　　例子其實並不能加強他的論點，因爲李唐先世女系中有胡人而且曾長期
　　雜處於胡人之中，這本是不爭的事（見上；又見朱希祖，〈駁李唐爲胡
　　姓說〉，頁79））。在其證據可能有用之處，其推論又嫌粗糙（例如他
　　對法琳的話的處理；詳註⑬）。金井氏以爲李唐出自某一姓叱李的鮮卑
　　族，似乎也只是揣測之詞。另朱希祖的〈駁李唐〉與〈再駁李唐〉主要
　　致力於反駁陳氏的論點。由於其論證多半組織鬆懈或甚至自相矛盾，這
　　兩篇文章的主要作用大概只在指出陳文一些細節上的弱點。R. W. L.
　　Guisso（*Wu Tse-t'ien and the Politics of Legitimation in T'ang
　　China*, p.242, n.25）說劉、朱二人已有效地反駁了陳氏的說法，這是沒
　　有根據的。
　　關於上述問題還有以下一些相關資料：王桐齡，〈楊隋李唐先世系統
　　考〉頁1199－1221；岑仲勉，《隋唐史》，頁91－92；陳登原，《國史
　　舊聞》，冊2，頁2－4。
⑪　有不少資料以狄道爲李唐郡望。例如：《元龜》1／25b及李邕的李思訓神
　　道碑（見註⑲）。關於這一點，我的解釋是，李唐竄改了史實，致使一
　　般人漸漸把狄道與成紀混用了（詳下文）。如果李唐本來就自稱狄道
　　人，則其成紀郡望根本就不可能產生。
⑫　隴西成紀之歷史見註⑭。

建立的。爲了鞏固地位，這個政權在建立初期曾採取了一連串激烈措施。其中之一是命令因立國有功而顯達的家族放棄其山東郡望，而改採關中一帶州郡爲郡望，以斷絕鄉土之思。⑪³（須注意的是，隴西狄道應包括在山東郡望裡面，因爲如上所述，在西魏建國之前，李暠一族早已在山東地區成爲一個大族。）我曾在唐及唐以前的資料裡發現三個在西魏北周朝廷裡任過高官，以隴西成紀爲郡望，而與李暠無關的家族。⑪⁴其中一個家族看起來實際上是隨拓拔氏入中原的胡姓。⑪⁵另有一個家族則原本出自遼東襄平李氏（趙郡李氏的一支）。⑪⁶他們

---

⑪³ 陳寅恪，《政治史》，頁11—17。

⑪⁴ 見(1)《北史》59／2105—07及《隋書》37／1115以下李賢及其弟李穆傳；(2)《北史》60／2129以下李弼（西魏—北周）及其曾孫李密（隋唐）傳，以及《英華》948／9a魏徵〈唐故刑國公李密墓誌銘〉；(3)張維，《隴右金石錄》，冊2，頁59b—61a，李虎（與唐高祖之祖同名）墓誌。

⑪⁵ 李賢與李穆據稱是李陵（李廣之孫）後人。據云：李陵投降匈奴後，其後人居住於北方胡人地域，後隨拓拔氏南徙，回到隴西地區。然而，李陵之世離注重郡望的時代還很遠，生活於胡人之中的李陵後人（假如確有這些人的話）會在李陵死後數百年仍然自稱爲成紀人，這似乎是不太可能的事。我們的資料只說賢與穆是「自稱」隴西成紀人，似乎也就是對其說法有所保留。此二人甚至可能是不久前才冒姓李氏的（參看《新書》72a／2468關於李棻淵源的記載以及《英華》951／3b常袞〈華州刺史李公墓誌銘〉）。

⑪⁶ 陳寅恪（《政治史》，頁16）曾指出，《周書》15／239及《舊書》53／2207、130／3620李弼、李密、李泌（泌亦爲弼後人）傳以及《新書》72a／2593〈宰相世系表〉均稱李弼一族爲遼東襄平人（依《新書》72a／2599，這是趙郡李氏的一支）。〈宰相表〉看來是依據此族譜牒或類似資料寫的，因爲表中同時詳述了此族的淵源及發展（關於此表之可靠性，參看正文後半）。此族族人可能後來覺得沒有必要繼續維持他們祖先假冒的隴西成紀郡望，因而恢復了他們的遼東郡望。

大概都是奉命改變郡望的。而這些李姓家族（不管是真李還是假李）之所以採用隴西成紀這個古地名爲郡望，則也許是因爲此地爲李廣故鄉。⑰唐高祖的祖父和父親當時位居要津，顯然包括在那些受命更改郡望的人之中。⑱他們這一族可能也採用了隴西成紀爲郡望。

　　至於李唐一族何時開始冒充隴西李氏，則現已無法確知。我們只知道這事發生在貞觀十一年（637）以前。⑲爲了支持它冒姓的做法，李唐似乎曾經設法將其先世的部份事蹟竄進隴西李氏的歷史裡去。現知的有兩件。其一是李重耳的故事。關於這件事，陳寅恪先生在幾十年前曾做了相當徹底的研究。他指出，李唐在譜牒一類的資料裡聲稱李重耳是李歆的兒子與預定的傳人，在西涼敗亡之後南奔劉宋，其後就成了唐皇室的直系祖先。然而，唐以前的相關資料中，絕無提及此人者。再者，此人事跡中有一大部份正好與北魏早期一個名叫李初古拔的中級官吏的生平相契合。因此，陳氏歸結說，所謂李重耳在歷史上可能根本就不存在，而唐室實際上可能是李初古拔之後人。⑳

　　第二件則是李暠的「隴西成紀」郡望。在世人所熟知的相關資料中，最早出現這個郡望的是《晉書》。此書於貞觀二十年（646）由太宗下詔編修，貞觀二十二年完成。㉑其涼武昭王

─────────────

⑰　《史記》109／2867；《漢書》54／2439。

⑱　關於高祖之祖父與父親的政治地位，見註⑱末尾所引資料。

⑲　這由該年僧人法琳與太宗爭論時所説的話可以看出；詳見下文。

⑳　見《政治史》，頁2－6及〈李唐氏族之推測〉戊段，《論集》，頁255－56。雖然陳氏關於李唐淵源的論點並非全無可議之處（見註⑩），就與李重耳有關的部份而言，則他的論證似乎是很強的。

㉑　（甲）《晉書》修撰年代依《唐會要》63／1091－92，《唐大詔令集》

傳說：

> 武昭王諱暠……，隴西成紀人，姓李氏，漢前將軍廣之十六
> 世孫也。廣曾祖仲翔，漢初爲將軍，討叛羌于素昌，素昌即
> 狄道也，眾寡不敵，死之。仲翔子伯考奔喪，因葬于狄道之
> 東川，遂家焉。世爲西州右姓。⑫

　　這段話指出李暠出自李廣，似乎有意以此支持李暠爲隴西成紀
人的說法。然而，前文曾經提到，李暠一族的郡望是在魏晉以後才
形成的，與生於西漢的李廣並無關係。（更何況此族是否果真出自李
廣，還是個問題。）再者，引文後半用意似乎在說明李廣一家定居隴
西的來源。果真如此，則《晉書》似乎根本未察覺或故意忽略了狄
道與成紀的差別。這一點也是難以自圓其說的。
　　不久之後，另一份在李暠族望問題上記載較爲詳盡的資料，也
就是《北史》的〈序傳〉（作於高宗朝，約在659年或稍前；原爲私人撰
述，經官方認可後刊布），則似乎刻意解決《晉書》的困難而暗示說
狄道與成紀是同一的：

81／467太宗〈修晉書詔〉，《通鑑》199／6265，及《舊書》3／61-62。
其他資料有較不可靠的說法。詳見Shih, *Li Po: A Biographical Study*,
p.187, n.108。
　（乙）《北齊書》29／396李璵傳亦有隴西成紀之說（參看《魏書》39／
887及《北史》100／3319），比《晉書》早（依《唐會要》63／1091，
《北齊書》修成於636年）。但在談到李暠的郡望時，這樣偏僻的記載一
般人應該不會注意到。
⑫　《晉書》87／2257。

仲翔討叛羌於素昌，一名狄道。仲翔臨陣殞命，葬狄道川，因家焉。《史記》李將軍傳所云其先自槐里徙居成紀，實始此也。**❿**

然而，在漢至唐這段期間裡，狄道與成紀除了有時一者或二者被廢外，一直都是不同的兩個縣。**⓬**把它們混同起來實在毫無根據。

後來，《新唐書·宗室世系表》有一段記載與《北史·序傳》所述相似，但稍微詳細一點。**⓭**這段記載就上述的問題提出了第三種說法。它說，李廣家係因李廣之父李尚任成紀令而由狄道搬至成紀。這一說法如果可靠，那麼《晉書》與《北史》的困難就迎刃而解了。但是，《史記》、《漢書》敘述李廣家世時都只提到他家的一次遷徙，就是由槐里（在長安附近）遷成紀那一次；而且都根本沒

⓫ （甲）《北史》原爲李大師所撰，後由其子延壽修訂完成。此書完成後先得宰臣認可，後於659年進獻給朝廷。見《唐會要》63／1092；《北史·出版說明》，頁1－2及100／3344。〈序傳〉爲《北史》末卷。它之所以如此命名，是因爲它的內容一方面包含了修撰者家族（即隴西李氏）的詳細歷史，另一方面又包含了一段類似後序的修書過程說明。

　　（乙）引文見《北史》100／3313－14。

⓬ 此點係依據《通典》，州郡4，174／921a－c；《漢書》28b／1610－12；《史記》109／2867；《隋書》29／813－14；《新書》40／1040，1042；《晉書》14／435以及註❷所引資料推得。詳細推斷過程見Shih, *Li Po*, pp.189－190, n.117。

⓭ 此段落在《新書》70a／1955－57。這一段落的最後部份（自李暠的故事以下）顯然含有743年以後的材料，因爲它提到了742年納入唐宗室的幾支李寶後人（此點詳見下面正文），並稱呼李暠爲「興聖皇帝」，而此一稱呼係玄宗於743年追諡李暠者（已詳上文）。其他部份則所據材料年代難定；亦無證據顯示該段落係依據單一材料編成。

有提到狄道或李尚。⑫其他《新唐書》之前的相關著作也都沒有提及李廣的這個「父親」。⑫因此，〈宗室表〉這個說法很可能是偽造的。而且，這說法的來源看來出現於《北史·序傳》之後，不然的話〈序傳〉或甚至《晉書》裡應該會採用它。⑫

　　《晉書》等三部史書或是官修，或雖是私修，卻在刊布之前先經過朝廷認可（〈宗室表〉雖編於宋代，卻顯然是依據李唐譜牒一類材料編成，因此可在此一併討論）。⑫其中《晉書》、《北史》更是在李唐族姓問題正敏感的時候刊布的。在這種情況下，上面提到的那些矛盾舛誤顯然不會出自一般的疏忽。我們無寧相信，這些矛盾舛誤顯示，三部書背後有一貫的努力要引進、護衛、或修正同一個有關李暠郡望的假故事。各資料在其他一些點上也多少顯露出類似的努力，這更進一步加強了我們的觀點。⑬

⑫　《史記》109／2867；《漢書》54／2439。關於槐里之地理位置，見《漢書》28a／1546及錢穆，《史記地名考》，頁216。

⑫　除了上面已經提到的幾種資料（包括註⑪提到的李邕作品）以外，《元龜》1／25b以下及鄧名世（活躍於1131－62年間）《古今姓氏書辨證》21／10a以下亦或多或少提到唐室的遠祖。鄧的書編於《新書》之後，是《新書》以外提到李尚的唯一資料。

⑫　參照註⑫。

⑫　唐室的正式譜牒並未直接流傳下來。不過，李邕曾於720年為一個名思訓，字建的皇族族人寫神道碑（見《全文》265／8以下〈故雲麾將軍……李府君神道碑〉；關於李思訓與皇族的關係，『《新書》70a／1990以下〈邠王房〉，尤其是頁1996），碑中有一段關於此族起源的簡略記載。此一記載雖不詳明，卻仍顯示了《北史·序傳》與《新書·宗室表》中兩個極端近似的說法的部份輪廓。

⑬　最好的例子是關於李廣與李暠之輩份關係的記載。《晉書》87／2257和

　　李唐冒姓初期，顯然頗不順利。貞觀十一年（637），僧人法琳曾因一道揚道抑佛的詔命與唐朝廷發生激烈爭論。在爭論中法琳當著太宗面前聲稱皇帝是鮮卑種，而非老子與隴西李氏之後裔（老子相傳姓李；唐室自稱老子後人，因此崇尚道教），又說隴西李氏實際上是一些奴隸的後代（因此不值得冒認）。❸法琳的話到底有多可靠我們很難確定，因爲他的話中有些關鍵性的細節現在已意義不明，而

　　　《纂錄》6／59一樣，只説李暠爲李廣十六世孫，而並未敘出其間世代相傳的過程。相反的，《北史》100／3314則敘出了世代細節，而卻未指出暠爲廣的幾世孫。若依《北史》，則李暠究爲李廣的十五或十六世孫並不明確，因爲計算世代的方法不只一種。先説，在《漢書》裡（〈高惠高后文功臣表〉，16／531－34），若説乙爲甲的幾世孫，則甲算做第一世。《新書·宗室表》可能採取了這個算法（見〈景皇帝畢王房〉，70a／1987）。但是，玄宗曾在一道詔命裡稱李暠爲其十一世祖（《唐大詔令集》78／442，已引於註❾❻）。又，依據《舊書》1／1及《新書》1／1，高祖是李暠的七世孫。在這三個資料裡，若説乙是甲的幾世孫，則第一世是甲的兒子（由《舊書》1／1，《新書》1／1及70a／1957所列譜牒判斷）。因爲李邕的李思訓神道碑（作於720年，已見註❶❷❾）説李暠爲李廣之子李敢十四世孫（「敢」字在碑文中已亡佚；這裡係根據《北史》100／3314及《新書》70a／1956補上），我懷疑盛唐時期人們慣於使用第二種方式計算世代。如果確是這樣的話，《北史》裡所列的世代傳承表刊行之後可能會被認爲世代數目有誤。可能就因爲這樣，唐室史官便在《北史》系譜中的李隆、李雍兩代中加進了李艾一代，使李廣到李暠間維持爲十六代，而後這樣的資料便由〈宗室表〉（70a／1957）傳了下來。
　　從關於李暠某些近祖的官位，甚至關於李廣兒子的數目與名字的記載裡，我們也可看出這種努力的迹象。不過，這些似乎無須在此詳論。
❸　《唐護法沙門法琳別傳》，《大正藏》2051，頁203下以下，尤其是203下及210上至中；其作者應作彥悰（初唐人）而非彥琮（見《望月佛教大辭典》，頁974b）。

他所引述的一個關鍵性譜牒著作又已亡佚。⑬但是他敢於當太宗面前講這種極度冒犯的話，似乎不會全無根據。我們的資料來源（佛

---

⑬ 法琳這些話首由劉盼遂引用於〈李唐爲蕃姓考〉（見註⑩）頁822—23，以爲李唐出自蕃姓的證據之一。其後，這些話中有一部份又由陳寅恪（〈李唐氏族之推測〉，乙段，頁250）轉引自劉文以説明唐室之與隴西李氏無關。然劉、陳二人連所引文字之確切含意猶未曾仔細解説，更不用説探討其可靠性。後來，朱希祖在其〈駁李唐爲胡姓説〉（見註⑩）頁71至73中首先對那些話的可靠性表示懷疑。

法琳的話中最重要的部份如下：「琳聞，拓拔達闍，唐言李氏。陛下之李，斯即其苗。非柱下（按：謂老子）隴西之流也……王儉《百家譜》云：李姓者，始祖皋繇之後，爲舜理官，因遂氏焉，乃稱李姓。李氏之興起於聃也，以李樹下生乃稱李姓。至漢成帝時，有李隱抗烈毀上被誅。徙其族於張掖，在路暴死，其奴隸等將其印綬冐（冒？）涼得仕，所謂隴西之李自此興焉……竊以拓拔元魏，北代（北方地區名）神君；達闍達系，陰山貴種。經云：以金易鍮石，以絹易縷褐，如拾寶女與婢交通，陛下即其人也。棄北代而認隴西，陛下即其事也。」（標點稍有更動）

在此有兩個問題我們必須詳細討論。第一個問題是：法琳所説引自王儉著作（顯然只是粗略引述）的那部份内容我們能相信多少？先説，《隋書》33／988、《舊書》46／2012、及《新書》58／1499〈經籍志〉著錄有王儉（南齊人，見《南齊書》23／433以下及《南史》22／590以下）《百家集譜》一書。這有可能就是法琳所指的著作。再者，法琳所引的話中，除去隴西李氏上古源流及老子之因李樹得姓兩點之外，基本上與《北史》100／3313、《元龜》1／25b、及《新書》70a／1955—56所述李氏源流甚爲接近。而老子因李樹得姓的故事雖未見於《北史》等書，卻似乎是中古時期一般李氏系譜中熟見的一段，並非純然無稽之談（見下文關於李白是否姓李一段及註⑮）。因此，法琳所引的話的確像是出自某一系譜之作。更有進者，法琳當時係與皇帝論爭，他所稱引的著作隨

時可能被嚴令查證，在這種情況之下，他不太可能會信口開河，講出忤
逆對方的話。總結上述三點，我們有理由相信，法琳是有其根據的。不
過，我們也必須記得，當時的系譜著作真偽難定；王儉之書既已無從詳
細查考，其本身究竟有多可靠，就很難說了。

第二個問題是：所謂「拓拔達闍，唐言李氏」究何所指？唐室是否果真
出自鮮卑人的所謂達闍部族？就其最基本的意義而言，「拓拔」等八個
字可能意謂說鮮卑人的「達闍」一姓字面意義與漢人的「李」姓相同，
因而當華北的鮮卑人漢化時，姓「達闍」的便改稱爲「李」；或者只是
說所有原來姓「達闍」的鮮卑人都改姓漢姓「李」。「達闍」一名未見
於他處。陳寅恪（前引文，頁250）把它視同「大野」（按：唐室祖先曾
改姓鮮卑名大野）而未作任何解釋；他似乎逕將二者視爲同一鮮卑名的
不同中文音譯。朱希祖（〈駁李唐〉，頁71）曾舉了一些傳統的音韻上
的論證以支持陳氏的說法。蒲立本（Edwin G. Pulleyblank）教授告訴
我說，雖然朱的論證未必令人信服，「達闍」與「大野」在發音上頗爲
近似，的確有可能爲同一外文字之漢語音譯。但是，據一些正史記載，
當唐室祖先李虎在西魏北周時期因功由朝廷賜予鮮卑姓大野時，另有一
些非李姓的人也同樣賜姓大野；在另一方面，有一些李姓的人則被賜了
大野以外的鮮卑姓（見陳，前引文，丁段，頁254—55）。這表示大野一
姓與李姓不見得有什麼特殊關係。法琳與陳寅恪的說法是有矛盾的。誠
然，這有可能是法琳誤解了唐室與大野一名的關係。但我以爲更可能是
法琳所談的問題已非今日所能詳知，而陳氏之說雖然看起來有理，卻並
非事實。蓋唐室曾有系統地大量毀滅、篡改有關其先世的資料（例如：
在唐修的《北史》、《周書》、或《隋書》裡根本找不到高祖之父李
昞，或甚至是李昞之父，即西魏朝廷中位高權重的李虎（參《元龜》1／
26a—28a；《舊書》1／1）的傳記；而現存於《元龜》、《舊書》及《新
書》1／1的有關資料又顯然曾被嚴重篡改過），因此，我們今日所知道
的李唐先世事跡無疑比我們所不知道的要少得多。法琳在這一點上沒有
舉出任何特定資料來源；他只說：「琳聞……」這暗示說，他所說的也
許只是當時流行於社會上的一種關於皇室先世的非官方說法。

徒著述）說甚至連太宗本人也承認這點，這應當不是誇大之詞。⑬
唐室後來殺雞儆猴，把法琳以毀謗皇室祖先的罪名流放離開京師。
不過這種嚇阻措施效果大概也很有限。唐室在有關其先世的問題上
既然有弱點無法隱瞞住法琳，它自然也就難以隱瞞住所有其他當代
人。⑬a不然的話，李唐便應很快地以隴西李氏的名分得意於各大
族之間，而不須要辛辛苦苦地去設法壓抑包括隴西李氏在內的山東
大族了。

　　然而，隨著時日的推移，李唐的統治證實十分成功，其聲望自
然跟著上升，人們也就對在新朝的名位較有興趣，而對皇室可能的
平庸出身較不在意了。⑭根據《唐國史補》，到了高宗後期或武周
時期，朝廷裡趙郡、隴西李氏與李唐族人聯宗認親的事似乎已變得
平常起來。⑮到了玄宗天寶元年（742），更有在朝的隴西李氏李

---

⑬　《法琳別傳》，頁211下。

⑬a　楊慎《升菴全集》，冊4，50／567說《姓氏譜》把隴西李氏與唐室分列
　　爲李姓十三支中的第一和第三名。楊氏所謂《姓氏譜》不知道是指一本
　　名爲《姓氏譜》的作品，或者只是指某一姓氏譜系之作。詹鍈（〈考異〉，
　　《論叢》，頁19）把它理解爲第一種情況，並認爲該書就是《姓氏錄》
　　（呂才等人編，在《舊書》46／2012及《新書》58／1500〈經籍志〉中
　　稱爲《姓氏譜》；上文論太宗、高宗朝刊定族姓之事時已提及）。詹的說
　　法並不可信，因爲把唐室列爲李姓第三等顯然完全違反了《姓氏錄》評
　　定等第的標準。如果楊氏所看到的是一部唐人著作的話，這作品可能是
　　唐朝時流行於民間的很多不甘心讓皇室壟斷評騭族姓之權的譜系著作之
　　一（見年潤孫，〈敦煌唐寫姓氏錄殘卷考〉，頁69以下；Johnson, pp.53
　　－54）。而其所列等第也就代表著一種對皇室說法的藐視。

⑭　參照Johnson, *The Medieval Chinese Oligarchy*,頁55－56。

⑮　依《唐國史補》卷上，頁20，高宗或武后時曾下詔令趙郡李氏李嶠（其生

彥允等奏稱與皇室同出於李暠，盼能列入宗室屬籍，導致玄宗下詔
將四支李寶後人納入宗室的事。⓭ 我們不知李彥允的上奏是純粹出
於主動，還是由唐室方面授意。但是，有證據顯示，不久之後玄宗
的作法至少就受到該四支部份成員的歡迎。⓭

　　類似地，隴西李氏出自成紀的說法似乎也隨著唐室影響力之日
益上升而漸入人心。劉知幾曾在《史通》（序於710年）中談及隴西
李義琰的里貫郡望說：

平見《舊書》94／2992；《新書》123／4367，72a／2546）與隴西李氏
李迥秀（生平見《舊書》62／2390，2386）結為兄弟。另信安王李禕
（卒於743年；見《舊書》76／2651-53）與趙郡李氏李令璋也是以同樣
方式結成兄弟。（此處《唐國史補》原文作「西祖令璋與信安王禕同
產」，其意義我無法完全確定。不過，由於《國史補》此處只討論到趙
郡與隴西李氏，我們把「西祖」了解為趙郡李氏的西祖一支（《新書》
72a／2474，2584），應該大致可靠。至於「同產」一語，則其意義只能
由上下文推測如上。）結果導致朝中趙郡與隴西（包括唐室）李氏間輩
份關係之混亂。有時候在同一聚會裡面，一個人可以同時是另一個人的
族祖或族孫。

⓭ 見《唐會要》65／1142；《唐大詔令集》63／356，玄宗〈許涼武昭王…
…子孫入宗正屬籍敕〉；以及下註中所將引到的柳宗元作品。在《唐六
典》（編於開元末期）的宗正寺（管理皇室事務）部份裡，並未列入任
何一支李暠後人。

⓭ 常哀〈贊善大夫李君墓誌銘〉（《英華》942／7b-8a，作於786年）與柳
宗元〈故嶺南……李侍御墓誌〉（《河東先生集》10／24b，作於819
年）均係為隴西李氏姑臧房族人所作。二者都提到墓主與皇族的關係。
柳文甚至提到742年的詔文，以說明何以墓主一族會變成皇族支派。這顯
示說到那個時候，對隴西李氏而言，成為皇族支派似已算得上是一種榮
耀了。

> 時修國史，予被配纂李義琰傳。琰家於魏州昌樂，已經三
> 代，因云：「義琰，魏州昌樂人也。」監修者大笑，以爲深
> 乖史體，遂依李氏舊望，改爲隴西成紀人。⑬⑧

　　從這段話的口吻來判斷，劉氏並不是因爲顧慮官方立場才稱李
義琰爲成紀人，而是眞的以爲隴西李氏出自成紀。除此之外，我還
發現一些作於七六八至七八九年之間的隴西李氏族人的墓誌，明白
稱其墓主爲隴西成紀人。⑬⑨

　　在唐朝這樣一個連皇族都必須冒姓以提高社會地位的時代，民
間冒姓的事無疑會很常見。⑭下面兩段引文可以很生動地把這種情
況呈現出來。其一，劉知幾曾說：

> 今有姓邢者、姓弘者，以犯國諱，皆改爲李氏。如書其邑
> 里，必曰隴西、趙郡。夫以假姓猶且如此，則眞姓者斷可知
> 矣。⑭①

　　其二，《舊唐書》李義府（高宗時宰相）傳說：

---

⑬⑧ 見浦起龍《史通通釋》〈邑里第十九〉，冊1，頁144劉氏關於李義琰郡望
　　的註。又參看《舊書》81／2756及《新書》105／4033義琰傳及《新
　　書》72a／2447〈宰相世系表〉。

⑬⑨ 見(1)常衮，〈贊善大夫……〉（註⑬⑦已引）；(2)梁肅，〈著作郎……權公
　　夫人李氏墓誌〉（《英華》966／2b－3b，作於789年）；(3)梁肅，
　　〈李傪墓誌〉（《英華》962／4a，作於777年）。

⑭ 除了下面的例子外，並見Johnson，頁105及《新書》95／3862高士廉傳。

⑭① 《史通通釋》，〈邑里第十九〉，冊1，頁145。

李義府，瀛州饒陽人也……。義府既貴之後，又自言本出趙郡，始與諸李敘昭穆（按：謂排比輩份關係）。而無賴之徒苟合，藉其權勢，拜伏爲兄叔者甚眾。給事中李崇德初亦與同譜敘昭穆，及義府出爲普州刺史，遂即除削。義府聞而銜之。⓬

由於冒姓這麼常見，當時望族成員在某些必須嚴肅論及家世族望的場合裡，似乎必須提出可靠的譜牒爲佐證。這可能也就是爲什麼這些人家的墓誌上常常強調說它們的敘述有「國史家諜（牒）」，或類似的權威爲根據。⓭

（3 丙）

有了以上的說明，我們就能比較順利地來探討李白的族望問題。李白曾以兩種方式把自己與李暠一族連在一起。首先，他也自稱爲隴西人（李陽冰與范傳正則詳稱爲隴西成紀人）並以李廣爲遠祖。⓮其次，他曾自稱「㫤」爲皇室「枝葉」，而誠如上文所述，唐皇

⓬ 《舊書》82／2765，2768－69；參照《新書》223a／6339，6341。

⓭ 見(1)楊烱，〈伯母東平郡夫人李氏墓誌銘〉，《英華》964／2b（隴西李氏；此文作者原未載明，係由頁3b上的名字「烱」和寫作年代推出）；(2)白居易，〈澧州刺史裴君夫人李氏墓誌銘〉，《英華》969／4b（隴西李氏）；(3)李幹，〈泗州刺史李君神道碑〉，《英華》923／4b（唐皇族）；(4)穆員，〈刑部郎中李府君墓誌〉，《英華》943／1b（趙郡李氏）。

⓮ 〈贈張相鎬二首其二〉，《王本》11／599－60（參看王注）；〈與韓荊州書〉，《王本》26／1240；文章開始時所引李、范二人說法。

室亦聲稱爲李暠後裔。⑭至於所謂李白爲李暠的九世孫之說，則不見於李白本人著作，只見於李陽冰與范傳正文。

王瑤等學者認爲，既然唐室是假的隴西李氏，而李白又宣稱與唐室同宗，這就顯示李白也是假的隴西李氏。⑭這個推論顯然並不可靠，因爲前文已指出，天寶元年（742）以後，隴西李氏族人自稱宗室乃是自然合宜的事，而李白自稱忝爲宗室的那首詩又是天寶元年以後很久的作品。⑭類似地，我們也不能因爲李陽冰、范傳正用了隴西成紀這個假郡望，就推斷李白是假的隴西李氏。

有些學者甚至認爲李白的姓也是假的。⑭追根究底，他們的看法都是由李陽冰的「復指李樹而生伯陽」和范傳正的「公之生也，先府君指天枝以復姓」（「天枝」通常指皇室之支派；⑭在此指「李」枝

---

⑭ （甲）李白的聲稱見〈寄上吳王三首其一〉，《王本》14／701。王琦題下注指出此吳王爲李祗，似乎是對的；參見李白〈爲吳王謝責赴行在遲滯表〉，《王本》26／1250以下，及《新書》80／3569祗本傳。
　　（乙）唐室的聲稱見《唐大詔令集》78／442，64／356玄宗〈追尊先天太皇……制〉及〈許涼武昭王……敕〉；亦見《舊書》1／1，《元龜》1／25b－26a及《新書》1／1。

⑭ 王瑤《李白》頁10很明白地這樣主張。在王之前，楊慎在《升菴全集》，冊4，50／567，「李姓非一」條已作過類似的論斷；他的話後來並爲詹鍈在〈考異〉，《論叢》，頁19所採用。

⑭ 見詹鍈《繫年》，頁72，〈寄上吳王三首〉條附註。李白在很多詩裡聲稱與唐室成員有同宗關係。但是，誠如我們由本段正文所能推出者，聲稱與皇族同宗與聲稱屬於皇族有所不同。

⑭ 陳寅恪〈李太白氏族〉，《論文集》，頁11；詹鍈〈考異〉及〈李白之生平及其詩〉，《論叢》，頁19，106（參看註⑭第(3)項）；俞平伯〈李白的姓氏籍貫種族的問題〉，《論文集》，頁256。

⑭ 見《王本》31／1643，註❶。

而言，因唐室姓李）兩句話推衍揣測而來。按曾有一傳說云：老子字
伯陽，生於李樹之下，生而能言，指李樹說「以此爲吾姓」。❿ 這
個傳說不知爲何沒有包括在流傳下來的唐室譜牒裡。但是它似乎常
出現於中古時期一般李氏族人的家譜裡面（當時一般李氏都把老子當
作顯赫祖先來崇拜）。❺ 依此，則李陽冰那句看起來極難解的話，一
方面可能就像范傳正所說的，是指李白家在生李白時重拾他們的姓
（按：范文指出，李家曾於謫居西域時隱姓埋名）；另一方面則可能意味
李白之生對李氏而言就像老子之生一樣重大。李、范兩句話並沒有
提供任何線索讓我們相信李白原本不姓李。

　　然而，話說回來，李白之稱隴西李氏的確有可疑的地方。首
先，前面說過，當時人在嚴肅論及家世族望時，可能必須提出可靠
的譜牒以爲根據。而李白家顯然就提不出這類權威。第一個證據
是，李華（約715年至約774年後）在他所作的李白墓誌裡，一反當時
寫作墓誌的風尚以及他本人的一貫作法，隻字不提李白的家世。❺
這暗示李華極可能故意省掉那一部份，而省略的原因則是他沒有得
到可靠材料，不肯寫出李陽冰所寫的那一類話來。再有一個證據是
范傳正碑文裡由「絕嗣之家難求譜牒」到「自國朝已來漏於屬籍」
一段話。這段話顯然有交代其撰述之根據的意思。但是，儘管范傳

----

❿ 見《神仙傳》1／2。《法琳別傳》中引有類似說法，見註❿。

❺ 我之所以如此推想是因爲這個傳說也見於李虎墓誌（見註❿，第3項）及
　法琳所提的王儉譜系著作（見註❿）。

❺ 李華文章見《全文》卷321。同一卷裡還另有李華的四篇墓誌，都包含了
　墓主家世資料。從《英華》卷935至970的眾多墓誌看來，完全不提墓主
　家世的墓誌在當時確是例外。

正寫了這麼多話，以製造李白原有譜牒的印象，他到頭來還是不得不指出他並未找到任何李白譜牒。更有進者，李白在天寶元年（742）秋入長安爲翰林供奉，正好在玄宗下詔准許李寶後人列入宗室屬籍之後。⑬而且，很可能在李白與李彥允都還在京的時候，李白就已認李彥允爲「從祖」，結成關係。⑭在這種情形下，如果李白眞正合格的話，實在很不可能忘了要求列入屬籍或者是被拒列於屬籍。然而我們由范文末尾可以看出，李白家並未被列入屬籍。

我們還有一個論證可以反駁李白爲隴西李氏之說：依李陽冰的說法，李白是李暠的九世孫；然而李白本人在與唐宗室及隴西李氏成員交游時，卻從未嚴格維持這一點。這個說法最先由詹鍈所提出，後來並爲郭沫若所引用。⑮詹氏列舉了一群李白曾與之論交的

<hr />

⑬ 關於李白入玄宗朝廷的年代，見第二章第五節。

⑭ 據李陽冰序文說，李白在被送出京（744年）後，很快就往依「從祖陳留（按：河南道）採訪大使彥允」。這個李彥允應該就是742年奏請列入皇室屬籍的李彥允。他在742年時曾任殿中侍御史（見註⑱所引資料）；不知何時奉調河南道採訪大使，以及何時離開長安。但是就李白離京後很快就去依從他這一點看來，他們二人應該是在長安時就有交情。

⑮ 詹，〈考異〉，《論叢》，頁15–18。郭，《李白與杜甫》，頁11–12。詹在他的表裡包括了一些趙郡李氏成員，理由是隴西與趙郡李氏都宣稱是秦代李曇的後人（《新書》70a／1956，72a／2473），因此二者成員間的輩份關係可以準確算出。除外，他相信李白之與某些趙郡李氏族人聯宗，甚至與一個本來姓丙後來才改姓李的人（指李舒）聯宗，都幫助顯示李白不是眞的隴西李氏。這一點我們必須申辯一下。先說，前文已指出，高宗、武后以來趙郡、隴西李氏間已多聯宗之事。其次，由於丙氏的李姓是由朝廷頒賜（《新書》72a／2468），隴西李氏與之聯宗可能是自然的事。因此，詹氏此點實不可從。最後另須一辯的是：前文所說高宗、武后時朝中趙郡、隴西李氏族人往往輩份混亂的事顯然是一時一地之特例，故當不影響詹氏之推論。

李氏，並以《新唐書·宗室世系表》及〈宰相世系表〉中的有關資料來核對他們與李暠的輩份關係。由於《新唐書》這兩個表的可靠性過去常受到懷疑，詹氏的方法有時不被贊同。⑱但是，最近有些深入的研究顯示，這兩個表除了有關各姓遠祖的部份外（這些部份傳聞和編造的事跡自然多些），是相當可靠的。⑲再者，誠如詹氏所說，儘管李白集中可能有偽作，儘管李詩所提到的人與兩表中的同名者不見得絕對吻合，他所舉的例證應該不致於剛好都不可靠；而且，他所列舉的人中有一些實在太出名了，不太可能錯誤。⑳因此，詹氏的論點大致上應該可以站得住腳。

（4）

如果李白先世謫居西域之事尚有可能，而李白又並非隴西李氏，那麼李陽冰與范傳正有關李白家世的整個說法到底是如何產生

---

⑱ 詹因此原因受到劍梅的攻擊（〈李白的籍貫家世與種族點滴〉，《唐詩研究論文集》，第二輯，第二部份，頁16）。Patricia Ebrey, *The Aristocratic Families of Early Imperial China,* "Appendix I: The Reliability of the Genealogical Tables in the *Hsin T'ang shu,*" pp.157 －58曾扼要記載了歷來一些攻擊《新書》這兩個表的論點。

⑲ 見Ebrey，〈附錄一〉，尤其是頁161－62。

⑳ 徐王李延年與刑部侍郎李曄並為唐室族人。延年為李暠十一世孫，曄為十世孫，似無疑問。然李白稱延年為從兄，稱曄為族叔。關於延年之資料：《王本》15／720，〈感時留別從兄徐王延年從弟延陵〉；《新書》70b／2057，〈徐王房〉；《舊書》64／2427，延年傳。關於曄之資料：《王本》20／953，〈陪族叔刑部侍郎曄〉；《新書》70a／2009，〈大鄭王房〉（鄭孝王亮為李虎子，故為李暠六世孫）；《校注》20／1194，註❶。

的呢？首先，我們可以來檢視一下范傳正碑文的性質。我們若仔細排比對照范、李二人的說法，就會發現，范說除了少許更動之外，實在只是李說的改寫而已。范文的異點一是將李家放逐地由條支改爲碎葉，一是加進了以下幾點：

㈠他無法獲得李白譜牒的事實，無法獲得的理由，以及他的說法的依據（「絕嗣之家」至「不能詳備」）；

㈡李白家漏於皇室屬籍的原因（「隋末多難」至「漏於屬籍」）；

㈢李白父親的名字以及他不爲人所知的原因（「父客」至「不求祿仕」）。

所有這些點都啓人疑竇。第一，如果李白孫女眞會小心收藏一小張內容近似譜牒的爛紙頭，那麼即使她只是女嗣而非男嗣，亦何至於反而把家譜給弄丟？第二，范傳正所得的究竟是不是一份源自李白本人的李家家世的標準說法呢？如果不是，爲何它與依據李白本人請求而寫的李陽冰序那麼近似？然而，如果是的話，爲何又會有條支、碎葉之別？爲何李陽冰會漏掉像李白父親名諱這樣重要的內容；爲何李白會不知道隴西李氏在天寶元年之前本未列入宗室屬籍而說出「自國朝以來漏於屬籍」這樣的話？第三，依據范文，李白之父是在回四川後「以逋其邑，遂以客爲名」。由此看來，這個「客」字似乎只是個渾名而已。爲何伯禽在一份類似家譜的東西裡只提到他祖父的渾名，而沒提到他的眞名？這是不是因爲李白未曾向他提過眞名以至於他根本就不知道呢（依我們的研究，伯禽似乎未曾與他的祖父一起生活過）？⑮ 如果是的話，這種事情在那麼注重家世

⑮ 第二章的論述可以支持這一點。

的時代可能發生嗎？如果不是，又該如何解釋？在把這些疑點合併考慮過之後，我相信范傳正實際上並未找到什麼伯禽手疏的李白家世資料，他的說法大致上是根據李陽冰來的，他所作的更改和增補純係杜撰，而改動的動機則是，到他的時代，李陽冰的說法已受到懷疑挑戰，所以他要設法加以解釋辯護。⑯（改條支爲碎葉大概是由於條支遠離中國，未曾在中國控制之下，謫居該地之說比較不可思議，因而改成唐時曾一度進入中國軍事勢力範圍內的碎葉。⑯其他改動理由甚易推知，此處無須辭費。）至於李陽冰序文，則應該是直接採取李白本人說法而來，並無其他證據。而由下文可知，李白本人之說法前後矛盾，顯然不足以取信於人。

李白在一封寫於三十歲（730年）左右的信中講過一段話，雖然粗略矛盾，卻還能提供一點線索，讓我們追索一下李白演化其家世故事的經過。他說：

> 白本家金陵，世爲右姓，遭沮渠蒙遜難，奔流咸秦，因官寓家，少長江漢。⑯

這些話與李陽冰、范傳正所述大不相同。而且，文中有些點，例如「本家金陵」與「遭沮渠蒙遜難」（沮渠滅西涼事在今甘肅，已見上文），顯然難以湊在一起。因此，過去至少有一位學者曾完全否定此文

---

⑯　這個構想係受詹鍈所啓示。詹最先懷疑到范文的可靠性（〈考異〉，《論叢》，頁18）。

⑯　碎葉與條支與中國之關係已見本章上半部。

⑯　《王本》，26／1243，〈上安州裴長史書〉。此信之繫年見第二章，附考12。

之眞實性。⑯ 然而，至今我們並沒有任何有力證據可以支持這種觀
點。王琦只認定這段話中有舛誤，其說較爲合理。⑯ 有些學者，包
括王琦在內，曾順著李陽冰與范傳正的說法來解釋或校改上面的引
文。⑯ 他們有一個共同的努力方向，就是把金陵（今南京）說成隴
西附近或西涼領域內的一個地方。或以爲「金陵」可能應作「金
城」（在今甘肅蘭州或其附近），⑯ 或以爲它可能指前涼（亦十六國之
一）所置的建康郡（今甘肅高臺附近），因爲金陵在東晉時稱爲建
康。⑯ 然而，如果李白之意是要自稱爲隴西李氏的話，則依當時人
對郡望的觀念，他極不可能自稱「本家」是金城或建康，不管他是
否確有先人住在那些地方。再者，位於甘肅的這個建康不見得也稱
爲金陵，而李白更不可能用像金陵這麼出名的一個地名來指僻處西
北、默默無聞的一個前代郡縣（建康郡廢於北周時）而毫不加以解
釋。⑯ 上述的兩種揣測實在無法成立。不久以前，郭沫若另提出了
一個很大膽很有想像力的說法。他說，由字形看，「咸秦」可能爲
「碎葉」之訛。⑯ 誠然，咸秦（咸當指咸陽，秦則指陝西地區）這個

⑯ 胡應麟，《少室山房筆叢》9／124（續甲部，〈丹鉛新錄〉5，「李姓非
　一」條）。
⑯ 《王本》26／1244，註❷。
⑯ 《王本》，前引處；《全文》348／13a,關於此段的編者按語；郭，頁5。
⑯ 見註⑯，《王本》與《全文》。
⑯ 見註⑯，《全文》與郭。關於建康郡之位置與歷史，見顧祖禹，《讀史方
　輿紀要》63／2715（陝甘鎮甘州衛）及3／137；《中國古今地名大辭
　典》，頁616。郭與《全文》都提到一些與上兩資料不同的細節，不知純
　係訛誤抑或別有所本。
⑯ 見註⑯所提關於此郡歷史之資料。
⑯ 見註⑯，郭。

「字眼」相當罕見，但是這樣一個「字眼」並非不可能有。而且，沮渠蒙遜的政權位於今甘肅境內，一個家庭在該地區遭難後奔亡到現在的陝西地區，這也是很合邏輯的。因此，李白的話在此並非必然需要校改。再者，即使改「碎葉」之說成立，李白整段話仍然無法與李陽冰、范傳正相符：一則因爲李白接著說他家在奔亡之後是「因官寓家」（當謂「隨其家人所任官職而寄寓其家」），而非如李、范所言之謫竄異域；二則因爲隴西李氏所遭受的沮渠蒙遜之難不會晚到李暠之後四代（依李陽冰文）或甚至是隋末（依范傳正文）才發生。❼⓿

　　上引李白那段話似乎應該看做關於李白家世的一個較早的、略有漫漶的說法。❼❶ 在此說法裡，李白似乎確已自稱隴西李氏；這點我們即使不先入爲主地依李、范爲說，也還可找到佐證。第一，李白所提到的沮渠蒙遜在歷史上是個陌生人名，不太可能是編輯或刊印李集的人所誤傳；而隴西李氏之命運又確實與沮渠之難有極大的關聯。第二，該段話寫過之後不久，李白就在出名的〈與韓荊州書〉（作於734年左右）裡明白自稱爲「隴西布衣」。❼❷ 至於李白家人謫居西域的故事，則在此一階段中尚未發展出來。

　　上段中最後一點可由李白的三首詩得到進一步的印證。這三首

---

❼⓿　參照本章（3甲）關於李暠歷史一段。

❼❶　在這點上，我曾受到詹鍈的啓發（〈考異〉，《論叢》，頁20－21）。但是詹氏認爲討論中的這段文章並無舛誤，其中的矛盾之處係因李白寫作時不夠世故而產生。這個看法我不同意。

❼❷　見《王本》26／1240。關於此信定年問題，見第二章第二節第六段正文及附考28。

詩是：〈送族弟綰從軍安西〉、〈送程、劉二侍御兼獨孤判官赴安西幕府〉及〈江西送友人之羅浮〉。❸ 它們是李白僅有的提到安西（西域）地區，並可顯示李白對該地區之情感的現存作品。❹ 在這些詩之中，只有第三首在提到安西時以之爲自己的故鄉，而這首詩是作於李白供奉翰林（事在天寶元年至三載，即742至744年）之後。❺ 其他兩首均是李白在長安（第一次在737至741年，第二次在742至744年）送人往安西之作，而兩首均未顯出與安西有任何個人關係。❻ 由此，我推想李白直到天寶元年或更晚才杜撰出先世謫居西域的故

---

❸ 所提諸詩見《王本》17／814，800，18／859。前二首已見於《唐寫本唐人選唐詩》，頁12-13；因此，其可靠性當無問題。

❹ 依據花房英樹《李白歌詩索引》頁197，476，51-53，55，473，166，李白只有這些作品提到安西一名，沒有作品提到西域或碎葉之名。條支只在〈戰城南〉（《王本》3／177）一詩中提到一次，然此詩並未顯示出作者對該地區的感情。

❺ （甲）詩之定年：根據「君王縱疏散」一句。詹鍈（《繫年》，頁146）依據「已過黃髮期」一句認爲詩應作於李白晚年。然李詩中率多誇大之辭，因此這類詩句不宜逕依字面取作證據。

（乙）李白與安西之關係：根據「鄉關眇安西，流浪將何之」二句。王琦（《王本》18／860，註❸）懷疑句中「安西」二字有譌誤，並無根據。王氏似以爲李白既自稱爲隴西人，即不應稱安西爲其家鄉。然前文曾指出，隴西乃是李白所自稱之郡望，而一人之郡望與其戶口所在地、出生地均無關係，故未必爲其故鄉。而李白既宣稱其先人世代居住安西，則安西確實可稱爲其故鄉。且宣稱安西爲故鄉亦無害於李白之自稱隴西人。

❻ （甲）關於李白初入長安一事，說詳第二章第三節。

（乙）〈送族弟〉提到君王及蒲桃宮（漢長安宮名；此處用來指唐長安宮殿；見《王本》17／814，註❹），當係作於京城。

事。也許他是因為剛好在玄宗詔許李寶後人列入屬籍之後來到朝
廷，正好碰上朝臣議論探問隴西李氏族人家世的熱潮，而又苦無任
何譜牒之類，所以才想出這個說法以圖自解。或者，也許就像上引
有關李義府的故事所顯示的，李白在供奉翰林時一直都被接納為隴
西李氏成員，但是在天寶三載被放離京之後就受到挑戰非議，因此
必須杜撰這個故事。

（丙）類似地，〈送程劉〉裡提到「金城」（通常指長安；見《王本》5
／312，〈東武吟〉，第14句及5／313註❾），這也是作於長安的證據。
只是「金城」二字《唐寫本唐人選唐詩》（頁13）有異文，因此證據力
較弱。不過，王琦（《王本》18／801）由《舊書》104／3207－08引了
一段記載指出，開元末四鎮節度使夫蒙靈督判官有劉眺、獨孤峻（亦見
《新書》135／4579－80封常清傳及《舊書》104／3203、《新書》135／
4576高仙芝傳），有可能即是李白詩題中的劉侍御及獨孤判官。由此，
則劉與獨孤可能在開元末或天寶初（較不可能）離長安赴安西。此亦詩
作於長安之證。詹鍈（《繫年》，頁45）誤以為四鎮節度使始置於742年
（此職位之歷史見《唐會要》78／1429及《新書》67／1861－68），因
而繫此詩於743年；其說應不可信。另岑仲勉（《西突厥》，頁98）懷疑
夫蒙靈督不可能在開元末居此職，則似非全無佐證。蓋因據各種記載，
夫蒙於739年為疏勒鎮守使（《通鑑》214／6838，6841；《舊書》9／
211－12；《新書》5／141；《舊書》194b／5192作738），743年（天寶
二年）為四鎮節度副使（《貞元釋教錄》，《大正藏》冊55，No.2157，
頁879上），744年春為節度使（《通鑑》215／6860；《新書》215b／
6069；岑）；同時田仁琬於740年任安西都護（吳廷燮，《唐方鎮年表》，
冊6，頁7507），按例應兼為四鎮節度使（《新書》67／1864－67），田
於742年時似乎仍在其位（《元龜》24／21a）。因此，王琦所引記載有
可能在夫蒙的職位上或事件的年代上小有訛誤。然亦可能王氏所引仍然
可靠，而其他資料則有我們所無法掌握的疏失。

　　宋人歐陽忞曾在所著《輿地廣記》裡一段有關李白家鄉綿州的記載裡說：「白之先世嘗流嶲州（按：在今四川西南西昌境），其後內移，白生於此縣（按：指綿州彰明縣）。」⑰這段話今日已別無佐證，難以確認。但是，儘管如此，這些話似乎仍是最接近事實的說法。像李白這樣在意其家世的人，竟然從來沒有提過一個顯赫的家人或近親，這就可見他不太可能出自什麼顯赫的家族。近人或猜測說李白家到了李白時可能已因經商致富，也沒有什麼根據。⑱就各種可能看來，李白應出自四川一個普通或甚至寒微的家庭。

<h2 style="text-align:center">（５）</h2>

　　上來的考察除了幫助廓清關於李白里貫、族姓的疑點外，還有兩點重要的意義。第一點是關於李白年譜考證的。根據李陽冰、范傳正的說法，李白家是在神龍初（705）搬回蜀，而李白是在搬回蜀之後才出生的。依此推斷，則李白應生於705年以後。這與一般相信的李白生於701年的說法（此說頗為可靠）互相矛盾。如果不能推翻李、范的成說，則整個關於李白生平的考證就會失去穩固的憑藉。第二點是李白編造故事冒認大姓一事有助於我們了解他的個性與適應現實的方式。注重族姓是當時社會時尚。李白之冒姓表示他並不能超越時尚的影響。但是，他屢次更改他家世的故事，其故事有時又很離奇。他在與人聯宗時，在輩份上又游移不定，近於隨心

---

⑰　《輿地廣記》29／5b（新頁碼頁512）。
⑱　見第四章，（5甲）正文及註⑭。

所欲的程度。這表示他又沒有很嚴肅地處理整個冒姓的事。我們從對李白政治追求與隱逸求仙活動的研究（詳後文）中發現，李白是個浪漫的天才，充滿常人所沒有的狂想。他雖不能超越時尚，卻會以天才狂想的方式接受時尚。他處理家世問題的方式實在也展現出同樣的特色。

第二章　李白生平考索

本章繼王琦、詹鍈之後，將再次努力重構李白生平概況。由於這重構的過程往往非常複雜，為使行文條暢易讀，我將把本章文字劃分成兩大部分。一部分是正文，專門陳述重構結果；另一部分則是分條附考，專門陳述重構過程。

在進入正題之前，我得先就文中處理地名的方式做個解釋。在唐代，最基本的行政區域一般時候都稱做「州」，各州名稱通常也都保持不變。但是，天寶元年（742）二月時，唐朝廷下詔改「州」為「郡」，並更換了幾乎所有州名。直到肅宗至德二載（757）才下詔恢復舊狀。❶除外，李白又常在作品中使用古地名和非正式地名。這種地名上的歧異難免會導致一些不便。為了免除讀者的困擾，在可能範圍之內我將在文中提供各地名的唐代「州」名，並附出它們的現代位置。在另一方面，為了讓讀者較易於接近李白著作本身，我通常又將保留李白本人所用的名稱。

❶　《舊書》9／215，10／250；《新書》5／143，6／159。

㈠長安元年至開元十二年（701-724）：蜀中生活

⑴李白於長安元年（701）出生，然後成長於蜀（今四川嘉陵江

· 61 ·

和邛崍山之間），這一點大致可無疑問。❷他的家鄉綿州位於今川北江油地區。❸他早年的生活情形我們知道得不多。他曾自稱很早就開始廣讀百家、涉獵奇書、並喜好劍術。所言應當可信。❹他集中有一首題爲〈訪戴天山道士不遇〉的詩，是他現存最早的作品之一。戴天山位於綿州境內。❺根據這首詩，我們知道李白很早就與道士一流人物有交往。我們無法確知他是否果眞像某一宋代資料所說的那樣，曾親自隱居於此山中。❻不過，在一篇作於三十歲左右的文章裡，李白倒眞說過，他先前曾與一個號稱東嚴子的隱士在家鄉附近一座山裡「巢居數年」（也許有些誇大）。❼有人猜測這個所謂東嚴子就是趙蕤。❽趙蕤是梓州（今三台一帶，地近綿州）人，比李白年長，以擅長「王霸之道」爲人所知，屢徵不仕。不管他是否就是東嚴子，李白在蜀中時顯然都與他交往甚密。❾這一點下文還會提到。開元九年（721），李白曾往遊益州（今成都）。當時蘇頲由禮部尚書出任益州長史（益州係大都督府，其長史相當於一般州的刺史）。李白自稱曾於路中「投刺」（呈上名帖拜謁），又說蘇頲稱贊他「天才英麗，下筆不休，」若好好充實，日後將可與司馬相如比美。❿有些詩作顯示，李白在出蜀（詳下）途中遊歷了峨眉山（在今樂山西邊），稱贊說「蜀國多仙山，峨眉邈難匹」，又說他盼望能在山上遇上仙人，一齊「攜手凌白日。」⓫

---

❷　見詹鍈，〈考異〉，《論叢》，頁21–22；又見第一章開頭關於李白出生年代及家鄉部分。

❸　見1979年版《辭海》，頁2709。

❹　李白〈上安州裴長史書〉（《王本》26╱1243）自稱「五歲誦六甲，十歲觀百家。軒轅以來，頗得聞矣。常橫經籍書，制作不倦。」所謂「六

甲」，當指六十甲子。誦六甲即學配干支。又，〈贈張相鎬二首其二〉
（《王本》11／599）說：「十五觀奇書，作賦凌相如。」從李白文學成
就之大及其用典之廣看來，這一類話容或有些誇大之處，基本上卻應該
是可信的。關於李白對劍術的喜好，見〈與韓荆州書〉（《王本》26／
1240）及王瑤《李白》頁14-15所引眾多李白詩句。

❺　詩見《王本》23／1079。關於戴天山的位置，見《寰宇記》83／5a及《王
本》詩題下注。學者咸信李白在二十多歲出蜀之後未曾再回去過，因此
所有作於蜀的作品均應作於二十多歲離蜀之前。近年李從軍（〈李白歸
蜀考〉，《李白考異錄》，頁79-92）有李白曾自長安經蜀道歸蜀之說。
然其論證極爲脆弱，故今不取。

❻　見宋計有功《唐詩紀事》（18／271-72）所引楊天惠《彰明逸事》（已
佚）文。楊自稱於宋哲宗元符年間（1098-1100）曾爲令於李白本縣彰明，
由該地耆舊訪得李白軼事。

❼　此文即〈上安州裴長史書〉（《王本》26／1243以下，尤其見頁1246）。
關於此文年代，詳下❿。李白在文中自稱其隱居處所是「岷山之陽」。
依據《元和志》32／7a-b、《寰宇記》78／1-4、《新書》42／1084、
及1979年版《辭海》頁2063「汶山」條，岷山位於茂川汶山縣（今四川
茂汶縣），約在綿州之西四百里。但是，在另一方面，李白又說「廣漢
太守聞〔白與東嚴子隱居之事〕而異之，詣廬親睹」（可能有誇張之
處）；這顯示他實際上有可能只是隱居於綿州某一不知名山岳，而不是
隱居於比較出名的岷山。（廣漢是漢代郡名，其地包括唐代的綿州地
區，但不包括唐代的茂州地區。（見《元和志》33／6a、《寰宇記》83
／1a-b。））因此，誠如王琦（《王本》26／1247）所說，李白所謂「廣
漢太守」指的也許是綿州刺史。

❽　見《王本》35／1576所引楊慎語。此說究竟出自楊慎何書，尚待考察。

❾　關於李白與趙蕤的關係，見〈淮南臥病書懷寄蜀中趙微君蕤〉，
《王本》13／648-49。詩中有「故人不可見，幽夢誰與適？寄書西飛
鴻，贈爾慰離析」之語。詹鍈（《繫年》，頁8）認爲此詩作於開元十四
年（726），可能是對的。其時李白似乎住在淮南道治所揚州（見下節正
文首段）。關於趙蕤其人，見此詩題下王琦注所引《新書》（59／1536-
37）及《北夢瑣言》（5／44）語。

❿ 李白在〈上安州裴長史書〉中（《王本》26／1247）提及見蘇頲事，並指出蘇頲係由禮部尚書出任益州長史，但未提年代。依《舊書》88／2881及《新書》125／4402蘇頲傳，蘇於開元八年（720）罷相爲禮部尚書，旋即派往益州大都督府長史任。陳鈞〈李白謁見蘇頲年代考辨〉頁203-05引吳廷燮《唐方鎮年表》及眾多蘇頲詩推斷頲可能於開元八年末受命知益州，九年春成行，同年又離益州。今從其說。楊慎（《丹鉛總錄》12／8「太白懷鄉」條）和詹鍈（《繫年》，頁8）均說蘇頲有〈薦西蜀人才疏〉，其中提及「趙蕤數術、李白文章。」但是我沒能找到這篇文章。
〈登錦城散花樓〉（《王本》21／967）似是此時所作。（參看❺。）錦城即今成都，見詩題下王琦注。

⓫ 詩句見〈登峨眉山〉，《王本》21／968。〈酬宇文少府見贈桃竹書筒〉（《王本》19／872）末二句說：「中藏寶訣峨眉去，千里提攜（按：謂攜帶所贈書筒）長憶君。」可見峨眉之行是一次「千里」之行的一部分。又〈峨眉山月歌〉說：「峨眉山月半輪秋，影入平羌江水流。夜發清溪向三峽，思君不見下渝州。」（《王本》8／441）。渝州即今重慶；見譚其驤，《中國歷史地圖集》，冊五，頁65-66。三峽究何所指，歷來眾說紛紜。然王琦注指出，古有「巴東三峽巫峽長」之著名歌謠，李詩所指應即此三峽。此即今人熟知之長江三峽。依據此詩，李白在下峨眉山之後，應即準備沿江出蜀。整個看來，登峨眉山無疑是李白事先計劃好的出蜀之行的一部分。參照詹鍈，《繫年》，頁4。

㈡開元十二年至二十五年（724-737）：在安陸「蹉跎十年」

⑴大約在開元十二年（724）秋天，李白離蜀沿江東遊。⓬就如他自己後來所說的，他此行並非只爲旅遊；他尙想遊歷四方，追求更好的前途。⓭他一路玩過現今湖北、湖南一些地方，大概在十

三年（725）夏天或稍後沿江來到金陵（今南京）、揚州，並且似乎在這一帶待了兩年左右。**⓮**其後他就溯江西歸。西歸的原因難以確定，不過我懷疑他是把大部分盤纏用盡，又沒什麼特殊際遇，所以準備回家去了。**⓯**

⓬ 李白在開元十二年（724）左右與十八年（730）左右之間的行蹤主要是根據他的〈上安州裴長史書〉（《王本》26／1243-50）推定的。依〈書〉中「少長江漢……迄於今三十春矣」的話看來，〈書〉當作於開元十八年（730）左右（請注意「左右」二字）。又依信中「許相公家見招，妻以孫女，便憩跡於此，至移三霜焉」的話看來，李白在寫信之前三年左右在安州（今湖北安陸）與一許姓婦女結婚。而依信中其他一些記載，李白在結婚之前大約在長江沿岸各地遊歷了三年之久（關於這段遊歷時間之估計，見**⓮**）。因此可推定李白大概在開元十二年（724）離蜀東遊。

至於李白東遊之季節（秋天），則見於〈峨眉山月歌〉（見**⓫**），尤其是其首句。

⓭ 李白有〈秋下荆門〉詩（《王本》22／1023），敦煌《唐寫本唐人選唐詩》（收於《唐人選唐詩（十種）》）題作〈初下荆門〉。詹鍈（《繫年》，頁5）定為李白初出蜀下荆門時作，應當可信。詩末尾說：「此行不為鱸魚鱠，自愛名山入剡中。」雖然李白此行是否遠達剡中頗值得懷疑，詩句卻明白表示李白原本有遊覽名勝之意。（參照**⓮**末尾。）

在另一方面，〈上安州裴長史書〉（頁1244）說：「〔白〕以為士生則桑弧蓬矢，射乎四方，故知大丈夫必有四方之志。乃仗劍去國，辭親遠遊。」所謂「桑弧蓬矢」者，《禮記·射義》云：「故男子生，桑弧蓬矢六，以射天地四方。天地四方者，男子之所有事也。」桑弧指桑木做的弓，蓬矢指蓬梗做的箭。（見郁賢皓，《李白選集》，頁588。）《禮記》蓋以男子之須箭射四方喻男子之須向四方發展。衡諸〈淮南臥病書懷寄蜀中趙徵君蕤〉（離蜀後二年左右作於揚州；見**⓽**）中「功業莫從就，歲光屢奔迫」之歎，〈書〉中所言應當可信。

❹ 〈上安州裴長史書〉（頁1244-46）裡有一段話包含了一些關於李白這段
行程的零碎資料。這段話是：

> 〔白辭親遠行後〕南窮蒼梧，東涉溟海。見鄉人相如大誇雲夢之
> 事，云楚有七澤，遂來觀焉。而許相公家見招，妻以孫女，便憩
> 跡於此，至移三霜焉。曩昔東遊維揚，不逾一年，散金三十餘萬，
> 有落魄公子，悉皆濟之。此則是白之輕財好施也。
>
> 又昔與蜀中友人吳指南同遊於楚，指南死於洞庭之上，白襌服慟
> 哭，若喪天倫。炎月伏屍，泣盡而繼之以血……遂權殯於湖側，
> 便之金陵。數年來觀，筋肉尚在。白雪泣持刃，躬申洗削……遂
> 丐貸營葬於鄂城之東……此則是白存交重義也。

從這段話裡，我們可以摘出以下數點：

（甲）李白在離蜀之後、往安州之前曾南至蒼梧而東至海。（蒼梧爲古
代非正式地名，地在今湖南中部和西南部一帶山區。見袁珂，《山海經
校注》18／459。）

（乙）其後他往回走，到了現在的湖北，隨後在安州結婚。

（丙）在他回行到今湖北之前，他曾遊揚州，「不逾一年。」（郁賢皓，
〈李白出蜀年代考〉，《李白叢考》，頁12說「不逾一年」並不是說在
揚州居住不到一年，只是說李白在不滿一年內散金三十餘萬。細推上引
的李白文字，郁說恐怕是難以令人信服的。）

（丁）在他順江東下時，他曾與友人吳某同遊洞庭湖一帶，其友於「炎
月」卒於此。他在把友人「權殯於湖側」之後便前往金陵。

（戊）「數年」之後，他重至湖上，清理吳某屍體，然後將之帶往鄂州
（在今武漢）營葬。

根據上述數點，我推定了以下一個大略的李白行蹤表：

(1)開元十三年（725）夏天前不久：旅遊至今湖南中南部一帶。（由於吳
指南卒於洞庭算來當是725年夏之事，而其後李白即往金陵，故李白之
「南窮蒼梧」當是725年夏天以前事。）

(2)開元十三年（725）夏天：在洞庭湖。

(3)開元十三年（725）夏天或稍後至十五年（727）初左右：在長江三角
洲一帶，主要是在金陵和揚州。

(4)開元十五年（727）：溯江西上，到過洞庭湖，然後到鄂州，然後北上

安州。（除了〈上安州裴長史書〉的證據外，安旗、薛天緯《李白年譜》頁28指出，〈早春於江夏送蔡十還家雲夢序〉（《王本》27／1070）有「海草三綠，不歸國門；又更逢春，再結鄉思」諸句，並認為這表示李白在出蜀後第三個春天時人在江夏（即鄂州）。若依李白724年秋出蜀之說推算，這正表示李白727年春時人在鄂州。然郁賢皓〈李白出蜀年代考〉頁14認為，「又更逢春」係指「海草三綠」之後的又一個春天。是則依這些詩句我們只能說李白728年春在鄂州。由於李詩本身意義曖昧，這裡就只能暫時存疑了。）參照⓬。

另，郁賢皓同文頁15–16認為，李白在遊揚州後曾依原先計劃遊越中（參看⓭開頭）。郁氏又指出，〈早春於江夏送蔡十……序〉中有一段話說：「秋七月，結遊鏡湖，無愆我期，先子而往。敬慎好去，終當早來。無使耶川白雲，不得復弄爾。」鏡湖、耶川（若耶溪）均在會稽。而「復弄」二字似表示李白先前已「弄」過那些勝景。郁氏此說有其道理。然由於郁氏所舉出的那些他認為作於此次越中之遊的詩都難以確切定年，他的說法這裡也就只能暫時存疑。

⓯　上條附考曾引李白文字說，他在揚州時不逾一年即「散金三十餘萬，有落魄公子，悉皆濟之。」安旗、薛天緯《年譜》頁25曾引《舊書》玄宗紀開元十三年說：「時累歲豐稔，東都米斗十錢，青、齊米斗五錢。」據此估計，三十餘萬錢之價值至少抵米三萬餘斗。〈上安州裴長史書〉是用以干謁自薦的作品，而〈書〉中提散錢之多又係用以自詡其慷慨好施，因此李白這些話恐難免有誇大之處。但是，即使如此，這些話似乎還是可以顯示：李白在揚州一帶揮霍得相當厲害。上條附考引文又說李白西歸時是靠「丐貸」才把朋友吳指南葬在鄂州的。這更強烈顯示李白西歸時已經沒有什麼錢。

在另一方面，〈淮南臥病書懷寄蜀中趙徵君蕤〉（大概是726年秋作於揚州，見❾）有「功業莫從就，歲光屢奔迫；良圖俄棄捐，衰疾乃綿劇」的話。看起來李白的四方之志在揚州並沒有得到什麼發展。

　　⑵但是李白在開元十五年（727）左右到鄂州（今武漢）之後不久，就在安州（今湖北安陸）與當地一位顯赫的「許相公」家的孫女

結了婚。⓰也許由於有了許家的資助，他便在安州住了下來。他後來曾說自己在安州「蹉跎〔了〕十年」。⓱雖然他詩文中的數字多半不求精確，我們卻可由下文看出，他有可能確實把家安置在安州，並且自己斷斷續續住在那裡，直到大約三十五、六歲（也就是開元二十三、四年）以後。

⓰ 見⓬及魏顥〈序〉，《王本》31／1451。李白在向安州裴長史提及其妻家時只說是「許相公家」，可看出此許家在安州必甚爲顯赫，不須指名即盡人皆知。曾鞏〈李太白文集後序〉（《王本》31／1479）謂此許家即高宗時宰相許圉師家。按圉師出自安州大姓（見《舊書》許紹、許圉師傳，59／2327，2330）；曾鞏也許不錯。王琦（《王本》26／1245）以爲李白所稱許相公爲圉師本人，則不可信；因圉師卒於679年（見前引圉師傳），不可能把孫女嫁給李白。

⓱ 見〈秋於敬亭送從姪耑遊廬山序〉，《王本》27／1266-67。

　　(3)婚後不久，大概一年半載之後吧，李白曾到他所謂的「汝海」一帶（當指今河南北汝河北段區域）遊歷。⓲他此行的主要目的之一可能是前往潁陽（河南今縣，地近北汝河）訪問好友元丹丘的隱居別業。元丹丘是位熱誠的道教徒，李白一生與他交情甚篤。⓳在同一時期，李白本人也在安州一帶的幾處無名小山隱居過。⓴不過他絕非只熱衷於在山中隱遁。到開元十八年（730）左右爲止，他已不只一次干謁安州重要官員（如長史），希望得到他們的薦拔。只是他看來並沒遇到什麼好運。㉑

⓲ 汝海之行見於〈上安州李長史書〉，《王本》26／1229。這封信可能作於729年。其理由如下。在〈上安州裴長史書〉中（頁1247），李白說他

曾見知於安州一個前任「郡督馬公」（「郡」或當作「都」，安州爲中都督府）及其手下長史李京之。詹鍈（《繫年》，頁9-10）認爲〈上安州李長史書〉之李長史即李京之。詹氏另引《讀史方輿紀要》5／251-52指出，在開元時期，安州可能直到729年以後才有都督府；因此，馬、李二人當在729年後才在安州任職。對於《紀要》此一記載，我不敢苟同。因爲我沒有找到任何可以支持此一記載的早期資料，而且它又與《唐會要》69／1213的一些記載相左。（參看《唐會要》68／1192-96，《通鑑》210／6666，《新書》116／4244-45及des Rotours, *Fonctionnaires*, p. 703，n.2所引一些資料。）除外，張昕〈諸家李白年譜中有關安陸十年繫年比較〉頁77指出，湖北安陸縣考證李白辦公室編的《李白在安陸十年詩文繫年》（我未見）也曾多方舉證否定了《紀要》的說法。不過，以李長史爲李京之，則頗有見地。依據此說，則《上安州李長史書》似應作於730年寫〈上安州裴長史書〉（見❷）之前。由於李白結婚之後應當不致於立刻就往汝海，而汝海之遊又得費些時日，我們可以推定給李長史的信是作於728或729年。其中又以729年較爲可能。因爲李白727年到安州時未必立刻與許氏結婚，而給李長史的信又是春天寫的（詳下），若選定728年，依然嫌太近。（張昕前引文頁76認爲，給李長史的信中有云：「白孤劍誰托，悲歌自憐，迫於恓惶，席不暇暖。寄絕國而何仰，若浮雲而無依。」從口氣上看，這些話不像是與許氏婚後所說。他因此認爲給李長史的信作於727年。然若果如此，則李白727年先要到洞庭湖清理吳指南屍體，接著要到鄂州乞貸爲之營葬（詳見❹），然後再北上汝海訪元丹丘（詳下正文），最後還能在春天干謁李京之（依據信中「敢以近所爲〈春遊救苦寺〉詩……〔等〕輕干視聽，幸乞詳覽」語推斷）。這樣的行程似乎緊得不合情理。按，李白給李長史的信中曾表示自己得罪了對方，希望對方能不怪罪，並盼對方猶能獎掖自己，口吻極謙卑。張昕引的那些話是不是李白採「苦肉計」而說的話呢？或者，是否〈上安州裴長史書〉的年代要後延到731年（把〈書〉中的「三十春」視爲約數），而李白從727到731年的整個行蹤都要從新考究呢？謹將疑難提出於此，以待方家指教。）

下面即將指出，李白前往汝海極可能是去訪問元丹丘，而且又有跡象顯示，李白訪元之事不會遲於731年底（見下面正文及下條附考）。這一點

多少也能佐證上段的推斷。

「汝海」一語本指汝水水大而言（《王本》13／654，〈秋夜宿龍門……〉，
註1）。汝水包括今北汝河、南汝河、及部分洪河（1979年版《辭海》，
頁2041）。但李白使用「汝海」一語似乎一貫地僅指汝水北段而言。
（依據花房英樹，《索引》，頁217，此語除〈上安州李長史書〉外，還
出現於〈秋夜宿龍門……〉及〈題元丹丘潁陽山居〉（見下條附考）。
而〈秋夜宿龍門……〉的「朝發汝海東，暮棲龍門中」（龍門指龍門山，
在洛陽）顯示汝海與洛陽距離很近，只有一日行程；〈題元丹丘潁陽山
居〉序言的「丹丘家於潁陽，新卜別業，其地……極目汝海」顯示汝海
距潁陽很近，「極目」可見。這都顯示李白的汝海一語指汝水北段，即
今北汝河（尤其北段）一帶。）

⑲ 這個推測是依據下列各點歸結出來的：

（甲）在〈題元丹丘潁陽山居並序〉（《王本》25／1147）的序言裡，
李白曾說：「丹丘家於潁陽，新卜別業，其地……南瞻鹿臺，極目汝海，
雲巖映鬱，有佳致焉。白從之遊，故有此作。」

（乙）依〈上安州裴長史書〉（頁1248），李白與元在干謁郡督馬公與
長史李京之的時候似乎就已是朋友。（李白在此信中未直接提「元丹丘」
一名，但有「故交元丹」之語。由於李白在〈冬夜於隨州……送……元
演……序〉（《王本》27／1293）中又提及元丹，並稱之爲「神仙交」，
王琦（見此〈序〉注）疑「丹丘」爲元之字，而「丹」爲其名。王說似
可從。）

（丙）李白〈聞丹丘子於城北山營石門幽居〉（《王本》13／658；約作
於737年，見㉜）曾說：「疇昔在嵩陽，同衾臥羲皇。綠蘿笑簪紱，丹壑
賤巖廊。晚塗各分析，乘興任所適。僕在雁門關，君爲峨眉客。」配合
下面正文及㉜來看，這幾句詩似顯示李白在735年遊太原之前甚久（注意
「晚塗」句）即曾與元丹丘同隱於嵩山之「陽」（即南邊）。而潁陽即
位於嵩山之陽。

（丁）在〈潁陽別元丹丘之淮陽〉（《王本》15／717）中李白稱與元丹
丘「素以煙霞親」。此詩似作於732年末李白離洛陽後不久（見本節第五
段正文及㉗第（四）項）。這表示李白與元在732年初以前即曾一齊隱居。
（李白732年住在洛陽，見下段正文。）

❷⓪　見〈安陸白兆山桃花巖寄劉侍御綰〉（《王本》13／647），尤其是「歸
　　來桃花巖，得憩雲窗眠。對嶺人共語，飲潭猿相連……入遠搆石室，選
　　幽開山田。獨此林下意，杳無區中緣」等句。又見〈代壽山答孟少府移
　　文書〉（《王本》26／1220以下；壽山在安州白兆山旁，見王註）。又
　　見王琦《年譜》開元十八年及詹鍈《繫年》頁9有關這些作品的討論。

❷①　李白上安州裴、李二長史的信（見❷及❸）均有干謁之意；參見第三章
　　（4丙）至（4戊）的討論。依上裴長史的信來看，李白還向安州一馬姓
　　都督干謁過（見❸第一段）。

　　(4)不久李白就前往洛陽尋求發展。洛陽是唐朝的東都。在開元
二十四年（736）以前，唐朝廷由於財政方面的原因（主要是帝國東
南租賦運輸供應之便），常常遷往洛陽。對於熱心追求政治出路的人
而言，這無疑是洛陽最吸引人的事物之一。李白有可能在開元十九
年（731）十一月玄宗朝廷到達洛陽前後到了那裡。❷❷不管如何，
當開元二十年（732）初唐朝廷派信安王李禕率兵征契丹時，李白
人已在洛陽，並寫了一首送別詩給一個即將隨軍出征的叫梁公昌的
人。❷❸在洛陽的時候，李白常在通往皇城的天津橋邊的酒肆裡飲酒
作樂並結交豪雄。❷④在一首當時所作的詩裡，他對眼前達官貴人衣
冠華麗騎馬過橋進宮參謁的景象表露了強烈的嫉羨之情。❷⑤

❷❷　李白此次訪洛陽的確切時間無法察知。不過，誠如正文所提示，我們似
　　有理由揣測他是著眼於唐朝廷的來臨而訪洛陽的。據此，他入洛陽的時
　　間當不致於和唐朝廷之到達時間差太多。
　　唐朝廷到洛陽的年月見《舊書》8／197（「至自」當作「至」）及《新
　　書》5／136。

❷❸　此詩即〈送梁公昌從信安王北征〉，《王本》17／815。詩首二句云：
　　「入幕推英選，捐書事遠戎。」可見梁即將在信安王幕府中工作。關於

此次遠征，可見《舊書》8／197、76／2651-53，《通鑑》213／6797-
98，及高適〈信安王出塞〉詩（《唐寫本唐人選唐詩》，頁23；《全詩》
214／2235題作〈信安王幕府詩〉）。

下面㉕、㉗將會提出更多證據顯示，732年時李白確實住在洛陽。

㉔　〈憶舊遊寄譙郡元參軍〉（《王本》13／663）前六句說：「憶昔洛陽董
糟丘，爲余天津橋南造酒樓。黃金白璧買歌笑，一醉累月輕王侯。海内
賢豪青雲客，就中與君心莫逆。」㉗將顯示詩句中所敍係本年事。關於
天津橋之位置，見《長安と洛陽》，圖40。參看下條附考。

㉕　〈古風其十八〉（《王本》2／110-11）云：「天津三月時，千門桃與李。
朝爲斷腸花，暮逐東流水。前水復後水，古今相續流。新人非舊人，年
年橋上遊。雞鳴海色動，謁帝羅公侯。月落西上陽，餘輝半城樓。衣冠
照雲日，朝下散皇州。鞍馬如飛龍，黃金絡馬頭。行人皆辟易，志氣橫
嵩丘……」雖然詩末也講了些仕路艱險、自由可貴之類的話，那些話似
乎只是自我解嘲之語而已。

由於唐朝廷在736年10月以後就不再東遷洛陽（見Twitchett, *Financial
Administration under the T'ang Dynasty*, p.315, n.20），此詩應作
於736年（不含）之前的某一個三月裡（據「天津」句）。我將它繫於
732年的理由見㉗。

(5)開元二十年（732）十月，唐朝廷離洛陽經潞州（今山西長
治）、太原返長安，此後直到開元二十二年（734）正月才再回洛
陽。㉖李白似乎在開元二十年（732）末離開了洛陽，可能是因爲
唐朝廷離開了之後他的逗留已失去了意義。㉗在南返的路上，李白
到潁陽訪問了元丹丘。隨後他又到隨州（湖北今縣）去拜訪了著名道
士胡紫陽，其時已是冬天。在隨州時，他在洛陽結交的一個名叫元
演的好朋友（後來做了譙郡的參軍；譙郡即亳州，今安徽亳縣）南下來找
他。照李白自己的說法，他們受到胡紫陽和當地刺史的熱情款待。

由於胡紫陽極力向他們誇讚附近的仙城山，尙在同年（732）冬天，元演便離李白前往仙城山棲隱。李白說隔年（733）春天也要前往，後來不知是否眞的去了。然後——不能確定在什麼時候——李、元二人分手了。李白回到他在安州的某個隱居處所去；元演則回去他在長安的家。

㉖ 見《通鑑》213／6799，《舊書》8／198。

㉗ 有關李白自732至737年之行蹤的最重要資料是李白的長詩〈憶舊遊寄譙郡元參軍〉（《王本》13／663以下）。此一資料的可靠性幾乎無可懷疑，因爲它已收入殷璠編於玄宗年間的《河嶽英靈集》（見《唐人選唐詩（十種）》，頁55-56；關於《英靈集》的編選年代，見王運熙，〈談李白的《蜀道難》〉，以及岑仲勉，〈唐集質疑〉，《唐人行第錄（外三種）》，頁480-81）。在這條附考裡，我將詳細給該詩所敍的大部分事件定年。

㈠〈憶舊遊〉詩中依序記述了以下幾件事：

（甲）李白與元參軍在洛陽天津橋旁的「酒樓」中成爲好友。（一至八句：「憶昔洛陽董糟丘，爲余天津橋南造酒樓。黃金白璧買歌笑，一醉累月輕王侯。海內賢豪青雲客，就中與君心莫逆。迴山轉海不作難，傾情倒意無所惜。」）

（乙）李白離洛陽往「漢東」；元參軍首先留在洛陽，然稍後即南遊與李白會合；二人共訪道士胡紫陽於「漢東」。（九至二十九句：「我向淮南攀桂枝，君留洛北愁夢思。不忍別，還相隨。相隨迢迢訪仙城，三十六曲水迴縈。一溪初入千花明，萬壑度盡松風聲。銀鞍金絡到平地，漢東太守來相迎。紫陽之眞人，邀我吹玉笙。餐霞樓上動仙樂，嘈然宛似鸞鳳鳴。袖長管催欲輕舉，漢中（當作「漢東」）太守醉起舞。手持錦袍覆我身，我醉橫眠枕其股。當筵意氣凌九霄，星離雨散不終朝，分飛楚關山水遙。」第九句「我向淮南攀桂枝」的「淮南」當指位於淮水之南的漢東郡，也就是隨州。李白之所以用了這個相當不明確的地名，也許是因爲他在同句後半裡要化用淮南王劉安〈招隱士〉中的「攀援桂

枝（按：喻隱逸）兮聊淹留」一語（《文選》33），因而連類相及。第十句「君留洛北愁夢思」的「洛北」當即指位於洛水之北的洛陽；「北」字顯然是爲了要與前句的「南」字成對仗而用的。第二十一句的「澆霞樓」是胡紫陽在隨州的居所；見〈漢東紫陽先生碑銘〉，《王本》30／1428以下。）

（丙）李白回到他先前隱居的地方（相信是在安州）；元參軍則回他在長安的家去。（三十至三十一句：「余既還山尋故業，君亦歸家度渭橋。」「渭橋」字面上雖可指長安渭水上的任一橋樑，在唐代似特指中渭橋而言；見《元和志》1／10b-11a、《括地志輯校》1／22、以及《長安と洛陽》，圖35；又參見《王本》13／664引《史記索隱》文。）

（丁）李白與元參軍經太行山遊并州（今太原；三十二至五十一句：「君家嚴君勇貔虎，作尹并州過戎虜。五月相呼渡太行，摧輪不道羊腸苦。行來北涼歲月深，感君貴義輕黃金。瓊杯綺食青玉案，使我醉飽無歸心。時時出向城西曲，晉祠流水如碧玉。浮舟弄水簫鼓鳴，微波龍鱗莎草綠。興來攜妓恣經過，其若楊花似雪何。紅妝欲醉宜斜日，百尺清潭寫翠娥。翠娥嬋娟初月輝，美人更唱舞羅衣。清風吹歌入空去，歌曲自繞行雲飛。」）

（戊）李白西遊長安，後在〔中〕渭橋遇見元參軍；後二人又於譙郡附近分手。（五十二至五十七句：「此時行樂難再遇，西遊因獻長楊賦。北闕青雲不可期，東山白首還歸去。渭橋南頭一遇君，酇臺之北又離群。」酇臺似指酇縣的某一亭臺。（郁賢皓《李白選集》頁230謂酇臺即酇亭，在縣治；不知何據。）酇縣在譙郡，見《寰宇記》12／17a。關於李白此次長安之旅，❸❹第㈡點及❹❼有進一步討論。）

㈡誠如王琦（《王本》35／1582-83）與詹鍈（《繫年》，頁13-14）所提示，上部分（丁）項的并州（太原）之行大約可定於735年5月至736年春之間。理由如下：

（甲）在〈秋日於太原南柵餞……王……賈……尹……序〉（《王本》27／1271以下）裡，李白說寫〈序〉當年春天皇帝「有事千畝，湛恩八埏，大搜群才，以緝邦政。」所謂「有事千畝」者，當指耕籍田（即皇帝親行耕種之儀式）而言。（王注引《禮記》云：「天子爲籍千畝，冕而朱紘，躬秉耒。」）依據《舊書》8／202及《唐大詔令集》74／415-16所錄〈開元二十三年籍田赦〉詔文（《舊書》24／913與《通鑑》214

／6810記載較簡略），李白所敍事件發生於735年春。（我未見到鄰近各年春發生同類事件之記載。）這顯示：735年秋天（季節見〈序〉題）時李白在并州。胥樹人（《李白和他的詩歌》，頁143）以〈序〉中有「白也不敏，先鳴翰林」及「天王三京，北都居一」的話，認爲〈序〉應作於742年李白供奉翰林及并州（太原）稱爲「北京」（見乙條）之後。然〈序〉實際上稱并州爲「北都」，此爲742年以前舊稱（見詹鍈，《李白全集校注彙釋集評》，冊八，頁4098）。至於「翰林」，則如王琦在〈序〉後按語所說，可指「文翰之林」，未必與供奉翰林有關。故今仍從舊說。

（乙）〈憶舊遊〉第三十四至三十五句，即「五月相呼渡太行，摧輪不道羊腸苦」，指出李白與元參軍五月間在太行山。第三十六句（「行來北涼歲月深」）顯示他們似於深秋或初冬到達并州。（依《校注》13／847-48，「北涼」有眾多古本作「北京」，包括《河嶽英靈集》。似以作「北京」爲是。唐於742年稱并州爲北京；見《舊書》9／215及des Rotours, *Fonctionnaires*, p.681。）詩中用「北京」一名只顯示詩作於742年或其後，並不表示詩中所敍事件發生於其時。關於此詩年代，本附考末尾將有討論。

（丙）〈憶舊遊〉描寫李白遊并州城西名勝晉祠一事時，曾說他見到「莎草綠」（四十三句），又誇讚與他共遊的歌妓說「其若楊花似雪何」（四十五句）。由這些景物看，李白736年春時還在并州。

（三）以并州之行爲基準，我們可以依據以下數點將李白居洛陽的年代定爲732年：

（甲）〈古風其十八〉敍及李白在天津橋旁所見景象時曾說：「雞鳴海色動，謁帝羅公侯。月落西上陽（按：上陽爲東都宮名），餘輝半城樓。衣冠照雲日，朝下散皇州（按：皇州謂帝都）。」（參見㉕。）又〈憶舊遊〉亦提及，李白逗留於天津橋南酒樓時，「一醉累月輕王侯」。這顯示李白在洛陽時唐朝廷亦在此。

（乙）在728年初之後（依前面正文所述李白遊蹤，他極不可能在728年初之前去洛陽；因此，這裡可以不須要討論這日期以前的情況），唐朝廷只在洛陽停留兩個時期，即731年11月至732年10月以及734年正月至736年10月（見Twitchett, *Financial Administration*, p.315, n.20及

《通鑑》213／6796、6799，214／6805、6822）。而依李白與元參軍二人居洛陽、遊并州之間的遊蹤（見本附考後文及❸）判斷，李白此次居洛陽極不可能在734至736這段期間內。

（丙）另有資料清楚顯示李白732年初在洛陽（見前段正文及❸）。

（四）李白至漢東（即隨州）造訪胡紫陽一事除了〈憶舊遊〉外還有另外幾個作品提及。這些作品是:(1)〈潁陽別元丹丘之淮陽〉（《王本》15／717），(2)〈冬夜於隨州紫陽先生湌霞樓送煙子元演隱仙城山序〉（《王本》27／1293），與(3)〈題隨州紫陽先生壁〉（《王本》25／1145）。在作品(1)裡，李白先寫了自己與元丹丘的深情及二人對隱逸生活的共同嚮往，然後慨歎說自己不得不追求世俗的成就，並因而備感困頓。他的慨歎之言是：「嘗恨迫世網，銘意俱未伸。松柏雖寒苦，羞逐桃李春。悠悠市朝間，玉顏日緇磷。」其後他表示要去吃「黃金藥」，去做「紫陽賓」，因此要別元丹丘而到「東南」去（隨州在潁陽東南）。最後他寫道：「已矣歸去來，白雲飛天津。」這裡的「天津」無疑是指通向洛陽皇城的天津橋而言，而「白雲」則依詩家貫例當指妨礙詩人走向政治顯達之路的惡勢力。（關於「白雲」的這層象徵意義，參看葉嘉瑩，〈一組易懂而難解的好詩〉，頁36–37以及李白〈遠別離〉的「日慘慘兮雲冥冥，猩猩啼煙兮鬼嘯雨，我縱言之將何補」等句，《王本》3／157。）這顯示李白在洛陽追求政治成就不成後不久曾到潁陽訪問元丹丘，其後並準備「東南」行到漢東訪問胡紫陽。（詩題中的「淮陽」一名需要解釋一下。唐時陳州——今河南商水、沈丘一帶——至742年始稱淮陽郡（見本章正文第二段及《舊書》38／1436–37）。然此詩既以洛陽為朝廷所在，則自不當作於736年之後（見上第三條丁項）。因此，李白也許是用了陳州舊名（據《舊書》38／1436及《寰宇記》10／1，陳州隋時稱為淮陽）。不然，則「淮陽」或係「淮南」之訛；李白曾在〈憶舊遊〉中以「淮南」稱漢東（見上文第一條乙項）。至於李白何以經由陳州往漢東，則不詳。）

我們試以〈憶舊遊〉第十三至廿九句（「相隨迢迢」句至「分飛楚關」句）與作品(2)、(3)相比較（尤其是作品(2)標題與「吾與霞子元丹、煙子元演，氣激道合，結神仙交……入神農之故鄉，得胡公之精術。胡公身揭日月，心飛蓬萊。起湌霞之孤樓，鍊吸景之精氣。延我數子，高談混

元」一段；以及作品(3)標題與「復聞紫陽客，早署丹臺名。喘氣餐妙氣，〈步虛〉吟真聲……松雪窗外曉，池水堦下明。忽耽笙歌樂，頗失軒冕情」數句），應可推定〈憶舊遊〉裡的元參軍與作品(2)裡的元演為同一人，且李白與元二人（由前引作品(2)文字看，是否元丹丘亦來會合呢？）冬天（732年）同在漢東。又依作品(2)標題及「白乃語及形勝，紫陽因大誇仙城。元侯聞之，乘興將往……〔吾〕恨不得同棲煙林，對坐松月……乘春當來，且抱琴臥花，高枕相待」一段，元在同一個冬天裡離胡紫陽住處前往附近的仙城山隱居（山在漢東郡東約八十里；見《校注》27／1593），李白則答應於隔年春入山與元會合。至於李白是否真正前往，則較難確定。（前引〈憶舊遊〉詩句「相隨迢迢訪仙城」中的「仙城」若解為仙城山，則李白自應確實前往此山。但若如此解釋，則李白似先往遊仙城山後再拜訪胡紫陽，這與其他作品所述不合。再者，「仙城」極可能只是泛稱，指胡紫陽所居之隨州。（作品(3)有云：「神農好長生，風俗久已成。」作品(2)又云：「入神農之故鄉。」王注引《史記正義》及《初學記》指出，隨州之北有厲鄉，為神農所生。李白豈即以此稱隨州為仙城歟？）故此處對李白往仙城山一點暫時存疑。

㈤最後，我們可以把〈憶舊遊〉一詩寫作年代大致定於742年春暮。理由如下：

（甲）詩中所用的譙郡、漢東〔郡〕、和北京（太原）等地名顯示詩當作於742年二月詔改全國各州為郡之後。（見❶。雖然譙郡與漢東郡二名唐以前已有（《寰宇記》144／1；《隋書》30／836），太原似直到742年才稱北京（見上第二條乙項）。）

（乙）詩末（「西遊」以下四句）提到李白737年入長安追求功名不成的事（此事詳見後面正文第三節），但卻隻字不提最令李白感到驕傲的742年秋奉召入京一事，故似作於742年秋以前。

（丙）詩末「問余別恨今多少，落花春暮爭紛紛」表示詩作於暮春。

(6)開元二十二年（734），李白遊歷了襄陽（襄州治所，湖北今縣）。除了遊覽名勝外，他還設法干謁了韓朝宗，熱切尋求韓的薦拔。韓朝

宗當時是荊州（今湖北江陵）大都督府長史兼襄州刺史。㉘李白的努
力仍然沒有結果。他似乎最少在襄陽待到秋天以後。㉙

㉘　李白見韓朝宗一事〈與韓荊州書〉（《王本》26／1239以下）、〈憶襄
陽舊遊贈馬少府巨〉（《王本》10／520）、及魏顥〈李翰林集序〉（《王
本》31／1450）均提及。依〈憶襄陽〉所示，見韓之地在襄陽，而非荊
州（見詹鍈，《繫年》，頁11）。
關於李白見韓一事之過程，魏〈序〉說：「〔白〕又長揖韓荊州，荊州
延飲，白誤拜，韓讓之，白曰：『酒以成禮。』荊州大悅。」這段話的
根據大概是魏顥754年見李白時聽李白追述之辭（參正文第六節754年部
分），可能有些記憶模糊或添油加醬的成份。〈與韓荊州書〉則說：
「君侯制作侔神明，德行動天地，筆參造化，學究天人。幸願開張心顏，
不以長揖見拒。必若接之以高宴，縱之以清談，請日試萬言，倚馬可待。
今天下以君侯爲文章之司命，人物之權衡，一經品題，便作佳士。而君
侯何惜階前盈尺之地，不使白揚眉吐氣，激昂青雲耶？」細味這段話，
似乎李白在致書之前曾一度在某一場合裡向韓朝宗施長揖之禮（長揖是
向地位相同的人行的禮；李白向韓行此禮顯然甚爲唐突；也許他是爲了
吸引韓的注意，不得不如此；詳見第三章關於李白干謁方式一段），引
起韓的憤恕，不准李白託於門下，白因而上書謝罪，並自陳願爲韓所用，
期望韓薦拔之意。（以上關於李白見韓朝宗的過程一段，我在1983年的
論文（即Shih, Li Po）中討論未周，哈佛大學的James R. Hightower
教授曾因而提出異議。雖然我修改後的觀點仍與Hightower教授不同，
我仍要向他深致謝意。）
韓朝宗在734年之前本已任荊州長史，734年2月或稍後又授襄州刺史、山
南道採訪處置等使。（見《新書》118／4273韓傳、《全文》283／13張
九齡〈貶韓朝宗洪州刺史制〉、des Rotours, Fonctionnaires, p.678, n.2
及p.679, n.1及詹鍈，《繫年》，頁11。又參看岑仲勉，《通鑑隋唐紀比
事質疑》，頁190–91及《唐史餘瀋》，頁102–03。）他似乎在736年末
之前被貶離這些職位。（張九齡在其貶韓朝宗制裡說韓於任該等職位後
不到三年即兩度拔擢某一心腹下屬，構成他被貶的理由之一。同時，張

本人於736年11月罷相，出知荆州（《舊書》8／203、99／3099，《通鑑》214／6825）。由此，上述制文不應作於736年11月以後。）如是，李白在襄陽見韓朝宗只可能在734年2月與736年11月之間。我之所以把此事定於734年，理由如下：

㈠李白735年五月遊并州（太原），最少停留到736年春。

㈡李白此次遊襄陽似直待到秋天以後（見下條附考），故與第㈠點合起來看知道不會是735年前往。

㈢有跡象顯示李白春天時人在襄陽，故與第㈠點合看知道也不會是736年前往。李白春天在襄陽的跡象如下。〈憶襄陽舊遊贈馬少府巨〉說：「昔爲大堤客，曾上山公（按：山簡）樓。開窗碧嶂（按：原誤作『幛』，據《校注》10／671改）滿，拂鏡滄江流。高冠佩雄劍，長揖韓荆州。此地別夫子，今來思舊遊。」依詩意，李白此次往襄陽應曾遊大堤（在襄陽城外）、山公樓。而大致即寫於此時的〈大堤曲〉（《王本》5／296）裡，有「春風復無情，吹我夢魂散」的話，可見李白春天時人在襄陽。（參見下條附考。）至於李白是734或735年春在襄陽，或二年春均在襄陽（李白另有〈襄陽歌〉，在《王本》7／369–71，曾寫到春酒和盛開的花），則我尚不敢斷定。

最後我必須解釋一下〈與韓荆州書〉中的「韓荆州」這個稱謂。在唐代，像「韓荆州」這樣一個姓氏下接一個州名時，通常意謂該人爲該州刺史。然由於大都督通常只是虛銜，由諸王在京城遙領，大都督府的長史職權實際上與一般州刺史無異（見《通典》32／1861及《新書》49b／1310）。這可能就是韓朝宗身爲荆州大都督府長史，而李白卻稱他「韓荆州」的原因。（《全詩》141／1437王昌齡〈奉贈張荆州〉詩中之張荆州，據研究即指737年出爲荆州長史的張九齡；見詹鍈，《繫年》，頁22及《舊書》9／208、99／3099。）

㉙ 〈峴山懷古〉（《王本》22／1034）末二句說：「感嘆發秋興，長松鳴夜風。」這顯示李於秋日登襄陽峴山。而依我目前重構的李白生平看，他一生極可能只遊襄陽一次。

⑺開元二十三年（735）五月，李白與元演取道太行山前往并

州（當時稱太原府）。他們在秋天到達了目的地。元的父親當時在并
州做「尹」（此李白詩中用語，不知是否爲太原府尹）。李白自稱受到
元氏父子殷勤款待，到了「醉飽無歸心」的程度。❸⓪他常常出遊太
原城西的名勝晉祠，有時並攜妓同往。❸①他在并州待到開元二十四
年（736）春天之後。❸①a

❸⓪　見❷⑦第二條。又見〈憶舊遊寄譙郡元參軍〉第三十七至三十九句：「感
　　君貴義輕黃金，瓊杯綺食青玉案，使我醉飽無歸心。」《王本》13／664。
❸①　依〈憶舊遊〉第四十至五十一句。已見❷⑦第一條丁項，兹不重引。
❸①a　見❷⑦第二條。

　　(8)在回家途中，李白似乎又到了洛陽，並在那裡遇到了元丹
丘。當時唐朝廷在洛陽。李白也許在同年（736）十月玄宗朝廷離
東都之前某個時候離開洛陽回家。在經過這一趟長達一年多的遊歷
之後，李白大概和他家人一起住了一年左右（至開元二十五年，即737
年）。大約在開元二十五年（737）秋，李白寫了一首詩給元丹丘。
時元丹丘剛在南陽（鄧州，今河南南陽）營建了一所隱居別業。在這
首詩裡，李白表達了強烈的遯世心願，並感嘆說是撫育兒女的責任
使他無法如願。接著他很快就前去拜訪元丹丘，極可能是在接到元
丹丘的回音之前。只是他只與元丹丘在山中過了一夜。❸②從某些資
料看來，李白和其家人此時似乎住在南陽。❸③這是李白家遷離安州
的最早跡象。從給元丹丘的詩裡所透露的一些信息以及李白婚娶的
情況來推測，也許李白之遷離安州是由於妻子許氏過世吧？❸③a

㉜ 以上這段李白離并州後的行蹤除〈憶舊遊寄譙郡元參軍〉（見㉗）外尚依據：（甲）〈聞丹丘子於城北山營石門幽居，中有高鳳遺跡；僕離群遠懷，亦有棲遁之志，因敍舊以寄之〉（《王本》13／657以下）以及（乙）〈尋高鳳石門山中元丹丘〉（《王本》23／1060）。

正文中所提詩作即〈聞丹丘子〉。在這首詩裡，李白回想到以下幾點。⑴他很久以前曾與元丹丘同隱於嵩山之陽。（據九至十二句：「疇昔在嵩陽，同衾臥羲皇。綠蘿笑簪紱，丹壑賤巖廊。」）⑵後來他北遊雁門關（在太原北約一百五十公里）而元丹丘則西遊峨眉山。（據十三至十八句：「晚塗各分析，乘興任所適。僕在雁門關，君爲峨眉客。心懸萬里外，影滯兩鄉隔。」）⑶在由北方南返途中，他在洛陽市街上碰見了元丹丘。（據十九至二十二句：「長劍復歸來，相逢洛陽陌。陌上何喧喧，都令心意煩。」）⑷由於對政治追求感到厭倦，他終於離開洛陽（李白用了「謝朝列」一語，這表示當時朝廷在洛陽），回到家裡。（據二十三至二十六句：「迷津覺路失，託勢隨風翻。以茲謝朝列，長嘯歸故園。」）

上段第⑴點所指的顯然是728年左右及732年末（也可能還有其他一些未知的時候）李白訪元丹丘於其潁陽別業的事（已見上面正文）。第⑵點所說的雁門關之遊應當即是735至736年的太原之旅。理由是：（子）依我們對李白一生行蹤的整體了解，李白不像曾有過另一次太原之旅。（參看(112)。）（丑）如前所論（㉗第三條乙項），736年10月以後唐朝廷不再遷到洛陽；因此，雁門關之旅應在這年代之前。（寅）說遊雁門關與說遊太原差異不大，因爲兩地相距甚近，李白遊太原就極可能順道遊雁門關。再者，即使李白遊太原時未曾達到雁門關，他也可能爲了修辭的理由而稱太原地區爲「雁門關」。

上面第⑷點顯示李白在736年10月之前離洛陽回家。而〈聞丹丘子〉開始時有「春華滄江月，秋色碧海雲；離居盈寒暑，對此常思君」的話。「盈寒暑」原指滿一年。在此，此語即使只是約略之辭，也可顯示〈聞丹丘子〉之寫作已在李白離洛陽一年左右之後。我們甚至可以進一步說，由〈尋高鳳〉（作於〈聞丹丘子〉後不久；詳下）中的「空谷宜清秋」句看來，〈聞丹丘子〉與〈尋高鳳〉都作於737年秋。

高鳳是漢代著名處士，南陽葉縣人，以在西唐山（在唐代的唐州，位於南陽東南約四十公里）教授學生聞名。（見《後漢書》83／2768-69正文

及顏師古注。）元丹丘在石門山的幽居既稱與高鳳遺跡有關，理當離南
陽不遠。（參見下條附考。）

〈尋高鳳〉曾說：「尋幽無前期，乘興不覺遠。蒼崖渺難涉，白日忽欲
晚。」又說：「丹丘遠相呼，顧我忽而晒。遂造窮谷間，始知靜者閒。
留歡達永夜，清曉方言還。」細玩這些詩句，可知所寫的是李白第一次
石門山幽居之行（注意「始知」句；「靜者」指元丹丘）。這次造訪並
未經過事先約定（由「無前期」三字）。目的地當日可達，且李白只留
宿一夜（由「白日」、「留歡」、「清曉」諸句）。如此性質的一次造
訪相信不會發生在李白寫〈聞丹丘子〉之後太久。

參看下兩條附考。

❸❸ （甲）李白造訪元丹丘南陽石門山幽居時既然一日可達，且過夜即回
（見上條附考），則他的住處應與元的幽居相去不遠。

（乙）〈酬坊州王司馬〉（《王本》19／885）係李白在大約737至740年
間遊關中時所作（見下面正文第三節及相關附考）。在此詩中，李白說：
「遊子東南來，自宛適京國。」宛即南陽古名。

（丙）李白在〈鄴中贈王大，勸入高鳳石門山幽居〉（《王本》9／500-
01）中先述作詩時自身處境說：「一身竟無託，遠與孤蓬征。千里失所
依，復將落葉并。」接著寫當時計劃說：「中途偶良朋，問我將何行。
欲獻濟時策，此心誰見明。君王制六合，海塞無交兵。壯士伏草間，沉
憂亂縱橫。飄飄不得意，昨發南都城……投軀寄天下，長嘯尋豪英……
富貴吾自取，建功及春榮。」此處「南都」一語相信當指南陽，因南陽
後漢時曾命名為南都（見1979年版《辭海》頁310及王琦注），而唐時雖
曾稱荆州為南都，卻已是760年9月以後的事了（見《通鑑》221／7096、
《舊書》10／259、及des Rotours, *Fonctionnaires*, pp.680–82, n.2）。由
詩題看，此詩當作於737年秋後不久（詳上條附考）。由詩中所說要去
「獻濟時策」、求取功名（暗示要去長安獻賦；詳後面正文）一點看，
詩當作於737至740年遊關中之途中。據此，我推斷李白737年時住在南陽。
（由內容判斷，〈鄴中贈王大〉應是李白寫給一個曾經勸他退隱不求功
名的摯友的。詩題則似謂李白在奉勸一位姓王的朋友隱居。兩者不能相
符。疑「鄴中贈王大」數字有誤。）

（丁）在〈遊南陽白水登石激作〉（《王本》20／917；石激即水堰，義
見《校注》20／1149）裡，李白說他「朝涉白水源」而「長歌盡落日，

乘月歸田廬。」這顯示李白一度曾住在南陽。

㉝a　李白家搬到南陽的原因尚無法考察出來。不過，他在〈聞丹丘子於城北上營石門幽居，中有高鳳遺跡，僕離群遠懷，亦有棲遁之志，因敍舊以寄之〉（㉜已引）中說他在736年由太原、洛陽返家後，「故園恣閒逸，求古散縹帙。久欲入名山，婚嫁殊未畢。人生信多故，世事豈惟一。念此憂如焚，悵然若有失。」所謂「婚嫁殊未畢」，用的是向長（字子平）的典故。《後漢書》113〈逸民傳〉謂向長隱居不仕，建武年間，男女娶嫁既畢，敕斷家事勿相關，於是遂與人肆意遊名山，不知所終。李白意謂，自己願學向長所爲，可惜兒女娶嫁未畢，不能如願。細味上引詩句，「人生」二句似謂遭遇重大變故。又，依我們對李白婚姻狀況的了解，李白的第一任妻子許氏當在742年以前過世。（見正文第四節末尾關於李白與劉氏關係部分及相關的附考。）我因此懷疑李妻許氏在736或737年去世，並懷疑李白之搬離安州與此有關。

㈢開元二十五年至二十八年（737-740）：初入長安

(1)不久以後，李白就西行前往長安。㉞我估計他是在開元二十五、六年（737-738）之交到達這個大唐帝國的京城。㉟他在關中地區度過了兩整年以上。㊱此行無疑與唐朝廷在此有關（唐朝廷在開元二十四年離洛陽後即不再前往）。有些資料顯示，李白可能帶了至少一篇賦去呈獻給朝廷，而且他初到長安後的日子主要就花在等待獻賦的結果。㊲大概在他自知此一自薦文才之舉不會有什麼結果之後，他便到終南山去隱居。㊳有一年（我推想是開元二十六年，即738年）秋天，李白曾在玉眞公主在終南山的別館做門客。玉眞公主是玄宗的妹妹；她熱衷道教，而且與當時文士頗有來往。李白顯然想得到她的賞愛與薦拔。但是，他在她那兒得到的待遇是相當冷淡的。㊴

㉞ 先前學者都只知道李白有天寶元年至三載（742-744）間的長安之行（關
於此行，見正文第五節）。1962年，稗山（劉拜山）在其〈李白兩入長
安辨〉裡首度提出李白在天寶元年之前已曾遊長安的看法。他並就此行
年代作了一些初步的探討。其後雖陸續有學者採信李白天寶元年前曾入
長安之說，卻始終沒人就其年代問題提出令人信服的說法。以下我將詳
細舉證以加強稗山之說，並推定李白這第一次長安之行的比較可靠的年
代。

㈠首先，就如稗山（頁126-27）所提示，李白在長安或關中其他地方寫
的詩裡，有許多顯示李白當時窮困潦倒、毫無出路。在其中一部分詩裡
（作於邠州、坊州），李白更謙卑地向一些中、下級地方官吏尋求資助
或引薦。這些詩不可能作於李白天寶元年至三載（742-44）的長安之行，
因為那一次李白是奉召入京，後又供奉翰林，心情基本上是自信樂觀的。
（即使到其後期李白自認受讒並擔心失去玄宗寵幸時，他畢竟仍然是個
皇帝侍臣。）

上面所說的表現潦倒之情或向中、下級官吏求助的詩有下列幾首。⑴
〈玉真公主別館苦雨贈衛尉張卿二首〉（《王本》9／475以下），尤其是
第一首第五至十四句：「黯黯昏墊苦，沈沈憂恨催。清秋何以慰？白酒
盈吾杯。吟詠思管、樂，此人已成灰。獨酌聊自勉，誰貴經綸才。彈劍
謝公子，無魚良可哀。」玉真公主之別館在終南山；見郁賢皓，〈李白
與張垍交遊新證〉，頁64-65。⑵〈贈新平少年〉（《王本》9／504），
尤其是「而我竟何為，寒苦坐相仍。長風入短袂，內手如懷冰。故友不
相恤，新交寧見矜」一段。誠如稗山（頁131）所論，詩題用「新平」一
名而不用「邠州」，並不足以表示詩作於742年改邠州為新平郡之後；因
為其地隋時已稱新平，而李白作品中又屢用古舊地名。關於邠州之位置，
見下面正文。⑶〈酬坊州王司馬……〉（《王本》19／885），尤其是最
後四句：「主人蒼生望，假我青雲翼。風水如見資，投竿佐皇極。」坊
州位置見下面正文。⑷〈幽歌行上新平長史兄粲〉（《王本》7／379），
尤其是第五至十二句：「憶昨去家此為客，荷花初紅柳條碧。中宵出飲
三百杯，明朝歸揖二千石。寧如流寓變光輝，胡霜蕭颯繞客衣。寒灰寂
寞憑誰暖？落葉飄揚何處歸？」以及末二句：「前榮後枯相翻覆，何惜
餘光及棣華！」末二句意味李白由李粲處所得待遇由好而壞，李白希望

李棨能繼續照顧自己。關於詩題中以「豳」代「邠」一點，見下面正文。

㈡學者多相信李白天寶元年奉召入京前曾在東魯（兗州）住過一段日子。（例見《王本》35／1583及詹鍈，《繫年》，頁18-19。）若不論其繫年之正誤的話，這看法是可以接受的。（見正文第四節第一段及相關的附考。）而根據該次居東魯時所作的〈贈從弟冽〉一詩以及〈憶舊遊寄譙郡元參軍〉中的四句，李白在此次往東魯前曾一度往長安求功名而無所成。詳細推論如下：

⑴〈贈從弟冽〉見《王本》12／627-28。其第一至第六及二十三至二十六句說：「楚人不識鳳，重價求山雞。獻主昔云是，今來方覺迷。自居漆園北，久別咸陽西……報國有長策，成功羞執珪。無由謁明主，杖策還蓬藜。」其中咸陽顯然是借指京城長安。而所謂漆園者，相傳即古代莊周爲吏之處。其地依《寰宇記》（13／14a-b，128／12b）或謂在曹州（在今山東西南）之冤句北四十里，或謂在濠州之定遠縣（安徽今縣）。不過，唐張守節（玄宗時人）的《史記正義》（《史記》63／6144）裡曾引唐初地理書《括地志》（已佚）說漆園在冤句。因此，李白所說漆園當指位於曹州冤句之北者而言。而其所謂「漆園北」之地，似即指位於冤句東北不遠之東魯（兗州）。又李白雖於744年後復遊東魯，「無由謁明主」一句卻分明顯示此詩作於742年入京之前。而上引詩句合起來可顯示李白在742年以前曾西遊長安追求功名無成，其後方遊東魯。

⑵李白在〈憶舊遊〉末尾敘述完其太原之旅後（太原之旅見❷❼第二條甲至丙項）寫道：「此時行樂難再遇，西遊因獻長楊賦。北闕青雲不可期，東山白首還歸去。」郁賢皓說，北闕是「古代宮殿北面的門樓，爲臣子等候朝見或上書之處，因用爲朝廷的別稱。」又說青雲「喻高官顯爵。」（《李白選集》，頁230。）這大致是不錯的。東山本晉謝安隱所，這裡借指李白棲隱之處。（見施逢雨，《李白詩的藝術成就》，頁78。）這幾句詩看來也是在追敘一次追求功名無成的長安之旅（參看第五條）。

⑶我相信上兩詩中所提的是同一次長安之旅，因爲兩詩所提之旅看來都發生於741年（含）之前（❷❼最後部分已指出，〈憶舊遊〉當作於742年初）。

㈢李白有〈以詩代書答元丹丘〉一詩（《王本》19／881）。詩中說：「離居在咸陽，三見秦草綠。」這表示李白曾一度在關中度過至少三個

春天。而後面正文將指出，李白742年奉召入京後並未在關中住那麼久。

㈣李白742年奉召入京後係於744年離京。而有跡象顯示，李白該次係由陸路離京。他往東南經白鹿原（即灞上，在長安東南）、商州（今陝西商縣）而去。（見正文第五節末尾至第六節開頭。）在另一方面，據〈梁園吟〉（《王本》7／390）一詩，尤其是其中的「我浮黃河去京闕，挂席欲進波連山；天長水闊厭遠涉，訪古始及平臺間」數句，李白似曾一度離京沿水路東下。（「我浮」句的「黃河」一本作「黃雲」。然依全部引句看，李白之沿水路而行應無疑問，不會受一字之差影響。參照❹及稗山，頁130–31,133。）

㈤從《憶舊遊》的敍述看來，李白初入長安之行當在太原之旅結束，也就是736年春，之後。而前面又已指出，它當在741年（含）之前。據此，我們就可把初入長安的年代縮到736至741年間來考察。於是，由❸丙點（顯示李白於737年秋之後不久離南陽赴京）、❹（顯示李白大約於740年往東魯）、及本附考第三條（顯示李白一度在長安過了至少三個春天），我們應該可以把初入長安之年代定於737至740年。

㈥但是，目前學術界最流行的李白初入長安年代是開元十八年至十九年（730–731）。這個說法是由郭沫若在《李白與杜甫》（頁17–18）中提出來的。我之所以不採取這個說法，主要是它根本不能契合我所重構的整個李白生平。這自然不是一個可以順理成章說服讀者的理由。因此，下面我將費點篇幅，找出個別證據反駁郭氏的說法。

郭氏說法與李白生平資料最直接相左的地方有二。其一是〈憶舊遊〉把「西遊因獻長楊賦」之事敍於太原之行後；而太原之行事在735至736年，證據是相當充分的（見❷第二條）。或許有人會認爲「西遊」句是指742年奉召入京之事。（如郁賢皓，《李白選集》，頁230。）然「西遊」句下尚有「北闕青雲不可期」之語，而李白742年入京之後，曾做了一年多翰林供奉，並曾一度深得玄宗寵幸，這樣的話與這樣的際遇能相契合嗎？我想這是值得學者重新思考一下的。其二是，〈以詩代書答元丹丘〉中的「離居在咸陽，三見秦草綠」之語既不是742至744年在京的情形，也不會是所謂730至731年在京的情形。

至於前人提出過的支持730年初入長安的證據，若仔細推究，也是難以成立的。郭沫若提出了兩個證據。第一個是這樣的。〈與韓荆州書〉中曾

說：「〔白〕三十成文章，歷抵卿相。雖長不滿七尺，而心雄萬夫。王公大臣，許與氣義。」李白要在三十歲時「歷抵卿相」，與「王公大臣」等交遊，只有到西京去。這個說法的問題出在「三十成文章，歷抵卿相」二句是否應該像郭氏那樣理解。按：原文這兩句前面還有「十五好劍術，遍干諸侯」二句，文意相屬，不應割裂。而若把四句合起來看，則應該很容易看出，其中的「十五」、「三十」大概都只是爲行文方便（這四句是駢句）所用的約數，不能看死。（假設事實是十六與三十一的話，李白也總不會在這樣的句子裡照寫十六與三十一吧？）因此，像郭沫若那樣把「三十」咬定爲李白三十歲那年（730），是很不足取的。再者，要「歷抵卿相」何以必得入長安才行？玄宗朝廷一到洛陽，卿相王公不是也到洛陽了嗎？據此，〈與韓荊州書〉的「三十成文章，歷抵卿相」等語實在不能作爲李白730年一定到過長安的證據。若要問我那這些話究竟是何所指，則我的回答是：可能指李白731年或732年到洛陽去的事。（洛陽之行已見上面正文。）

郭氏的第二個證據如下。杜甫〈飲中八仙歌〉（《杜少陵集詳註》2／46-48）說李白曾與賀知章等爲所謂八仙之遊，兩八仙中之蘇晉卒於734年（《舊書》100／3117），故李白應於734年之前即遊過長安。（參看《王本》35／1587及William Hung, *A Supplementary Volume of Notes for Tu Fu: China's Greatest Poet*, pp. 37–38。）此說亦極可議。先說，誠如詹鍈《繫年》（頁38–39）所指出，杜甫此詩實際上只描述了八個酒仙的事跡，並未指出他們之間有什麼「遊」。在另一方面，李陽冰〈草堂集序〉（《王本》31／1446）雖有李白與賀知章等「爲八仙之遊」的話，卻明白說李白係於天寶時方爲此遊。這兩點都與郭氏說法有互相抵觸的地方，而郭氏卻似乎完全沒有留心到它們。他的說法出問題也就出在這裡。今察杜甫〈飲中八仙歌〉大約作於746年4月至年底間。（見Hung, *Tu Fu*, p.50；聞一多，《少陵先生年譜會箋》，頁丙62—丙63；蕭滌非，《杜甫研究》，第二部分，頁10，〈八仙歌〉題下註。）其時「八仙」中至少李白、賀知章、和蘇晉都已不在長安。（關於李白和賀知章，見正文第五節末尾。）因此，杜甫顯然並非根據親身見聞來描述他的八仙。再者，范傳正〈唐左拾遺翰林學士李公新墓碑並序〉（《王本》31／1465）敍李白與賀知章等人爲「酒中八仙」，

其「八仙」中包括裴周南，爲杜詩所無。我因此懷疑〈飲中八仙歌〉是根據一個並未定型的有關八仙的市井傳說而寫的。這傳說之所以並未定型，是因爲所謂的八仙之遊性質可能如王琦所說，「如今時文酒之會，行之日久，一人或亡，則以一人補之，以致姓名流傳，參差不一」（《王本》35／1587；參陳貽焮，《杜甫評傳》，上卷，頁138）。據此，郭氏依杜詩立論，是缺乏說服力的。

㈦詹鍈以爲李白曾於739年秋在巴陵（今湖南岳陽，在洞庭湖畔）見到王昌齡。（見《繫年》，頁22–23；此說後又爲傅璇琮，《唐代詩人叢考》，頁121–22所採用。）他的根據有兩點。第一是，王昌齡有〈巴陵別李十二〉詩（見《唐寫本唐人選唐詩》頁6及《全詩》143／1449），而由賈至〈初至巴陵與李十二白裴九同泛洞庭湖〉（見❸）判斷，王詩之「李十二」即李白。第二是，有跡象顯示，王昌齡於739年貶謫嶺南，而於南下途中在該年秋離裏陽往洞庭湖。對於詹氏此說，我的看法如下。首先，賈至〈初至巴陵〉詩係李白晚年二人唱和之作（詳❸），並非作於739年。因此，其詩題中的「李十二白」是否即王昌齡詩題中的「李十二」，並沒有詹氏所想的那麼確定。其次，即使詹氏所提兩點都成立，他也無法據以論斷李白必於739年在巴陵見到王昌齡。他還得證明王昌齡一生僅於739年訪巴陵而已。而據我所知，目前尚無研究王昌齡生平的著作可就這點提供確定的結論。見傅璇琮，《唐代詩人叢考》中之〈王昌齡事跡考略〉及譚優學，〈王昌齡行年考〉。

㈧本附考的討論基本上都是從李白未曾三入長安的角度出發的。如果李白一生曾入長安三次或三次以上，則本附考的很多推論便都會動搖。因此，這裡有必要也考察一下近年流行過一陣的李白曾三入長安的說法。李白入長安最出名的是天寶初那一次。由於資料比較充分，該次入長安的問題爭議並不多。（詳見下面正文和相關附考。）另一次入長安爭議主要在年代，本條附考已詳盡探討過。除了這兩次外，胥樹人《李白和他的詩歌》（1984；頁142–44）認爲李白752年冬或753年又曾入長安一次。但他的依據主要只是一些舊說中未及圓滿解決的疑點和一些他個人對某些詩作的特殊解釋，放到本章討論的脈絡裡，並沒有一一加以辨駁的必要（參❷第二節乙條）。另外謝力《李白開元末年入京考（1989）宣稱又發現一次李白入長安之事。然細加考察之後，可知謝文實際上僅

模糊發現了本章所說的737年自南陽入京一事，而誤將它繫於開元末年而已。因此，謝說此地也無須詳辨。

在另一方面，李從軍等人又依其他資料提及李白在752、753年之間曾第三度入長安的說法。據我所知，此說由李從軍〈李白三入長安考〉一文（1983）首先提出。其後陸續有人提出反對和支持的意見。反對的有郁賢皓的〈李白三入長安質疑〉（原發表於《中華文史論叢》1984年第1輯，後收於《天上謫仙人的祕密——李白考論集》，本章即引自此書）。支持的有安旗的〈李白三入長安別考〉（1984）以及李從軍本人的〈由江東之遊再考李白的三入長安〉和〈關於李白三入長安質疑的質疑〉等。

我是反對李從軍之說的。但是，我認爲，李從軍的觀點最終雖然可能無法成立，他所提出的論證卻有一部分的確有理由讓人產生李白三入長安的印象，因而值得詳細辯駁。李氏最有力的論證之一是，李白〈贈崔司戶文昆季〉一詩中有數句顯示，李白天寶初次入長安後十年左右又入長安一次。（見〈李白三入長安考〉，頁116-17。）郁賢皓在其〈質疑〉一文中已指出這點。（〈質疑〉，頁221。）李從軍本人反而不自知，是十分可惜的。李從軍所引詩句如下：

惟昔不自媒，擔簦西入秦。
攀龍九天上，忝列歲星臣。
布衣侍丹墀，密勿草絲綸。
才微惠渥重，讒巧生緇磷。
一去已十年，今來復盈旬。（《王本》10／538）

這段詩前八句寫的是李白天寶初奉召入京之事，應可無疑。問題在於，「一去」二句是否眞知李從軍所說，是指離開長安、復至長安而言。詹鍈《繫年》（頁93-94）認爲李白天寶初入京時係由南陵出發（我同意此說；參見下面正文），這裡的「一去」是指當時離開南陵而言，而「今來」則是指今日復來南陵而言；詩蓋作於南陵。詹氏如此認定的原因可推斷如下。李白〈送崔氏昆季之金陵〉（一作〈秋夜崔八丈水亭送崔二〉；《王本》18／867）詩中有「二崔向金陵，安得不盡觴」之句，當是送崔氏昆季之詩，而非如或題所示，是僅送崔二一人之作。此崔氏昆季可能即是〈贈崔司戶文昆季〉中的「崔司戶文昆季」。而此詩中又有「扁舟敬亭下，五兩先飄揚」之句，故詩當作於敬亭山所在的宣城（按：李

白於753年秋抵宣城，見下面正文第六節）。以此觀之，〈贈崔司戶文昆季〉可能確作於南陵一帶（按：南陵在宣城）。這個論證雖然算不上鐵證如山，卻已頗合情理，絕對不是可以像李從軍那樣整個迴避過去的。

另外，郁賢皓曾指出，李氏所引詩句中「擔簦西入秦」一句的「西」字「表明寫詩時立足點不在長安」（《質疑》，頁222）。李從軍認爲此說不能服人，並引李白的「西上蓮花山，迢迢見明星」（〈古風第十九〉，《王本》2／113）和「西上太白峰，夕陽窮登攀」（〈登太白峰〉，《王本》21／974）爲反證，以爲李白即使「立足」於蓮花山、太白峰，也會使用「西上」這樣的字眼。（〈質疑的質疑〉，頁156）我認爲，郁氏若不只引「西」一字，而引「西入秦」三字爲說的話，則可能更具說服力。至於李氏的反證，則乍看似有理，細究之下其實站不住腳。因爲〈古風第十九〉和〈登太白峰〉二詩作詩的「立足點」都看不出是在「西上」的山峰。後詩末尾有「一別武功去，何時復更還」之語，更明白表示詩是在離太白峰（按：峰在武功）之後追敍的。

除去詹、郁二氏的說法之外，我還要再提出一點，協力證明〈贈崔司戶文昆季〉並不作於長安。該詩開頭有一段李從軍所未引用的話說：「雙珠出海底，俱是連城珍。明月兩特達，餘輝傍照人。英聲振名都，高價動殊鄰。」這些話主旨在誇讚崔司戶昆季二人，可無疑問。其中我們必須特別留意的是末尾二句。所謂「殊鄰」者，王注引揚雄〈長楊賦〉「逿方疏俗，殊鄰絕黨之域」句顏師古注云：「鄰，邑也。」（《漢書》87b／3562。）按〈長楊賦〉收於《文選》卷九，然李善注、五臣注均未注「殊鄰」一語。因此，李詩中的「殊鄰」一語可能的確應依《漢書》顏師古注來理解。而據顏注，「殊鄰」應指偏遠城邑而言。如是，「英聲」二句不是指崔司戶昆季原在「名都」（當指京城）有大名，因而身價震動了現今所在的殊方異域嗎？

李從軍第二個值得辯駁的論證是：李白有〈走筆贈獨孤駙馬〉一詩，顯示李白似於天寶初二出長安之後又去過長安。該詩全文如下：

都尉朝天躍馬歸，香風吹人花亂飛。
銀鞍紫鞚照雲日，左顧右盼生光輝。
是時僕在金門裡，待詔公車謁天子。
長揖蒙垂國士恩，壯心剖出酬知己。

　　一別蹉跎朝市間，青雲之交不可攀。

　　儻其公子重回顧，何必侯嬴長抱關？（《王本》9／506）

李從軍（〈李白三入長安考〉，頁117）認爲，此詩前四句敍寫的是獨孤
駙馬的風采，這點應該不錯。然而，李氏認爲這是李白三入長安時事，
則顯然失察。因爲，由第五句的「是時」（那時候），一語可以看出，
該四句所敍乃李白先前「待詔」「金門」時情事。五至八句敍寫李白待
詔金門時與獨孤駙馬的交情，詩意甚明。末四句則似敍寫李白與獨孤駙
馬分別之後二人關係的疏遠，以及李白對對方未能繼續薦拔自己的委婉
抱怨。這四句中首先必須澄清的問題是，所謂與獨孤駙馬分別之後究竟
是什麼時候呢？是李從軍所認爲的二度離長安之後嗎？我認爲不是。要
說明這點，須先詳細討論一下「一別」句。所謂「朝市」者，1979年版
《辭海》（頁4563）有兩個定義。其一是「朝廷和市集」；其二是「猶
都會」。若說「一別」是指李白別獨孤駙馬離長安而去，則不管我們採
取「朝市」的哪個定義，都無法說李白別後是「蹉跎朝市間」。因此，
我認爲「一別」較可能是指李白在玄宗面前失寵前與獨孤駙馬的最後一
別。我們知道，李白大概早在743年秋就開始被玄宗疏遠（詳見下面正文）。
或許獨孤駙馬在李白開始被玄宗疏遠後就不再與李白往來，而其後李白
在長安又無所作爲，只能蹉跎於朝市之間，直到744年春離長安爲止。此
所以詩中有「一別」二句這樣的話。其次得澄清的問題是，此詩究竟作
於何時？作意爲何？爲了解答這兩個問題，我要先引述一下李集中的另
一首詩，即〈初出金門尋王侍御不遇，詠壁上鸚鵡〉：「落羽辭金殿，
孤鳴託繡衣。能言終見棄，還向隴西飛。」（《王本》24／1132。）此
詩或作題〈敕放歸山，留別陸侍御不遇，詠鸚鵡〉。不管詩題是哪個，
我們都可確定此詩是李白受命還山之後，離開長安之前，投贈朝中舊識
之作。詩中有訴苦之意（據第三句），又有尋求同情、照顧之意（據第
二句；「繡衣」者，侍御史所衣也，見《校注》11／713〈在水軍宴……〉
注引《漢書・百官公卿表》。）細味贈獨孤駙馬詩的末二句，作詩時李
白似已受命還山，沒有政治出路。且此二句係虛擬句，意謂獨孤駙馬若
曾再度提攜自己，則自己即不致於有今日困頓無成的結果。其中有委婉
的抱怨，又有委婉的期待。這首詩或許與〈初出金門〉作於類似場合
吧？

李從軍還提了其他一些佐證。但那些佐證都沒有什麼說服力。李氏之所以會誤認爲它們是有力佐證，主要是由於他對李白初入、二入長安的過程缺乏全盤的、確切的掌握，時常把記敍初入、二入長安經驗的詩句誤解爲三入長安的證據。關於這一點，我的論點可由本章考證初入、二入長安過程的文字看出，這裡就不再辭費。

安旗在其〈李白三入長安別考〉中舉出了許多他認爲可以支持李從軍觀點的詩。但其中實際上只有〈述德兼陳情上哥舒大夫〉值得加以辯駁。此詩如下：

> 天爲國家孕英才，森森矛戟擁靈臺。
> 浩蕩深謀噴江海，縱橫逸氣走風雷。
> 丈夫立身有如此，一呼三軍皆披靡。
> 衛青謾作大將軍，白起眞成一豎子。（《王本》9／488）

安旗（頁143-44）認爲：「哥舒大夫」當即哥舒翰，而據《新書》、《舊書》翰本傳，哥舒翰是在天寶八載（749）以武將加攝御史大夫銜（按：此事見《舊書》104／3213；《新書》135／4570並未記載），十一載（752）又加開府儀同三司（按：此事兩《唐書》同處均有記載）。李詩既稱哥舒翰爲「大夫」，則應作於哥舒翰加「大夫」銜，特別是加「開府儀同三司」之後。又據《通鑑》（按：216／6916，6918），哥舒翰天寶十一載冬入朝，十二載（753）五月出擊吐蕃。可見哥舒翰十一載冬及十二載初均在朝中。而十二載早春李白已自幽州南返，故本詩當是天寶十二載春在長安上哥舒翰之作。

按〈上哥舒大夫〉一詩可能果如王琦注引劉世教語所說，「述德有之，而無陳情之詞，疑有闕文。」然而，即使如此，由詩的內容仍能看出，這首詩是寫給一個出名武將的。而考之史籍，李白時期姓哥舒而稱得上著名武將的，當非哥舒翰莫屬。因此，除非詩題有誤，否則，安旗認定此詩係上哥舒翰之作，應該不錯。確定了這點之後，我們接著必須考察的是，作詩的時間是否果如安旗所說，是天寶十二載春呢？關於這一點，詩題中的「大夫」一語可能是僅有的線索。假如「大夫」是指哥舒翰的御使大夫銜的話，則按上引兩《唐書》哥舒翰傳記載，我們只能歸結說李詩應作於哥舒翰天寶八載加御使大夫後，十一載加開府儀同三司前。安旗爲了迎合李從軍所謂李白於天寶十一、二載間入長安的說法，硬說

李詩應作於哥舒翰加御使大夫銜，「特別是加『開府儀同三司』以後」，是很難令人信服的。因爲開府儀同三司是個從一品的官階（《舊書》42／1784），而御使大夫則是個正三品的官階（《舊書》44／1861；《新書》48／1235）。同樣作爲一個武將的名譽職位，前者高於後者。此所以兩《唐書》說哥舒翰是（在原有的御使大夫銜之上）再加開府儀同三司銜。據此，哥舒翰天寶十一載加開府儀同三司之後，人們理應稱他爲「哥舒開府」，而非「哥舒大夫」。杜甫的〈投贈哥舒開府翰二十韻〉詩（《杜少陵集詳註》3／104），聞一多《少陵先生年譜會箋》（頁70丙）及陳貽焮《杜甫評傳》（上冊，頁189-90）均斷爲天寶十三載作，即稱哥舒翰爲「開府」。除了說天寶十一、二載間李白於理不會有上所謂「哥舒大夫」的詩之外，這段期間李白身在外地，行蹤至爲明確緊湊，是否可能到長安去，也頗值得懷疑。此點後文（第六節）自有論述，此處不贅。至於哥舒翰天寶八載加攝御史大夫至十一載加開府儀同三司之間，則史籍未載其有入朝之事。而其時李白人又在古時所謂的「山東」地區（詳下面正文），想贈詩哥舒翰，要在何處投贈、如何投贈呢？

至此，我不得不懷疑，「大夫」二字也許並不指哥舒翰的御史大夫銜而言。王琦注曾引胡三省《通鑑》注云：「唐中世以前，率呼將帥爲大夫。白居易詩所謂『武官稱大夫』是也。」（詳細卷頁待查。）依據此說，李詩中的「大夫」二字就只是對身爲武將而大概還沒有特別顯赫官銜的哥舒翰的一般性尊稱而已。果眞如此，則李白此詩就很可能是在較早年代時寫的。那年代有可能與李白初入或二入長安之年代相吻合。只是，由於哥舒翰未顯赫前的事跡史籍記載不詳，我們在沒有進一步的資料出現之前，關於這點就只好暫時存疑了。在此，我只想指出，在別無有力證據相支持的情況下，要以〈上哥舒大夫〉一詩推斷李白曾三入長安，還不太可能。因此，我們有理由暫時放心地排除李白三入長安的疑雲。

㉟　見㊲最後部分。

㊱　見㉞，第(三)節。

㊲　一如㉞第(二)節所指出，李白在〈憶舊遊〉詩中說他西遊長安的目的在「獻〈長楊賦〉」（〈長楊賦〉者，漢揚雄事成帝時所作辭賦之一，此處顯然借指李白自己所獻之賦）。又，〈贈從弟列〉（《王本》12／627）首四句說：「楚人不識鳳，重價求山雞。獻主昔云是，今來方覺迷。」

依《太平廣記》461／42b記載，有楚人重價購一山雞，以爲是鳳，將以獻楚王。半途而雞死。楚王知之，仍重賞之，以嘉其欲獻之心。然從〈贈從弟列〉全詩脈絡以及李白在〈贈范金鄉二首其一〉（《王本》9／468；金鄉在兗州）中使用同一典故之用意（其詩句云：「遼東慚白豕，楚客羞山雞。徒有獻芹心，終流泣玉啼」）看來，李白此處用此典故，應只表示他曾把自己所珍視之物獻給皇帝，而卻受到輕視而已，並沒有原故事仍受重賞之意。而其所獻之物可能即是賦。

李白集中現存有〈明堂賦〉一篇（《王本》1／26-56）。有些跡象顯示，此賦或即是爲737年入京呈獻而作。首先，這篇賦序文末尾自稱「臣白」（《王本》1／27）；這明白顯示賦係爲呈給皇帝而作（參看杜甫的〈封西岳賦〉和〈進封西岳賦表〉，《杜少陵集詳註》24／125,124）。其次，明堂是唐代舉行重大儀式的地方，本武則天時建於洛陽（《唐會要》11／271-77；《舊書》22／849-62）。737年——或說738年10月，依所據資料而定（《唐會要》11／281作738；《通鑑》214／6831，《舊書》22／876，及《新書》13／338則均作737年）——玄宗下詔毀明堂。但他後來改變心意，同意了一項將明堂改建爲一座普通宮殿的計劃；改建工作於739年實施。（見《唐會要》前引處，《元龜》14／10b，《舊書》9／212，及《通鑑》214／6839。）按理，當李白知道了明堂此一命運之後，他就很不可能再去寫一篇關於明堂之堂皇富麗的賦獻給皇帝。在另一方面，誠如詹鍈《繫年》（頁15）所指出，〈明堂賦〉裡提到了一些732年和735年發生的事件（指732年玄宗祀后土於汾水及735年玄宗耕籍田事）。因此，我推想此賦當作於李白自太原之旅歸來（736）之後，唐朝廷毀明堂之命爲一般人所知（737或738）之前。這正與李白入京時間相符合。不管李白是否實際獻了這篇賦，此賦之存在本身即強烈顯示李白有意入京獻賦。

在〈古風其八〉（《王本》2／99）裡，李白首先描述了一些長安豪貴子弟春日冶遊的情景（詩中用用地名係「咸陽」，然應可確定係借指長安而言），然後感歎揚雄之有才而晚達，說：「子雲（按：揚雄字）不曉事，晚獻〈長楊〉辭，賦達身已老，草《玄》鬢若絲。」而實際上，揚雄之獻賦給漢成帝是他已成爲成帝文學侍臣以後的事（《漢書》87a／3522）。他並沒有什麼「賦達身已老」的經歷。詩中顯然扭曲了他的故

事。扭曲的原因可能是,李白實以揚雄之獻賦自況,這裡所歎是自身處境,而非揚雄經歷。他應是在738年春苦等不到獻賦的結果時作了這首詩。

❸❽ 〈春歸終南山松龍舊隱〉(《王本》23/1065)很明白地顯示李白曾隱於終南山。他何時開始在此山中隱居現已難以考知。不過,〈春歸〉詩雖可看出應該作於李白遊邠、坊之後(稗山〈李白兩入長安辨〉頁130指出,〈春歸〉詩中有「我來南山陽,事事不異昔……薔薇綠東窗,女蘿繞北壁。別來能幾日,草木長數尺」之語,完全是小別數月後的情景。據此,詩應作於遊邠、坊之後。關於李白邠、坊之行,見下面正文。)詩題卻明白告訴我們,李白在遊邠、坊之前已居終南。

〈下終南山斛斯山人宿置酒〉(《王本》20/930)以及李白在玉真公主別館所作的兩首詩(見❸❹第㈠節)當作於隱居終南時。

❸❾ 見❸❹第㈠節所提兩首作於玉真公主別館的詩。〈玉真仙人詞〉(《王本》8/448-49)有可能是為干謁玉真公主而作。此處關於公主事跡的記載係根據《新書》83/3657公主本傳。

(2)也許是在開元二十七年(739)夏天,李白離開長安終南山往游邠州(隋時稱新平,唐初一度稱豳州;今陝西彬縣,在西安西北)和坊州(今陝西黃陵,在西安北)。**❹⓪**他在邠州至少度過了夏天和秋天。**❹①**然後,他似乎因為失去了原先得自邠州高官大吏的照拂而不得不離開那裡。**❹②**他在坊州待到隔年春天。**❹③**雖然在當地的停留相當短暫,他仍然設法和一些官吏交遊,並熱切尋求他們在政治上的薦拔。**❹④**同年春天,他回到了終南山。**❹⑤**至於其後他在終南山乃至長安的活動,則我們就知道得很少了。

❹⓪ 在此,我是依據對李白行蹤的整體了解而將此事繫於739年。至於季節(夏天)之推定,見下一條附考。

❹ 由其上下文判斷，〈幽歌行上新平長史兄粲〉的「憶昨去家此爲客，荷花初紅柳條碧」二句（《王本》7／379）很可能意謂李白離開長安終南山的家而在夏天（由「荷花」句景物推定）到了邠州。（參較詹鍈《繫年》頁54。又，稗山（頁129-30）將「家」解釋爲李白在南陽的家，而將「此」解釋爲關中，似與全詩意旨扞格不入。）同詩敍述詩人作詩時情境說：「哀鴻酸嘶暮聲急，愁雲蒼慘寒氣多。」又說：「胡霜蕭颯繞客衣……落葉飄揚何處歸。」這顯然是秋日景象。故可知李白秋天仍在邠州。

❷ 《幽歌行》在「憶昨」二句之後說：「中宵出飲三百杯，明朝歸揖二千石。寧知流寓變光輝，胡霜蕭颯繞客衣。寒灰寂寞憑誰暖，落葉飄揚何處歸。吾兄行樂窮曨旭……壯士悲吟寧見嗟。前榮後枯相翻覆，何惜餘光及棟莘。」看來李白剛到邠州時尚得遊於刺史（「二千石」，義見王注）、長史之門，後來則這些照拂盡失。

❸ 〈酬坊州王司馬與閻正字對雪見贈〉（《王本》19／885）首四句云：「遊子東南來，自宛適京國。飄然無心雲，倏忽復西北。」宛即南陽（見王注）。以此可知此詩係初入長安時之作。詩題及第十五句「積雪明遠峰」中的「雪」字顯示作詩時是雪季。第十六句「寒城璅春色」顯示作詩時已開春。整個看來，作詩時間應在早春，且坊州之行應緊接在邠州之行後。

❹ 見上條附考所引詩，尤其是詩題和末四句（「主人蒼生望，假我青雲翼。風水如見資，投竿佐皇極。」）

❺ 見❸。

㈣開元二十八年至天寶元年（740-742）：在東魯和宣州的逗留

⑴開元二十八年（740），李白離開長安前往所謂的「山東」地區。❻他可能是順著水路由長安東行，在五月間到達了汴州（今

河南開封一帶）附近的梁園。**㊆**在同一月裡，他更往東行，到了東魯
（即兗州，今山東兗州縣一帶）；然後他就在那裡住了一陣。**㊈**在這次
居留東魯期間，他曾與名士孔巢父等五人交遊，共隱於兗州東北的
徂徠山。時人稱呼六人爲「竹溪六逸」。**㊉**

㊅ 誠如**㉝**丙點及**㉞**第(三)節所論，李白在737年末前往長安，而後在長安度過
了至少三個春天（即至少度過了大約連續三年）。這意味李白最可能在
740或741年離京（由下面的討論可知，我們無須考慮742年）。這個推算
還有以下的證據來支持。在〈贈從弟列〉（《王本》12／627-28；742年
奉召入京以前作於東魯，見**㉞**第(二)節）裡，李白曾說：「自居漆園北，
久別咸陽西。（按：「漆園北」指東魯，詳見**㉞**第(二)節；「咸陽」指長
安。）風飄落日去，節變流鶯啼……及此桑葉綠，春鳩起中閨。」這幾
句顯示出，李白在抵達東魯的次年春天還在東魯。由於李白可能係於741
年離開東魯，我們可以推算說，他最遲在740年就到了東魯。詳見下面正
文和相關附考。

㊆ 見出名的〈梁園吟〉（《王本》7／390-92），尤其是第一至第六句：「我
浮黃河去京闕，挂席欲進波連山。天長水闊厭遠涉，訪古始及平臺間。
平臺爲客憂思多，對酒遂作梁園歌。」以及第十三至十四句：「平頭奴
子搖大扇，五月不熱疑清秋。」平臺在唐代宋州虞城縣西（見《元和志》
卷7宋州條），與梁園同爲漢梁孝王遺跡。又見**㉞**第(四)節。〈梁園吟〉收
於敦煌殘本《唐寫本唐人選唐詩》（頁13，題作〈梁園醉哥（歌？）〉），
當至爲可靠。雖然李白在詩中只提到黃河，我懷疑依照當時的河運交通
情況，他是先沿渭河而東，再轉黃河，然後在河陰（在今河南鄭州北）
轉入大運河前往梁園。（參看Twitchett, *Financial Administration*,
pp 84-85，184以及譚其驤主編，《中國歷史地圖集》，冊五，頁44-45。）
〈憶舊遊寄譙郡元參軍〉說李白在離長安而東時在〔中〕渭橋遇見元參
軍，而後二人在譙郡（亳州）鄼縣之北分手。（見**㉗**第(一)節。）依此看
來，中渭橋邊也許有客運碼頭，而李白與元參軍也許一齊東行，直到譙
郡鄼縣之北的大運河邊爲止。

❽ 〈五月東魯行答汶上翁〉（《王本》19／872-73）第五至十六句說：
「顧余不及仕，學劍來山東（按：唐時「山東」一語指潼關以東廣大地
區，與「關中」或「關西」對比，包含但並不特指今之山東省；此點已
見上章）。舉鞭訪前途，獲笑汶上翁。下愚忽壯士，未足論窮通。我以
一箭書，能取聊城功。終然不受賞，羞與時人同。西歸去直道，落日昏
陰虹。」這幾句中有幾個跡象顯示此詩係李白奉召入京前首次遊東魯時
所作。第一，李白第二次遊東魯是在他供奉翰林（事見下節正文）之後
不久，其時他雖未曾正式任過官職，卻已足以以其曾任皇帝文學侍臣之
經歷傲人，不應會爲下愚所輕忽取笑。第二，「訪前途」一語暗示李白
在東魯尚爲陌生人。第三，「直道」依詹鍈《李白全集》冊五，頁2617
係指「直通之路」。「西歸」二句合起來喻指詩人接近皇帝之路被人所
阻，似無疑問。（在中國詩中，「日」常喻指皇帝，而「虹」則與「雲」
類似，常指圍繞在皇帝周遭的邪惡勢力。見❷中關於「白雲飛天津」一
語的討論；又參看〈古風其二〉（《王本》2／89）的「蝘蜒（按：虹也）
入紫微（按：天子居所），大明（按：日也）夷（按：滅也）朝暉」二
句。）「西歸」二句與「來山東」一語顯示李白是剛從長安前來東魯。
　　〈嘲魯儒〉（《王本》25／1157）和〈贈瑕丘王少府〉（《王本》9／
470；瑕丘，兗州縣名）可能與〈五月東魯行〉係同時之作。（詹鍈《繫
年》頁19指出，〈嘲魯儒〉有「時事且未達，躬耕汶水濱」之語，蓋尚
未入翰林也；又指出，〈贈瑕丘王少府〉云：「我隱屠釣下，爾當玉石
分。無由接高論，空此仰清芬。」蓋白尚未得勢，王少府不禮之也。）
李白在東魯頗住了一段期間，這可由上下條附考的討論看出。

❾ 《舊書》190c／5053及《新書》202／5762李白傳均在記敘李白奉召入京
一事之前述及此事。除李白與孔巢父外，「六逸」還包括韓準、裴政、
張叔明、及陶沔。李白本人則在〈送韓準、裴政、孔巢父還山〉一詩
（《王本》16／774）中提及與此等人交往的事。這首詩在寫到韓、孔等
人「出山揖牧伯」（當指干謁地方官吏）的事時，全未觸及李白在玄宗
宮中的經歷，也許確爲首次居東魯時所作。參較《舊書》154／4095孔巢
父傳及William Hung, *Tu Fu*, pp.39-40,52-54中有關孔的資料。

　　⑵李白初居東魯至後來奉召入京期間的行蹤不太容易明確掌握。從一些不同資料裡，我們可以獲得以下這些相關推斷。第一，李白至開元二十九年（741）春以後才離東魯。❺第二，他在天寶元年（742）四、五月曾遊泰山。❺第三，他在天寶元年秋奉召入京（事見下節正文）之前似乎曾一度遊歷杭州一帶，在那兒由秋天至少待到春天（或者，由春天（或春天以前）至少待到秋天；但這較不可能）。❺第四，在天寶元年出發上京之前，他曾路經宣州南陵（今安徽南陵）去探望他的兒女。他顯然在先前什麼時候把兒女安頓在那邊了。（在關於這點的資料裡，李白沒有提起他的妻子許氏。這一點是值得注意的。）❺除非上述這些推斷中至少有一條證實爲誤，我們似可如此推定李白這段行蹤；他在開元二十九年（741）秋天前往杭州一帶遊歷，直待到天寶元年（742）春；然後，在天寶元年春夏間回東魯待了一陣；然後，大概在同年夏天，再度南下到長江三角洲一帶。然而，這樣的行蹤似乎有些令人困惑。確切點說，究竟是什麼緣故促使李白這樣短暫回魯呢？他不太可能只是爲了回去登泰山觀光吧？根據魏顥的說法，李白在許氏過世之後曾與一位劉姓婦女同居；劉氏不久即離李白而去。❺又，李白本人有一首詩暗示，他在離南陵赴長安前，似乎剛與一個輕視他、認爲他貧賤不切實際的婦女決裂。❺這個婦女會不會就是劉氏呢？（李白之與劉氏同居及將兒女安頓於南陵，顯示他的元配許氏應已過世一些時候；這點前文已經觸及過。）如果情形的確如此，那麼李白之短暫回魯，是不是由於他在遊歷杭州時與劉氏結合，因而去把孩子帶到南方，打算讓劉氏照顧他們呢？我們得有更多資料才能作成任何確切結論。

㊿ ㊻中所引〈贈從弟列〉詩句顯示，李白在作該詩時，亦即741年左右的春天，尚在東魯。

㊶ 根據《校注》20／1155，有好幾個重要的李集早期版本都說，〈遊泰山〉詩六首（《王本》20／921–26）或題爲〈天寶元年四月從故御道上泰山〉。這些詩的內容，尤其是第一首的「四月上泰山，石平御道開」，可以印證該或題的月份和路徑部分。依據第五首末尾第三、四句「山花異人間，五月雪中白」，李白五月間仍在山上。

㊷ 《舊書》190c／5053及《新書》202／5762本傳都說，李白在奉召入京前曾遊會稽（今浙江紹興），與著名道士吳筠交往於剡中（剡縣，即今浙江嵊縣，一帶）。下文㎆將指出，這一記載可能靠不住。但是，從一些跡象看來，李白也許眞的在742年秋入京之前遊歷過現今的浙江一帶。其一，李白有〈與從姪杭州刺史良遊天竺寺〉及〈送姪良攜二妓赴會稽戲有此贈〉二詩（《王本》20／927,17／802）。詹鍈《繫年》（頁26）指出，勞格《讀書雜識》7／17b杭州刺史考部分列李良於杜元志、陳彥恭之間，以良爲開元間刺史。詹氏並舉出多條證據，以支持其「勞氏之假設，必去事實不遠」的結論。其所舉證據之一是，勞氏雖無確據，然孫逖有〈授李良等諸州刺史制〉，而逖之爲中書舍人在開元二十四年至天寶三載間（見《舊書》190b／5043–44本傳）。按詹氏此證證據力有限。原因是孫逖的制文（見《全文》309／22b）實際上並未指出李良授的官是杭州刺史。不過，天寶元年改州爲郡、刺史爲太守。李詩雖非官文書，不必篤守政令，卻未必處處故意使用舊名。因此，若能找到進一步的佐證，則李詩中「杭州刺史」的稱謂或許可以作爲該詩作於開元年間的旁證。詹鍈另外舉出的論證多少就可視作上述的「進一步佐證」。他指出，李白於747年左右遊歷江東時（可能是李白在供奉翰林以後在江東的唯一一次漫遊；關於此行，見下面正文），李良似乎已經不再在杭州任上。證據有二，均引自勞格前引處。第一是，〈下天竺摩崖石刻〉（我未親見；郁賢皓《唐刺史考》冊四頁1734引作《兩浙金石志》卷二〈唐源少良等下天竺摩崖石刻題名〉，較爲詳實）有「監察御史源少良、陝縣尉陽陵、此郡（按：餘杭郡，即杭州）太守張守信天寶六載正月二十三日同遊」之語。第二是，《會稽掇英總集》18／14b〈唐太守題名〉記載，張守信於天寶七年自杭州刺史授越州都督。（按：《會稽掇英總集》係

宋朝孔延之編。孔氏可能沒有留心到天寶七載時「年」稱「載」、「州」稱「郡」、「刺史」稱「太守」這一點。）李白與李良交遊的時間若是在奉召入京前，則依我們對李白行蹤的整體掌握，以及下面第二踪象的光照，我們應可將該一時間定爲天寶元載入京前不久。

其二，李白的崇拜者任華在其〈雜言寄李白〉（《全詩》261／2902–03或《王本》32／1491–92）中斷續敍述李白行蹤時說：「登廬山，觀瀑布，『海風吹不斷，江月照還空』。余愛此兩句。登天台，望渤海，『雲垂大鵬飛，山壓巨鰲背』，斯言亦好在……或醉中操紙，或興來走筆。手下忽然片雲飛，眼前劃見孤峰出。而我有時白日忽欲睡，睡覺忽然起攘臂。任生知有君，君還如有任生未？中間聞道在長安。及余戾止，君已江東訪元丹。邂逅不得見君面，每常把酒，向東望良久。」這段詩中提及李白居長安及其後遊江東之事。此二事當即指李白742–44年之供奉翰林及747之遊江東而言。而緊靠在居長安一事之前，任華又提到一次「登天台」之事，並提到可能作於其時的〈天台曉望〉詩中的「雲垂」二句（《王本》21／971）。這表示，李白在奉召入京前不久看來是遊歷過天台山（近杭州）一帶的。

在上面所提的關於李良的兩首詩中，〈送姪良〉係作於春天（詩第二句說：「春光半道催」），〈與從姪〉則作於秋天（詩第六句說：「松風颯驚秋」）。〈送姪良〉詩題及內容都顯得比較親切不拘，似乎是二人交往較久時的作品。以此推想，李白在杭州一帶比較可能是從秋天（或甚至秋天之前）最少待到隔年春天。詹鍈（《繫年》，頁25–26）推測說，〈別儲邕之剡中〉（《王本》15／725）一詩係李白此次遊杭州一帶之行途經廣陵（揚州）時所作。他的理由可以整理成：(1)詩中有「舟從廣陵去，水入會稽長」之語，可見地在廣陵。(2)詩中有「借問剡中道，東南指越鄉」之語，可見此時李白並不熟悉往剡中的路徑。（李白747年再遊剡中一帶時，也是由東魯南下，路徑應該熟了些。）(3)依據其他一些詩（見《繫年》，上引處，〈白田馬上聞鶯〉至〈酬張司馬贈墨〉），廣陵似是李白由東魯至剡中的一站。此一推測若能證實，則〈別儲邕〉中的「竹色溪下綠，荷花鏡裡香；辭君向天姥（按：天姥山在剡中），拂石臥秋霜」諸句就顯示，李白大概在初秋到達杭州地區。

❸ 見〈南陵別兒童入京〉，《王本》15／744。此詩見於《河嶽英靈集》及

《又玄集》兩個唐代選本中（見《唐人選唐詩（十種）》，頁57,355），
應該十分可靠。可惜的是，這兩個選本裡詩題都作〈古意〉，無法進一
步印證〈南陵……〉一題所提供的傳記資料。

依〈金門答蘇秀才〉（《王本》19╱882）一詩，李白在奉召入京前似曾
隱居於一個叫做石門的地方。（詳見❺。）這個石門有可能即是〈下途
歸石門舊居〉（《王本》22╱1010-12；「下途」語意不明，詩題疑有脫
誤）中的石門。這個地方位於今安徽當塗附近的橫望山（見〈下途〉詩
內容及詩題下王注；又，與❷所討論的石門山應作分辨），與南陵相去
不遠。若果如此，則我們更可相信，李白曾途經南陵的推想是可靠的。

❺ 見魏顥〈李翰林集序〉，《王本》31╱1451。魏顥在敘及李白與他的兩
個妻子許氏、宗氏的結合時都用「娶」字。（李白與宗氏的婚姻詳見下
面正文。）他在敘及李白與劉氏的關係時則用了「合」字。因此，我相
信李白與劉氏的關係乃是目前所謂的同居關係。

❺ 詩即〈南陵別兒童入京〉（見❺）。此詩第九至十二句說：「會稽愚婦
輕買臣，余亦辭家西入秦。仰天大笑出門去，我輩豈是蓬蒿人。」其中
「會稽」二句有互文見意的現象。上句從朱買臣一面寫，側重在貧賤為
婦人所輕一節（朱買臣故事見《漢書》64a╱2791-93）；下句從李白自
己一面寫，側重在得志為朝廷重用一節。而「亦」字就結合兩句，顯示
兩句都兼寫朱買臣與李白。據此，李白在這兩句詩中自稱曾被身邊一婦
人所蔑視，應該是沒有疑問的。又，李白在此詩中提及其兒女時，未提
及他們身邊有任何母親之類人物。這也多少支持我的推測。參較郭沫若，
頁23-24。

㈤天寶元年至三載（742-744）：供奉翰林

⑴接著便是李白一生中最光輝燦爛的一段生活，也就是他供奉
翰林的日子。就如一般所相信的，李白是在天寶元年（742）秋天
前往長安。❺有些資料說，他獻了一篇題為〈宣唐鴻猷〉的賦，深

得玄宗賞識。㊼他接著便成爲一名翰林供奉。㊽截至同年冬天爲止，他曾侍奉御筵、陪玄宗遊幸溫泉宮、並作了一篇賦歌頌在那裡舉行的一次皇家狩獵活動。㊾倒了天寶二年（743）仲春，他在宮中成了今日所謂的桂冠詩人，忙著在皇帝和嬪妃們遊春尋樂的場合裡寫作讚頌的詩篇娛樂他們。㊿在他離開宮廷之後，他曾屢屢宣稱，除了這些點綴性的任務之外，他還曾偶爾參與起草詔命的工作。㊿

㊱ 就我所知，只有詹鍈（《繫年》，頁35–37）嚴肅地懷疑過這個年代的正確性；他認爲應是743年。不過，這個年代並不如一般所想那麼容易確立。我們所能掌握的原始資料只指出這件事發生於「天寶初」（如李白〈爲宋中丞自薦表〉，《王本》26/1217；劉全白〈唐故翰林學士李君碣記〉，《王本》31/1460），或者甚至更含糊地只說是發生於「天寶中」（如李陽冰〈草堂集序〉，《王本》31/1445）。我們無法確定「初」字當時只用於指一個年號的第一年。

詹鍈捨742年而取743年的理由如下。依兩《唐書》本傳，李白「天寶初」曾遊會稽，與道士吳筠相友善，稍後乃由此地奉召入京。而李白之所以能得到朝廷徵召，實因吳筠受召在先，有機會薦之於玄宗。（見㊾開頭所引資料。）由於742年5月時李白似乎尚在泰山（見前段正文），他在經過自東魯往剡中與吳筠交往等一連串事件後入京時，一定已不止是742年秋。我之所以不取詹說而維持742年的說法，主要根據有二。其一，誠如下文所將指出，剛剛所提的兩《唐書》本傳的說法並不可靠。（見㊾。）其二，李白係於744年離開長安，此點相當確定。（見下，㊿。）依據此一離京年代及李白在長安所待的時日來推算（見緊接的正文及附考），李白應在742年而非743年入京。至於李白入京的季節（秋），則可由〈南陵別兒童入京〉看出。

㊲ 劉全自〈唐故翰林學士李君碣記〉（《王本》31/1460）明白指出這點。李白本人（見㊾所引〈金門答蘇秀才〉）及獨孤及（〈送李白之曹南序〉，

《王本》32/1492或《全文》388/7a-b；參較《新書》202/5763）都提到此事而沒有提到所作賦名，而任華（見❷所引資料）則提到一篇〈鴻猷文〉而沒提到作賦的場合。

❺ 見李白〈爲宋中丞自薦表〉，《王本》26/1217及第三章討論「翰林學士」、「翰林供奉」等語部分。

❻ （甲）李白〈金門答蘇秀才〉（《王本》19/882）似乎是寫來答覆一位與他一齊入京而後來先離京回家的朋友的。如詩第一至八句説：「君還石門日，朱火始改木。春草如有情，山中尚含綠。折芳愧遙憶，永路當自勗。遠見故人心，平生以此足。」（朱火改木者，用來鑽磨取火的木頭已改換，謂季節已改變——此處謂由冬而春。古人謂四季所用以鑽火之木不同。）其意似謂李白友人來信提及歸至石門時尚在早春，而李白對其友人之致信問候甚爲感激。又，第十九至二十二及二十七至三十句説：「我留在金門，君去臥丹壑。未果三山期，遙欣一丘樂……栖巖君寂滅，處世余龍蠖。良辰不同賞，永日應閒居。」（「金門」，即金馬門，漢代宮門名。漢代徵召入京的人都待詔公車（官署名），其中才能優異者令待詔金馬門。「龍蠖」者，《易·繫辭下》云：「尺蠖之屈，以求信（按：伸也）也；龍蛇之蟄，以存身也。」謂曲己而待時，以求一伸。參見安旗主編，《李白全集編年注釋》，上冊，頁479。）其意當謂，李白自己留在翰林，以求發展，不得與其友一齊學道求仙，欣賞山中良辰美景。從詩第三十四句（「隔岫窺紅蕖」）想像其友在石門獨賞荷花一點來判斷，這首詩當作於夏季（743）。在這首詩裡，李白告訴蘇秀才説他曾「獻書入金闕」（第十一句；參看❺）、參加宮中宴會（「酌醴奉瓊筵」）、深受皇帝寵幸（「恩光照拙薄，雲漢希騰遷」）。

（乙）李白在好幾首詩中提到陪侍玄宗遊幸溫泉宮的事。如：〈侍從遊宿溫泉宮作〉（《王本》20/932）、〈溫泉侍從歸逢故人〉（《王本》9/486）、〈駕去溫泉宮後贈楊山人〉（《王本》9/485）、及〈東武吟〉（《王本》5/312）。據《舊書》9/216-17及《通鑑》215/6856,6859，玄宗在742、743兩年的十到十一月都曾遊幸溫泉宮。從〈金門答蘇秀才〉所敍判斷，以上這些詩應該至少有一部分作於742年冬。我相信所有這些詩可能都作於該年，因爲743年秋以後李白已逐漸失去玄宗的恩寵（見下面正文）。

（丙）此處所提作賦一事或詳或略見於〈溫泉侍從歸逢故人〉、〈秋夜獨坐懷故山〉（《王本》23/1080）、及〈東武吟〉。詹鍈（《繫年》，頁37-38）認爲李白此次所獻的賦可能就是〈大獵賦〉（《王本》1/57-84）。這個看法可能是對的，因爲李白在賦中自稱「臣白」，並指出所敍皇家狩獵活動發生在十月（《王本》1/59）。

⑥　〈侍從宜春苑奉詔賦龍池柳色初青聽新鶯百囀歌〉（《王本》7/376）及〈宮中行樂詞八首〉（《王本》5/296以下，題下自注：「奉詔作五言」）顯然是作於此處所說的這種場合。從〈侍從宜春苑〉提及「柳色初青」及〈宮中行樂詞〉屢次提及春日看來，這些詩無疑是作於春天（743年春，因爲李白自該年秋天起便開始失去玄宗恩寵，而後終於在744年春離開長安；見下面正文）。集中〈春日行〉、〈陽春歌〉、及出名的〈清平調〉（《王本》3/197，4/224，5/304-06）等詩大概也作於同一時期的類似場合。參照詹鍈《繫年》頁41-42。

⑥　見〈爲宋中丞自薦表〉、〈贈崔司戶文昆季〉及李陽冰〈序〉，《王本》26/1217，10/538，31/1446。又見第一章關於李白草答蕃書一段文字（在關於李白與安西之關係的討論末尾）。

　　(2)突如其來的顯達無疑迷醉了李白。在某一首詩裡，他如此描述了他當時的燦爛生活：清晨入宮謁見了皇帝，然後留在那裡待詔供奉，日落時便意氣洋洋騎著御馬回家，到了家後則與賓客共享佳餚、醇酒、與美妓。最後，他總結說：人生是短暫的，所以「早達勝晚遇。」⑥

⑥　見《唐寫本唐人選唐詩》頁11所收李白〈古意〉。在李白全集的各種現存版本中，這首詩似乎都題作〈效古〉，而且都沒有第十五、十六兩句。見《王本》24/1090及《校注》24/1370-71。

⑶但是李白的政治顯達比起他的生命來要短暫多了。天寶二年（743）秋天，他就在一首呈給集賢院諸學士的詩裡抱怨說有人中傷毀謗他。❻同樣的話他直到離開京城很久了之後都還常常提起。❻雖然沒有什麼直接資料可以佐證，我們似乎仍有理由設想說，李白接著就因他所說的外人中傷而漸漸失去玄宗的寵幸。最後，他終於被「賜金」「放歸山〔林〕」，並於天寶三載（744）春天離開了長安。❻

❻ 見〈翰林讀書言懷呈集賢〔院內〕諸學士〉（《王本》24/1112-13；他本題目多有「院內」二字，見《校注》24/1398）。詩第十一至十四句說：「雲天屬清朗，林壑憶遊眺。或時清風來，閒倚欄下嘯。」所敘時節似為初秋。由於李白在743年夏天時似乎仍然滿足於其處境（見❺甲項），而在744年春則已完全失去玄宗賞識，秋天的推想即使不中當亦不遠。

❻ 見〈玉壺吟〉、〈答高山人兼呈權顧二侯〉、及〈為宋中丞自薦表〉，《王本》7/377-78，19/902，26/1217。李陽冰及魏顥（《王本》31/1446，1449）也提起這點，顯然是根據李白本人的話。

❻ 杜甫在其〈遣懷〉（「昔我遊宋中」）、〈昔遊〉、及〈贈李白〉（「二年客東都」）（見《杜少陵集詳註》16/44，16/38，1/19）諸詩中很清楚指出他曾於某年秋天與李白、高適論交於梁宋，並同遊其地名勝古蹟（參見第六節正文）。由下面所引高適詩文，我們可將這件事定於744年。⑴〈宓公琴臺詩三首〉（《全詩》212/2208）。其序說：「甲申歲，適登子賤琴臺，賦詩三首……」按：宓子賤為孔子弟子，曾為單父宰，有政績，琴臺為其彈琴之所。見《寰宇記》14/13b。杜甫〈昔遊〉稱此臺為單父臺。「甲申歲」即744年。⑵〈東征賦〉（《全文》357/5-7）。其序說：「歲在甲申，秋窮季月，高子游梁既久，方適楚以超忽。」這表示高適遊梁宋至744年秋末。⑶〈宋中十首〉第五首（《全詩》212/2210）。此詩顯示高適即將離梁宋，時當秋季，當時他的遊伴已經先離開他去。⑷〈宋中別周、梁、李三子〉（《全詩》211/2198）。此詩顯示高適正與三名同遊宋中的友人道別（題中所提李姓者或即李白），時

序亦爲秋天。詹鍈（《繫年》頁59；參看**㊄**）誤以爲李白於744年去朝後
即西北遊邠坊諸州，並因而把相當確定的李、杜、高共遊年代硬移爲745
年。其說顯然並不足取。參照聞一多，《少陵年譜》，頁丙58-59；
Hung, *Tu Fu*, pp. 35-36；周勛初，《高適年譜》，頁40-43。
由上段的討論，可以確定李白係於744年秋以前離京。至於推定爲此年春
季離京，則根據如下。第一，744年初賀知章告老還鄉時李白尚在京（詳
見下面正文）。第二，〈春陪商州裴使君遊石娥溪〉（《王本》20/935）當
作於李白剛離長安不久之後（見下，**㊂**）。而該詩詩題及第十八句「愛
此春光發」都顯示，詩作於春天。
正文中「賜金」及「放歸山」二語分別出自李陽冰〈序〉及李白〈爲宋
中丞自薦表〉（上條附考已引）。

　　(4)關於李白這一段突如其來的政治起落的原因，和他在宮中工
作的性質，我在第三章中還有進一步的論列。下面我將轉敍李白與
賀知章在京中的著名交情，以之結束本節。賀知章是一位好道的浪
漫士人。李白入京時他在朝廷裡擔任太子賓客（負責輔導教誡太子）
和祕書監（皇家圖書館長官）的職位。**㊅**大概在李白抵達長安之後不
久，二人在長安的老子廟裡碰了面；賀並稱贊李白爲「謫仙人」，
請他到酒店裡一起飲酒作樂。**㊆**由於年老體衰，賀不久就告老還
鄉，於天寶三載（744）初在朝廷上下賦詩送別的光彩場面中離開
了京師。李白有兩首送賀的詩，似乎一是應制、一是私人餞別時的
作品。賀不久就卒於他在會稽一帶的寓所中。後來，李白曾於前往
該地遊歷時寫詩悼念這位老友，詩中對賀當年的知賞之恩流露了深
刻的感念之情。**㊇**而賀的「謫仙人」一語更一直被李白及其仰慕者
所牢記和珍視。**㊈**

⑯ 賀知章在《舊書》190b/5033-35及《新書》196/5606-07有傳。他任太子賓客及祕書監始於738年立李璵（即李亨，後即位爲肅宗）爲太子後不久（《新書》196/5607，《舊書》9/210、10/239-40，《通鑑》214/6833），終於744年離京時（《舊書》9/217）。除非另外指明，以下有關賀的敍述都根據上面提到的資料。

⑰ 李白在〈對酒憶賀監二首〉（《王本》23/1085-86）裡提到這件事，但沒有提年代。李陽冰、魏顥、和杜甫（〈寄李十二白二十韻〉，《杜少陵集詳註》8/70-72）也有類似說法，只是較不清楚。關於這件事發生的時間，第三章討論李白獲玄宗賞識之原因的部分及註111另有討論。

⑱ 李白送賀的詩是〈送賀監歸四明應制〉（《王本》17/797）和〈送賀賓客歸越〉（《王本》17/802）；悼賀的詩是〈對酒憶賀監〉（已見上條附考）和〈重憶一首〉（《王本》23/1087）。

⑲ 除了〈對酒憶賀監〉外，李白還在〈玉壺吟〉、〈答湖州迦葉司馬問白是何人〉、及〈金陵與諸賢送權十一序〉（《王本》7/377-78，19/876，27/1263-64）裡自稱「謫仙人」。另外，誠如⑰所顯示，這個稱號在唐代時已爲李白的仰慕者所津津樂道。

㈥天寶三載至十四載（744-755）：長年的漫遊

⑴李白第二次離開關中之後在「山東」各地漫遊了十年左右。他先往東南行，經過白鹿原（也常稱做灞上，在長安東南郊），到達了商州（今陝西商縣）。⑳在那裡，他遊歷了漢初著名隱士「商山四皓」的墓，並作詩紀念。㉑

⑳ 稗山（頁133）引〈答杜秀才五松山見贈〉（《王本》19/904）說：「昔獻長楊賦，天開雲雨歡。當時待詔承明裡，皆道揚雄才可觀⋯⋯浮雲蔽日去不返，總爲秋風摧紫蘭。角巾東出商山道，採秀行歌詠芝草。」又引〈別韋少府〉（《王本》15/743）說：「西出蒼龍門，南登白鹿原。

欲尋商山皓，猶戀漢皇恩。」另外又指出李白有〈春陪商州裴使君游石
娥溪〉詩（《王本》20/935）。這些證據足可證明李白此次出京是走東
南商山大道。關於白鹿原的位置，見《元和志》1/3a，「萬年縣」條；
《寰宇記》25/8b；及《長安と洛陽》，圖39。
　　在〈別韋少府〉裡，李白說他「西出蒼龍門，南登白鹿原。」據《史記》8
8/386《集解》引《關中記》，蒼龍門位於漢長安東邊。據《長安と洛陽》
圖7，漢長安舊址位於唐長安西北。李白所謂蒼龍門究竟指唐長安哪個門，
不詳。又李白既將東南行，何以又由長安西邊離京，亦尚待考察。

⓲ 見〈答杜秀才五松山見贈〉（上條附考已引）的「採秀行歌詠芝草，路
　　逢園、綺笑向人」（「園」、「綺」指四皓中的東園公、綺里季；四皓
　　隱遁時據傳曾採紫芝為生）以及〈過四皓墓〉、〈商山四皓〉、〈山人
　　勸酒〉諸詩（《王本》22/1033，1031，4/227）。商山四皓的故事見第
　　四章（1乙）。

　　(2)此後不久，李白似乎改經水路繼續東南行前往宣州。他在宣
州度過了夏天，然後帶著兒女一起北上。**⓲**同年（744）秋天，他
在梁、宋一帶（梁：汴州，亦即陳留郡，今河南開封；宋：宋州，今河南
商邱地區）與杜甫、高適等一些人同遊。**⓲**他到梁、宋一帶的目的原
本可能是要請託陳留的河南道採訪使李彥允幫他從北海（青州，今山
東濰坊地區）道士高如貴處弄一張道籙。依李陽冰的說法，李白與李
彥允聯宗，稱彥允為從祖。他們顯然是李白在玄宗宮中時認識的。
李白似乎在齊州（今山東濟南）的老子廟裡受了籙。**⓲**他之遇見杜甫
與高適，不知是在前往齊州之前或之後。根據杜甫的某一首詩，他
們也許是在宋的一個酒館裡開始論交的。**⓲**杜、高二人當時都還默
默無聞。三人與其他一些朋友遊覽了梁的吹臺和宋的琴臺（單父
臺）等名勝古古蹟。**⓲**

㉒ 據嚴耕望（〈唐代長安南山諸谷道驛程述〉，《唐史研究叢稿》，頁623
　　－25）的說法，長安——商州道是由長安前往東南的繁忙路線的開端。據
　　此，李白走商州道大概就意味著他要東南行。在〈別韋少府〉（《王本》
　　15/743）裡，李白在敘述離長安及白鹿原之事後緊接著就說他「水國遠
　　行邁」前往宣州（詩中未直接提宣州，但提到句溪與敬亭山；這兩者都
　　在宣州，見《輿地紀勝》19/3b，5b，及《寰宇記》103/4a）。這顯示他
　　離長安不久之後似即改經水路東南行。又在〈答杜秀才五松山見贈〉
　　（《王本》19/904）裡，李白在敘述經商州道離長安之事後也說自己前
　　往同一地區（這是依據詩中所提秋浦、五松山、銅井山諸宣州地名判斷
　　的；見《新書》41/1067「池州」條，《元和志》28/11a「南陵縣」條，
　　及《校注》19/1137、20/1200）。既然李白742年秋往長安時似乎把家人
　　安頓在南陵，則他離京後即前往宣州便是很自然的事。
　　〈答杜秀才〉一詩，尤其是其中的第二十一至二十六句（「此中（按：
　　指前面詩句所提的宣州秋浦一帶）豈是久留處，便欲燒丹從列仙。愛聽
　　松風且高臥，颼颼吹盡炎氛過。登崖獨立望九州，〈陽春〉欲奏誰相和
　　？」），似乎顯示李白在宣州待到夏天以後。這與我們所知的接下去的
　　李白行蹤相合（見下面正文）。
　　由本節稍後提及李白子女平陽等的部分可知，李白的兒女在744年末至
　　746年末或747年初之間很可能與李白一起住在東魯。因此，我推測李白
　　在離宣州時就帶了孩子一起北上。
　　歷來學者多認為李白離京後不久即至洛陽，並於該年夏天在那裡初遇杜
　　甫。（見聞一多，《少陵年譜》，頁丙58－59；詹鍈，《繫年》，頁56－
　　58；郭沫若，頁262；《王本》35/1594－95。）此說主要似建立在對李白
　　〈梁園吟〉和杜甫〈贈李白〉（「二年客東都」）二詩的可疑解釋上。
　　按：〈梁園吟〉有「我浮黃河去京闕……訪古始及平臺間（按：臺在梁
　　宋）」及「平頭奴子搖大扇，五月不熱疑清秋」等語。若把此詩判定為
　　李白744年離京時作品，則自有理由推測李白在該年夏天時人在洛陽。但
　　〈梁園吟〉實作於李白740年初離長安之後；其說已見**㊼**，此處不贅。至
　　於杜甫的〈贈李白〉（全文如下：「二年客東都，所歷厭機巧。野人對
　　腥羶，蔬食常不飽。豈無青精飯，使我顏色好。苦乏大藥資，山林跡如
　　掃。李侯金閨彥，脫身事幽討。亦有梁宋遊，方期拾瑤草。」見《杜少

陵集詳註》1/19-20），則細看來似乎只說杜甫本人在認識李白之前居留
洛陽，並未說二人認識於洛陽。而在另一方面，我們又有有力證據顯示，
杜甫可能是在梁宋一帶首遇李白的。（見下，**⓻**；並參看Hung, *Tu Fu*,
p.35及*Notes for Tu Fu*, pp.29-30。）

⓺ 見**⓭**。

⓻ 這件事見於李陽冰〈序〉及李白〈奉贈高尊師如貴道士傳道籙畢歸北海〉，
《王本》31/1446及17/821-22。李白〈訪道安陵遇蓋寰爲予造眞籙臨別
留贈〉（《王本》10/521-22；安陵在德州，近今山東平原縣）詩中所提
的「眞籙」當是專爲此次傳籙之事而造。參看《王本》10/522「北海仙」
條王琦注。
　　此事定年所依據的理由如下。第一，李陽冰〈序〉在敍述李白天寶中離
京之事後緊接著敍述此事。第二，誠如詹鍈所指出（《繫年》頁61），
李彥允在746年7月之前就離開河南道採訪使之職（見《唐會要》41/732
張倚奏摺之年代）。第三，杜甫〈贈李白〉（「二年客東都」）中說：
「李侯金閨彥（按：金閨謂金馬門，指翰林供奉待詔之處；見上，**⓹**），
脫身事幽討（按：當指學道求仙之事）。亦有梁宋遊，相期拾瑤草。」
這表示李白離長安後遊梁宋時有特殊的「幽討」之舉；放在其他相關資
料的脈絡中去看，這「幽討」很可能就包括受籙。

⓼ 此詩即〈遣懷〉（「昔我遊宋中」），《杜少陵集詳註》16/44。詩中說
：「昔我遊宋中，惟梁孝王都……憶與高李輩，論交入酒壚。兩公壯藻
思，得我色敷腴。」

⓽ 見**⓭**所引資料。

　　(3)李、杜、高三人在秋末分手了。高適東南行前往楚地；而由
高適的一些作品來判斷，李、杜二人應該在高適之前就離開了梁、
宋。**⓾**李、高之間的友誼似乎隨著這次分手而結束。後來，在肅宗
至德元載、二載之際（756-757）的永王事件中，高適成了導致永
王敗亡的主要人物之一，而李白則因加入永王水軍而於永王敗亡之

後被定爲叛逆。⑱李白在永王敗亡後繫獄尋陽時，曾寫了一首詩給一個即將前往廣陵（揚州）向高適（時駐兵該地）獻破賊之策的張姓秀才。⑲他在詩末隱約表現了期盼高適救助之意，但是並沒有提起從前與高的交情。而除了這首詩之外，我就再也沒找到這兩位詩人提到對方的作品。

⑰　見⑥中有關高適〈東征賦〉、〈宋中十首〉、及〈宋中別周、梁、李三子〉諸詩的討論。參照周勛初，《高適年譜》，頁42–43。

⑱　見本章第七節及第三章關於永王事件的部分。

⑲　見〈送張秀才謁高中丞并序〉，《王本》18/842。依據詩序，題中所提的高中丞當時帶兵駐紮於廣陵。詹鍈《繫年》（頁119）曾詳引《舊書》111/3329高適傳及高適文〈還京次睢陽祭張巡、許遠〉（《全文》357/21）證明高適其時曾以御史中丞駐兵廣陵。

(4)李、杜二人離開梁宋後，不知是一起還是個別繼續他們的漫遊。⑳不過，我們知道，隔年（745）春天他們兩人又一起出現在東魯。㉑該年夏天，杜甫到齊州去了一趟，在那裡拜訪了一些朋友，並謁見了李邕。除此之外，他大致就住在魯郡（即兗州）一個名叫石門的地方，很靠近李白的住所。二人一起旅遊，一起造訪隱士，頗過了一段愜意的日子。㉒杜甫有一首詩寫到他們造訪一位范姓隱士的事，詩中如此描紋了他們當時的親蜜交情：「憐君如弟兄，醉眠秋共被，攜手日同行。」㉓二人在秋天分手：李白留在魯郡，而杜甫則西遊長安。㉔從此以後，二人再沒有見面過。李白在離別時及離別後不久各寫了一首很溫馨的詩贈給杜甫。但是他似乎

不久就忘了這位比他年小十一歲，當時還沒沒無聞的詩人。❽相反
地，杜甫則終生懷念著李白的詩才與豪氣。❻

❽　參較Hung, *Tu Fu*, p.36。
❽　杜甫在〈寄李十二白二十韻〉（《杜少陵集詳註》8/70–72；大約作於
　　758年或759年初，因爲杜甫作詩時很明顯地已經聽說了李白758年初被判
　　流放夜郎的事，但還沒聽到他759年春被釋的事；關於李白流放夜郎及被
　　釋之事，見正文第七節末尾）曾如此回憶他先前與李白共度的一段美好
　　時光：「醉舞梁園夜，行歌泗水春。」梁園在宋州；見《元和志》7/5a
　　「宋城縣」條及《寰宇記》12/4b–5a。泗水流過兗州，亦即魯郡；見
　　《元和志》10/6b及李白〈魯郡東石門送杜二甫〉（《王本》17/794）之
　　「秋波落泗水」句。依據李白行踪來判斷，杜甫詩句中所說的那個春天
　　最可能是745年春）。
❽　見Hung, *Tu Fu*, pp.36–38；亦見下條附考。
❽　這首詩是〈與李十二白同尋范十隱居〉（《杜少陵集詳註》1/26–27）。
　　李白的〈尋魯城北范居士……〉（《王本》20/918–19）所寫的似乎是同
　　一位隱士，雖然不像是同一次訪問。
❽　見Hung, *Tu Fu*, p.39。
❽　這些詩是〈魯郡東石門送杜二甫〉（《王本》17/794）及〈沙丘城下寄
　　杜甫〉（《王本》13/656–57）。沙丘在兗州，李白當時似乎就住在那裡。
　　說詳詹鍈，《繫年》，頁67。Hung（*Tu Fu*, p.39）認爲〈沙丘城下〉
　　一詩是杜甫離魯郡（兗州）後不久李白寄給他的。其說似可從。詹鍈
　　（前引處）據詩中「城邊有古樹，日夕連秋聲」二句而推定說：「蓋少
　　陵居魯未久，白於沙丘寄之。」其說似不合於詩旨。（按：〈沙丘城下〉
　　全詩爲：「我來竟何事，高臥沙丘城。城邊有古樹，日夕連秋聲。魯酒
　　不可醉，齊歌空復情。思君若汶水，浩蕩寄南征。」）
　　在李白現存的集子裡，再沒有其他任何作品提到杜甫。
❽　見《王本》32/1483–89所輯杜詩。

(5)有些跡象顯示，李白其後在魯郡（兗州）病倒了相當長一段時間；而當他天寶五載（746）秋天開始恢復健康時，他便計劃要遊歷江東（浙江——即錢塘江——以東一帶，包括會稽、剡中）。❽我因此推測他在天寶五載秋天以後到達江東。根據當時人任華的一首詩，李白係前往江東會其老友元丹丘。❽❽不久，李白的另一個朋友孔巢父因對政治追求感到厭倦，也從京城來到江東與他們會合。❽❾三人並與著名道士吳筠交遊。❾⓪李白似乎便在現在的長江下游一帶至少待到天寶八載（749）夏天。❾①

❽ 我的依據主要是〈魯郡堯祠送竇明府薄華還西京〉（《王本》16/779）。此詩詩題中的魯郡與西京（長安）兩個名稱在唐代要到742年才開始使用。（魯郡一名的情形已見正文開端之說明；西京一名的情形見《新書》37/961及 des Rotours, *Fonctionnaires*, pp.80-81, n.2。）誠然，由於這兩個地名在唐朝之前已經有過，而李白有時又常使用唐以前地名，因而即使有了上面的事實，也不能就立刻推定〈魯郡……送竇明府……還西京〉作於742年後。不過，有了上述的事實，再加上下述的現象，我們就有相當的理由相信，〈魯郡……送竇明府〉係742年後李白二度居魯時的作品。這現象是，李白詩中提及魯郡與西京中任何一名者（共約一打，見花房英樹《索引》頁473、52、475），沒有一首可推定是作於他首次東魯之遊（740-42）的，而卻有很多可以，或幾乎可以，確定是作於他二次居東魯時的（見詹鍈《繫年》頁65-66）。〈魯郡……送竇明府〉首四句（「朝策犁眉騧，舉鞭力不堪。強扶愁疾向何處，角巾微服堯祠南」）及詩題下自注（「時久病初起作」）顯示詩人當時久病初起。詩第二十六句（「昨夜秋聲閶闔來」；閶闔之風即秋風，見王琦注）顯示詩係作於秋天。我判斷這是746年秋而非745年秋，理由是745年秋李白與杜甫同遊於魯，分手後又作詩互贈，沒有久病初起的樣子。詩最後算來第三、四句說：「爾向西秦我東越，暫向瀛洲訪金闕。」這顯示李白當時已計劃前往江東。

在〈對雪奉餞任城六父秋滿歸京〉（《王本》16/777）裡，李白提到有一位竇公為詩題所說的「任城六父」設宴餞行。（按：「六父」當指此公姓李，排行第六，而李白認之為諸父輩。詩第九句稱之為「季父」，末二句又用了阮咸與叔父籍同游的故事，比之為阮籍，亦同此意。）這位竇公或即竇薄華，時為任城縣令（「明府」；任城縣在魯郡）。

⑱ 見〈雜言贈李白〉，《全詩》261/2902-03或《王本》32/1491-92，尤其是以下諸句：「中間聞道在長安，及余戾止，君已江東訪元丹，邂逅不得見君面。每常把酒，向東望良久。見說往年在翰林，胸中矛盾何森森。新詩傳在宮人口，佳句不離明主心。」依據李白一首作於數年後的詩，〈題嵩山逸人元丹丘山居并序〉（《王本》25/1152），李白此次似乎與元丹丘一同遊覽了會稽名勝「禹穴」（詳見下面⑲）。李白〈西岳雲臺歌送丹丘子〉（《王本》7/381-82；西岳即華山，在今陝西境內；雲臺為華山東北峰名，見王琦注）中有「東求蓬萊復西歸」之句，疑元丹丘係由華山東來遊歷之後又西歸，而詩係作於元丹丘離江東前往華山時。詩中描述元丹丘在華山生活情形的部分只是詩人所想像，一如〈鳴皋歌送岑徵君〉（《王本》7/393-96）中關於岑在鳴皋山中生活情形之部分一樣，並非詩人當時親見。

⑲ 見杜甫〈送孔巢父謝病歸遊江東兼呈李白〉（《杜少陵集詳註》1/31-32）；該詩似作於748年春（Hung, *Tu Fu*, pp.52-53）。由於孔巢父在此之前不像曾任任何官職（見《新書》163/5007本傳及⑭所引有關資料），「謝病」（托病自請退職）一語顯示孔本來可能奉召入京，而在等待處置時自請退職。亦見Hung, *Tu Fu*, pp. 52-54；並參較《舊書》192/5129吳筠傳（下條附考有關於此一資料的一些討論）。

⑳ 前面（⑫、⑯）曾提過，《新、舊書》李白傳認為李白於742年入京前曾與吳筠交遊，後吳筠奉召入京，待詔翰林。隨後李白亦因吳之推薦而奉召入京，但我懷疑李、吳的交遊是晚到這裡所舉的年代才發生的事。我的理由有三。(一)《舊書》192/5129-30及《新書》196/5604-05吳筠傳都說吳當時所交往者不止李白，還有孔巢父。(二)雖然《新、舊書》吳筠傳都把這件事記於吳筠生平末尾，而未加以定年，《新書》却相當明白地顯示出，吳之遊江東地區（書中用「天台山」一名）是在天寶「初」（742）之後頗久的事，且吳之入翰林已是天寶後期的事。葛景春、劉崇

德〈李白由東魯入京考〉頁112引權德輿〈唐故中岳宗元先生吳尊師序〉（《英華》704/6b–8a）指出，吳筠係於天寶十三載召入大同殿，尋又詔居翰林。此與《新書》所載相合。再者，《舊書》在吳筠遊江東的日期上雖頗模糊，在吳筠入翰林的年代上卻顯然與《新書》吻合。㈢一如前面（㊏）所説，《新、舊書》李白傳的記載無法與經由其他可靠資料考知的李白行踪相符合。

㊉ 見下條附考中有關〈寄東魯二稚子〉及〈送蕭三十一〉的討論。

(6)李白南下江東時把女兒平陽和兒子伯禽留在魯郡；當時他們都還只是「稚子」。在南方逗留日久之後，李白對他們倍感思念，因此在幾首寫給或寫到他們的詩裡流露出了他作品裡最深摯的親情。**㊈**魏顥告訴我們説，李白曾與魯地一婦人同居（魏顥用了「合於」這個字眼），並跟她生了一個兒子，名爲頗黎。**㊓**李白是不是在第二次居魯期間（天寶四載至五載，亦即745–746）與這位婦人同居，並在南下江東時把平陽和伯禽留下和她一齊生活呢？

㊈ 這些詩是：(1)〈送楊燕之東魯〉，(2)〈寄東魯二稚子〉，及(3)〈送蕭三十一之魯中兼問稚子伯禽〉（《王本》17/826、13/673、17/828）。它們分別作於李白離東魯一年多（第一首，據最後第三、四句：「二子魯門東，別來已經年」）及約三年時（第二首，據第十一、十二句：「此樹我所種，別來向三年」；又第三首，據最後第三、四句：「我家寄在沙丘旁，三年不歸空斷腸」）。由李白的行踪來判斷，這些詩中最晚的一首，也就是第三首，最可能作於749年的六月（詩首句云：「六月南風吹白沙」）。所有這些詩可能都作於吳地（在第二、三首裡，詩人明白指出這點；在第一首裡，詩人説他住在「長江邊」）。亦見**㊓**。

㊓ 《王本》31/1451。

（7）大約在天寶八載（749）秋天，李白造訪了廬江郡（廬州，今安徽巢湖一帶）太守吳王李祗。❹他可能是在由江南前往廬山時順道遊了廬江。❺從他寫給元丹丘的一首詩看來，李白在這座名山裡逗留頗「久」，而且有一個妻子和一個女兒與他在一起，她們也都嚮往神仙生活。❻這個妻子應該就是李白的第二任正式妻子宗氏，武后朝宰相宗楚客的一個後人。❼至於這個女兒，則應該就是平陽，不是宗氏的女兒，因爲當時李白與宗氏似乎結婚不久。❽這個時候元丹丘隱居於河南嵩山，頻頻邀請李白往訪。李白曾答應要携帶妻女前往，但不知是否確實成行。❾其後李白似曾一度遊歷荊州。❿

❹　這次遊歷記於〈寄上吳王三首〉（《王本》14/700-02；詩第三首指出吳王當時爲廬江郡太守）、〈廬江主人婦〉（《王本》18/848）、及〈同吳王送杜秀芝舉入京〉（《王本》22/1042；王琦謂詩題後半似應作「送杜秀才赴舉入京」，其說值得參考；此詩亦指出當時吳王爲廬江太守）諸詩而未點明年代。〈寄上吳王〉第三首第五、六兩句（「客（按：李白自稱）曾與天通，出入淸禁中」）顯示該詩作於李白供奉翰林以後。又，依吳王生平事迹判斷，詩當作於755年安祿山叛變之前。（見詹鍈《繫年》頁72及第一章註145所引有關吳王之資料。）這裡我是依據李白行踪而將此次遊歷定於749年的。（參看❻。）至於遊歷之季節（秋），則見於〈同吳王〉一詩。

❺　廬江位於由吳地前往廬山的半路上。關於往廬山一事，詳見下條附考。

❻　李白〈題嵩山逸人元丹丘山居并序〉（《王本》25/1152）序中說：「白久在廬霍」（廬霍即廬山，見安旗《李白全集編年注釋》頁944，850）。又第五至第八句說：「揭來遊閩荒，捫涉窮禹鑿。黃緣汎潮海，偃蹇陟廬霍。」王琦注指出，天台山一帶可稱爲「閩」（亦見1979年版《辭海》，頁2015，「閩中」條；李白一生似未曾涉足現在的福建省）。「禹鑿」當即指禹穴（「鑿」字看來是爲合韻而選用），爲會稽歷史名勝。（見《王本》17/824及18/858〈送紀秀才遊越〉及〈送二季之江東〉王琦注。）由

於〈題嵩山〉詩序中有「兼書共遊」之語，「碣來」等四句所敍似爲李白與元丹丘一齊遊歷之事。再者，我們知道，李白746年南下遊江東、會元丹丘時似乎遊歷了禹穴。（按：《杜少陵集詳註》1/32〈送孔巢父謝病歸江東兼呈李白〉末二句云：「南尋禹穴見李白，道甫問訊今何如。」）由此判斷，李白之居廬山，當是749年離江東、江南後不久的事。在此，我另參考了李白行踪而爲之定年。

〈題嵩山〉末尾云：「拙妻好乘鸞，嬌女愛飛鶴。提攜訪神仙，從此鍊金藥。」可見李白有妻女同行，且其妻女亦均好道。亦見**⑰**末尾。

⑰ 根據魏顥〈序〉（《王本》31/1451），李白第二位也是最後一位正式夫人姓宋。但李白某些作品很明確顯示出，他晚年有妻子姓宗，且此宗氏夫人極可能是宗楚客後代。見〈竄夜郎於烏江留別宗十六璟〉（作於758年，宗璟爲宗氏之弟；見**⑫**），《王本》15/729以下，尤其是詩題、第一至第六句（「君家全盛日，台鼎何陸離。斬鰲翼媧皇，鍊石補天維。一迴日月顧，三入鳳凰池」）、以及第十三至十四句（「我非東牀人，令姊忝齊眉」）。又見〈送內尋廬山女道士李騰空二首其二〉，《王本》25/1191，尤其是詩題及首二句（「多君相門女，學道愛神仙」）。又見魏顥〈序〉王琦注及《舊書》92/2971-73、《新書》109/4101-03宗楚客傳。魏〈序〉王琦注認爲〈序〉中「宋」字係「宗」字之訛，應可從。據〈送內尋……李騰空〉其二之「多君相門女，學道愛神仙」，宗氏亦好道。

⑱ 就我所知，〈題嵩山逸人元丹丘山居幷序〉（已引於**⑯**）是李白集中提到宗氏的最早作品。其次，依魏顥〈序〉（王本31/1531），宗氏是李白四位正式或同居夫人中最晚結合的一位。有了這些線索，我再仔細考察了前面正文所敍李白與其妻子兒女分分合合的情形，遂推測李白比較可能是在746-749居留江東、江南的末期與宗氏結婚，而其女平陽則在他們結婚前後由東魯南下與他們會合。若此推測屬實，則多少也可解釋，何以李白在747-749年之間思念兒女諸作（見**⑫**）最晚的一首只提到兒子伯禽而未提到女兒平陽。

⑲ 見〈題嵩山逸人元丹丘山居幷序〉（**⑯**已引）序文。詹鍈《繫年》頁81曾引〈尋高鳳石門山中元丹丘〉詩推斷李白在751年時曾至南陽訪元丹丘。其說實不可信；見**㉜**。

⑩ 在作於756年（見下，⑱）的〈贈王判官時余歸隱居廬山屏風疊〉（《王本》11/553）裡，李白曾說：「一度浙江北，十年醉楚臺。荊門倒屈宋，梁苑傾鄒枚。」（浙江即錢塘江。荊門山在荊州地區；見《寰宇記》147/4。「屈宋」即屈原、宋玉，因係楚國辭賦家，故此地借以指荊州一帶文士。「鄒枚」即鄒衍、枚乘，因均曾遊於梁孝王門下，故此地用以指大梁文士。）這段詩前有「中年不相見，蹭蹬遊吳越」之語，後又接敘「大盜割鴻溝，如風掃秋葉」（亦即安祿山亂起）之事，可見所敘係749年秋李白離吳越至755年末安祿山亂起間之事件。而依本章所考，這段期間內李白居梁之最早年代是750年末或751年。我因此把李白此次遊楚暫繫於此。

〈贈王判官〉詩句「十年醉楚臺」的「十年」一語似乎偏離事實甚遠。此點究應如何解釋，此處暫時存疑。

(8)可能由於大梁是宗氏娘家所在，李白在天寶九載（750）稍後或十載（751）時便在那裡住了下來。⑩ 大約同時，李白一度前往魯郡；我猜想他是去看望他的兒子伯禽。⑩ 天寶十載（751）末或十一載（752）初，李白由大梁出發，遠遊幽州（今北京地區）。⑩ 他途經廣平郡（洺州，今河北邯鄲東），並於天寶十一載（752）春在邯鄲（河北今市）小留。⑩ 先是，唐軍於天寶十載（751）秋在安祿山統帥之下對東北方的契丹發動戰爭，受到重挫。十一載（752）三月，安祿山率領增援過的部隊又攻契丹。⑩ 李白在邯鄲時似乎恰巧見到了部分唐軍出發參加這次戰爭的情況。⑩ 他接著更往北行，而於天寶十一載（752）十月左右到達幽州。⑩ 李白此行原來似乎有意要在軍中謀個職位。⑩ 然而，幽州是個充滿矯健強悍之士的地方。⑩ 因此，李白發現他所自負的一些騎射之術在那邊無

人在意。⑩ 可能在天寶十一至十二載（752-753）之交的冬天或稍後，李白便失望地離開幽州了。⑪

⑩ 這個結論是由下列各點綜合推論出來的。

㈠李白751、52年之交北遊塞垣及753年中經曹州南下宣州時似乎都由大梁出發。見⑱及正文第十、十一段。

㈡〈自代內贈〉一詩（《王本》25/1189；當作於754年居秋浦時，見下引詩句及本節正文末尾）有這樣一段話：「估客發大樓（按：大樓山在秋浦，見王琦注），知君在秋浦。梁苑空錦衾，陽臺夢行雨。妾家三作相，失勢去西秦。猶有舊歌管，淒清聞四鄰。」這似乎顯示宗氏娘家住在大梁。再者，〈自代內贈〉這些話，再加上其他一些詩作，顯示李白753年離梁後，宗氏又在那裡住了好幾年。詳見正文第七節開頭及⑲。

㈢〈書情贈蔡舍人雄〉（《王本》10/516；尤其是「一朝去京國，十載客梁園」二句）與〈贈王判官……〉（⑩已引）顯示李白中年「賜金還山」、南遊吳越後曾客居大梁。

⑫ 依據李白的〈崇明寺佛頂尊勝陀羅尼幢頌〉（《王本》28/1306-16），有個名叫道宗的和尚於749年5月逝於魯郡，而李白本人在道宗死後某些時候顯然人在魯郡。〈頌〉裡又提起了當時的魯郡太守李輔。而詹鍈（《繫年》，頁81）曾引李白同時人蘇源明詩〈小洞庭洄源亭讌四郡太守〉（《全詩》255/2862；蘇氏生平可見《新書》202/5772）指出，李輔在753年時已不在魯郡太守位。據此，李白的〈頌〉應作於753年之前。在此我係依李白行踪酌定年。參較詹鍈，《繫年》，頁86。

⑬ ㈠依據〈經亂離後天恩流夜郎……〉（《王本》11/567-76）第三十一句（「十月到幽州」）至第八十句（文長不具引），李白在安祿山之亂爆發幾年前遊歷過幽州。此次幽州之行似即〈贈宣城宇文太守……〉（《王本》12/609以下）第十五至十六句（「懷恩欲報主，投佩向北燕」）所提的「北燕」之行。而依〈贈宣城宇文太守〉稍後敘述北燕之行後處境的「蹉跎復來歸，憂恨坐相煎；無風難破浪，失計長江邊……時遊散亭上，閒聽松風眠」等語看來，上述幽州之行還可更精確地提前繫到李白753年南下宣城前不久。參看稍後關於李白宣城之行的正文及⑯、⑰。

㈡把〈留別于十一兄逖、裴十三遊塞垣〉（《王本》15/711；「留別」
一語謂李白將別二人而他去）的「于公白首大梁野，使人悵望何可論」
與⑩中有關李白居大梁的各種證據合起來看，李白當係由大梁出發北遊
塞垣。而依詩中的「悲吟雨雪動林木」、「拂爾裘上霜」、「鳴鞭走馬
凌黃河」等句看，出發時很可能是冬天。

㈢李白有〈登邯鄲洪波臺置酒觀發兵〉詩（《王本》21/974），《校注》
（21/1222）認爲當作於751至752年唐軍與契丹交戰期間（關於此次戰爭，
見下面正文；《校注》原以爲戰爭只在751年，係一時不察），時李白正
前往幽州。此說似可從。原因是，這首詩內容，尤其是末二句「遙知百
戰勝，定掃鬼方還」，顯示唐朝當時正與一個東北方的敵國交戰。再者，
此詩首二句云：「我把兩赤羽，來遊燕趙間。」這兩句詩與下條附考所
引其他作品顯示，邯鄲無疑是李白北上幽州時所經的一站。由於李白似
在春天（752年春，因爲對契丹的戰事751年秋才開始；關於李白春季到
邯鄲一點，見下條附考）到達邯鄲，所以我認爲他是751年冬出發。

⑩ 〈自廣平乘醉走馬六十里至邯鄲……〉（《王本》30/1397–98）末尾有
「日落把燭歸，凌晨向燕京」語，又〈登邯鄲洪波臺……〉（《王本》
21/974）開頭有「我把兩赤羽，來遊燕、趙間」語，可見李白係經廣平、
邯鄲北上。另外，〈自廣平〉開頭云：「醉騎白花駱，西走邯鄲城。揚
鞭動柳色，寫鞍春風生。」可見李白在廣平、邯鄲時季節是春。下面正
文將指出，安祿山率唐軍攻契丹時間在751年秋及752年3月。上條附考又
指出，〈登邯鄲洪波臺〉詩顯示李白在邯鄲看到唐軍出發。這也顯示李
白至邯鄲時是春天。

〈贈清漳明府姪聿〉、〈贈臨洺縣令皓弟〉及〈邯鄲南亭觀妓〉三詩
（《王本》9/497–98，499，20/933；清漳與臨洺縣均在廣平郡，見譚其
驤主編，《中國歷史地圖集》，冊五，頁48–49）可能均是此行所作，至
於是否均作於去程則未可知。參較詹鍈《繫年》頁84關於〈自廣平〉一
詩的討論及《校注》30/1694〈自廣平〉詩題校。

⑩ 《通鑑》216/6906–07，6908–09，217/6910，6912–13；《舊書》9/225，
199b/5353。參較《校注》21/1222。

⑩ 見⑩，第㈢部分。

⑩ 李白之於十月左右到達幽州，已見⑩第一部分引〈經亂離後天恩流夜郎〉詩

句。李白〈送崔度還吳，度故人禮部員外國輔之子〉（《王本》17/818）
有詩句云：「幽燕沙雪地，萬里盡黃雲。朝飛歸秋雁，南飛日幾群。」
當是初至幽州時所作。參較詹鍈，《繫年》，頁84–85。

⑩⑧ 〈贈宣城宇文太守……〉（《王本》12/609）以下；作於753年，見⑪⑦）
第十五至三十二句說：「懷恩欲報主，投佩向北燕。彎弓綠弦開，滿月
不憚堅。閒騎駿馬獵，一射兩虎穿。回旋若流光，轉背落雙鳶。胡虜三
嘆息，兼知五兵權。鎗鎗突雲將，却掩我之妍。多逢勦絕兒，先著祖生
鞭。據鞍空矍鑠，壯志竟誰宣。蹉跎復來歸，憂恨坐相煎。」玩其意，
似謂自己有騎射之才，欲往北燕之地一展之，惜其地多健兒猛將，遂使
自己壯志難酬。（按：「鎗鎗」及「多逢」二句意頗難明。安旗主編《李白
全集》頁1088謂：「鎗鎗，同蹌蹌，行列整齊貌。突雲將，即突將。」
又謂：「勦絕兒，或勦兒，即健兒。」於上下文尚可通。今暫從之。）
又，〈登邯鄲洪波臺……〉（見⑩⑧，第⑷部分）有詩句云：「我把兩赤羽，
來遊燕趙間……請纓不繫越，且向燕然山。」這也顯示李白有意往燕地
軍方謀發展。

⑩⑨ 見Pulleyblank, *An Lu-shan*, pp.78–79。

⑩⑩ 見⑩⑧所引〈贈宣城宇文太守〉詩句。〈行行且游獵篇〉（《王本》3/181）
中有類似的話，或許也因同一處境而發。參較詹鍈，《繫年》，頁85。

⑪⑪ 關於李白離開幽州的時間，我並沒有找到任何直接的證據。這裡提出的年
月是依據下列兩點推測而得的。
㈠李白有一首〈北風行〉詩（《王本》3/215），詩中寫的是一個幽州思
婦在十二月裡企盼出征丈夫回家而不得的哀怨情境。雖然〈北風行〉是
傳統樂府詩題（見《樂府詩集》65/936），因而此詩未必是記述實事的
場合詩，詩中之提及燕山、軒轅臺等幽州地物（關於其地所在，見王注）
却或許暗示詩是李白在幽州時因景生情而作。據此，李白752年12月時有
可能還在幽州。
㈡李白離幽州後的行蹤顯示，他753年這年並未花太多時間在幽州。詳見
後面正文。

(9)在他南下的路上，李白來到了貴鄉（在魏州；今河北大名一帶）這個地方。他從前的一個熟人韋良宰恰在這裡當縣令。李白受到韋的招待，在那裡逗留了一陣。不久韋就奉召回京接受新的任命了。⑫

⑫　〈經亂離後天恩流夜郎憶舊游……〉（《王本》11/567以下）在敍述完從前在京時與韋良宰的交情以及自己的幽州之行後，接著寫到：「蹉跎不得意，驅馬過貴鄉。逢君聽弦歌，肅穆坐華堂。百里獨太古，陶然臥羲皇。徵樂昌樂館，開筵列壺觴。賢豪間青蛾，對燭儼成行。醉舞紛綺席，清歌繞飛梁。歡娛未終朝，秩滿歸咸陽。祖道擁萬人，供帳遙相望。一別隔千里，榮枯異炎涼。」古時一縣轄地約百里，故依「百里」等二句判斷，韋良宰在貴鄉的職位應是縣令。

詹鍈（《繫年》頁85-86）可能受了王琦（《王本》35/1595）的間接影響，認爲李白在離貴鄉之後西游太原。其說似不可從。先說，他誤把〈魏郡別蘇明府因北游〉（見《王本》15/714；「因」字當是蘇明府的名字，《校注》15/912題校謂「咸本作魏郡別蘇因，宋乙本北游二字作旁注」，可知）的「因」字讀爲「西」，從而認定李白在由幽州歸來到魏郡後「西北」游。其次，詹氏和王氏一樣，引了〈留別西河劉少府〉（《王本》15/716）爲其重要證據。其理由依王氏語推斷，第一似是汾州（今山西汾陽）在742年改名西河郡，故詩題中之「西河」顯示詩作於742年後。第二似是此詩提及李白742-44年在京之事，故亦顯示係作於該時期之後。如此可知李白除735-36年北遊太原外，後來尚有一次太原之行。但是，像「西河劉少府」（少府即縣尉）這樣一個稱呼裡的「西河」一名，在當時習慣上應該是指西河縣而非西河郡。而《校注》（15/915）指出，西河縣係汾州隰城縣於760年所改置的（參《元和志》13/16a及《新書》39/1004）。且我們可以相當確定說，李白在760年以後未曾涉足太原一帶（見後面正文）。再者，此詩內文實也未涉及汾州。第三句之「閒傾魯壺酒」並似暗示詩可能作於東魯。《校注》懷疑也許「西河」二字有誤，或者也許劉某僅注官得西河尉，未必已赴官西河。其說甚有

見地。其三，依本文所重建的李白在753年其他時候的行踪（王譜及《繫年》基本上均與此無異；見《王本》35/1598及《繫年》頁91），李白似也沒有時間可去遊太原。

(10)李白於是回到了大梁。不久之後，他顯然又決定前往江南。他先東行至曹南（曹州俗名；今山東荷澤）。曾親見他啓程的獨孤及說，他隨身帶了滿囊的道經和仙藥。⓭ 我揣測他是計劃在南下前先經由曹南到東魯去探望他兒子伯禽。⓮ 不管如何，有一首詩顯示說，不久他就在曹南向地方官吏道別，要出發前往江南了。⓯

⓭ 見獨孤及，〈送李白之曹南序〉，《王本》32/1492或《全文》388/7。獨孤及與李白之分別應在李白幽州之行後，因爲〈序〉中提及此行。〈序〉中並指出，分別的地點在平臺，大梁的一處名勝古蹟（見李白〈梁園吟〉一詩及詩中「平臺」一語王琦注，《王本》7/390-91）。
曹州當時似乎常被人非正式地稱爲曹南（不知是否由於州南有山名曹南？）見《括地志輯校》3/163及《元和志》11/1b；又見⓯所引詩題。
⓮ 魏顥在其〈金陵酬翰林謫仙子〉（《王本》16/761）中說：「謫仙游梁園，愛子在鄒魯。二處不一見，拂衣向江東。」這幾句詩似乎意謂魏顥在李白離開大梁之後不久前往那裡找李白，找不著後又依人家的建議前往李白之子所在的魯郡繼續去找。而魏顥的找法依理應與李白的行踪有關（魏最後在754年初在廣陵見到李白；見下面正文）。參照《繫年》，頁98。
⓯ 見〈留別曹南群官之江南〉，《王本》15/708-09。又見《繫年》頁91及《王本》35/1598，天寶十二載（此頁中第二個「十一載」應作「十二載」）。

(11)天寶十二載（753）秋天，李白到了宣城，住在郡治宣城縣附近的敬亭山。⓰ 他很快就開始與在當地的一些官吏交遊。⓱ 大約

在秋末時節，他離開宣城，前往金陵。⑱次年（754）春天，一位名叫魏顥的仰慕者千里迢迢經大梁、東魯一路尋找李白，終於在廣陵見到了他。⑲魏是王屋山（在今山西、河南邊界）隱士，自稱頗有狂名。⑳李白與魏同往金陵（江寧），受到楊姓江寧宰的招待。㉑二人於當年夏天互贈長詩賦別。㉒分手前李白並將身邊手稿託付給魏，請魏爲他編集。㉓下面是魏留下來的一段描敍李白儀表風采和生活方式的文字。由於這是李白當代人所傳下來的唯一一段該類文字，十分珍貴，所以我特別決定打破本章體例，把它引述過來：「眸子炯然，哆如餓虎，或時束帶，風流醞籍……間携昭陽、金陵之妓，迹類謝康樂……駿馬美妾，所適二千石郊迎，飲數斗，醉則奴丹砂撫青海波（按：丹砂爲奴僕名；『撫』似當作『舞』）。」㉔李白接著便回到宣州去。在那裡，他先住在南陵，然後住在秋浦。㉕他似乎在那一帶直住到天寶十四載（755）十月或稍後。㉖

⑯　見〈自梁園至敬亭山見會公，談陵陽山水兼期同遊，因有此贈〉詩題及「我隨秋風來，瑤草恐衰歇……渡江如昨日，黃葉向人飛。敬亭愜素尚，弭棹流清輝」等句，《王本》12/620–21。又見〈遊敬亭寄崔侍御〉詩題及「我家敬亭下，輒繼謝公作……登高素秋月，下望青山郭」等句，《王本》14/697。關於這兩首詩的繫年，又見《王本》35/1598–99天寶十二至十三載，以及下面⑰。

⑰　見〈贈宣城宇文太守兼呈崔侍御〉（《王本》12/609–13；《繫年》頁95引詩中「懷恩欲報主，投佩向北燕」二句及「蹉跎復來歸，憂恨坐相煎。無風難破浪，失計長江邊。危苦惜頹光，金波忽三圓」六句，推定此詩作於753年李白到達宣城之後三個月左右，其説可從）；〈宣城九日聞崔四侍御與宇文太守遊敬亭，時余登響山，不同此賞〉（《王本》14/692–94；「九日」指九月九日重陽節）；〈遊敬亭寄崔侍御〉（《王本》14/697）；以及〈登敬亭北二小山，余時〔送〕客逢崔侍御，並登此地〉

（《王本》21/1001-02；原題中無「送」字，今依王注補加）。

⑱ （甲）李白有一首詩題爲〈翫月金陵城西孫楚酒樓……日晚乘醉著紫綺裘……與酒客數人……往石頭〔城〕訪崔四侍御〉（《王本》19/894）。從著「裘」看來，詩似作於冬日或早春；又從訪崔四侍御看來，詩似作於上條附考所列各詩之後。

（乙）李白於754年春天在廣陵見到魏顥（詳下面正文）。

（丙）依〈寄崔侍御〉（《王本》14/694-95）的「此處別離同落葉，明朝分散敬亭秋」來看，李白似在秋天（753）與崔侍御在敬亭山分手（參《繫年》頁95）。

（丁）由上述三條線索推得正文所述之結論。

⑲ 見李白〈送王屋山人魏萬還王屋〉（《王本》16/748-61；魏萬即魏顥，見下引魏顥李白集序）；魏顥〈金陵酬翰林謫仙子〉及〈李翰林集序〉（《王本》16/761, 31/1450-52）；以及《王本》35/1599天寶十三載條之討論。

⑳ 見上條附考所引李白送魏萬詩，尤其是其序言；以及魏顥〈李翰林集序〉，尤其是頁1451。

㉑ 見⑲所引魏萬酬李白詩第27至40句：「同舟入秦淮，建業龍盤處。楚歌對吳酒，借問承恩初。宮買〈長門賦〉，天迎駟馬車。才高世難容，道廢可推命。安石重攜妓，子房空謝病。金陵百萬戶，六代帝王都。虎石踞西江，鍾山臨北湖」；以及李白送魏萬詩第99至110句：「五月造我語，知非伯儻人。相逢樂無限，水石日在眼。徒干五諸侯，不致百金產。吾友揚子雲，絃歌播清芬。雖爲江寧宰，好與山公羣。乘興但一行，且知我愛君。」李詩中的「五月」似當指五個月，而非月份五月。因爲李、魏二人相見於春日，魏詩中寫得很明白（第20句）。依《繫年》頁97-98，李詩中的「江寧宰」即其他一些詩作中的「楊江寧」。李白這時期有好幾首提及此人的作品。

㉒ 所贈詩作⑲已引到。依魏詩末二句「此別未遠別，秋期到仙山」，李、魏二人分手之期應在秋天之前。在另一方面，由於二人相會於春天，又相處約五個月之久（見㉑），二人也不可能在秋天之前很久分手。

㉓ 見魏顥〈李翰林集序〉，《王本》31/1452。

㉔ 同前，《王本》31/1450-51。誠如王琦注文所指出，李白選在其他一些詩

裡提到金陵與丹砂（〈示金陵子〉及〈出妓金陵子呈盧六四首其四〉，《王本》25/1196–97）。王琦注（31/1451）另又指出，「撫青海波」的「撫」字應作「舞」，因李白在〈東山吟〉一詩裡曾有「酣來自作青海舞」之語（《王本》7/404）。

（甲）在〈書懷贈南陵常贊府〉（《王本》12/643；贊府即縣丞）與〈登黃山凌歊臺送族弟……〉（《王本》18/867–68，尤其是第11至18句；黃山在宣城郡當塗縣，與今安徽南部之黃山有別，見王琦題下注及《寰宇記》105/35b）二詩裡，李白提及唐朝廷在南詔用兵之一再失利，以及京師一帶之一再歉收。而由《通鑑》217/6928及《舊書》9/227，229，我們知道753–54年旱潦導致關中歉收饑饉。由其他一些資料，我們知道唐朝廷自751年開始斷斷續續對南詔用兵，而於754年夏在南詔受到重創。（見《通鑑》216/6906–07，6912–13，6918，217/6926–27；《舊書》9/225，228；以及周勛初，《高適年譜》，頁77所引資料；另參照《舊書》197/5281及《新書》222a/6271。）由此看來，上面所提的兩首李白詩應作於754年。由於〈登黃山〉作於五月（詩第七、八句云：「炎赫五月中，朱曦爍河堤」），〈書懷〉似作於秋天（詩第七、八句云：「故交不過門，秋草日上階」），我們可以進一步推定，這兩首詩就作於李白離開江寧之後。根據這兩首詩的繫年，再根據下面這些詩的存在，李白應於離開江寧之後在南陵連續待了一陣子：〈遊五松山贈南陵常贊府〉（《王本》12/619；五松山在南陵，見 ❼❷）與〈與南陵常贊府遊五松山〉（《王本》20/957）。

（乙）李白離梁園南下時似把妻子宗氏留在梁園（見 ⓫❷⓽）。又，其〈秋浦寄內〉詩（《王本》25/1188）有「我自入秋浦，三年北信疏……有客自梁苑，手攜五色魚，開魚得錦字，歸問我何如」之語。由此可以推定，李白自梁園南下宣城後，曾至秋浦居住，且其時間應在南下第三年左右。而前面正文已說過，李白此次離梁園係753年之事。據此，李白在755年時應曾住在秋浦。〈秋浦清溪雪夜對酒……〉、〈與周剛清溪玉鏡潭宴別〉、〈遊秋浦白笴陂二首〉（《王本》20/945–47）、以及 ⓫❷⓽ 將提到的另兩首與李白妻子相關的詩可能都作於此時。〈秋浦清溪〉以下三詩都寫到「雪」景，看來可能都作於冬日。由於755至56年這個冬天安祿山之亂已爆發，而三詩內容都安於宴樂，全然未及國難之事，因此這些詩

作於754至55年這個冬天的可能性比較大。這表示，李白之前往秋浦可能是754年夏秋居南陵之後不久的事。

㉖ 李白有〈贈宣城趙太守悅〉一詩（《王本》12/614以下），又有〈趙公西侯新亭頌〉（《王本》28/1300以下），頌中有「惟十有四載……伊四月孟夏，自淮陰遷我天水趙公作藩於宛陵（按：宣城縣本漢之宛陵縣）」之語，可知頌中之趙公當即詩中之趙太守悅，而李白贈詩予趙當在天寶十四載（755年）四月之後。另李白又有〈為趙宣城與楊右相書〉（《王本》26/1235以下），其中之趙宣城亦即趙悅。而書中有「首冬初寒，伏惟相公尊體起居萬福」之語，故當是755年10月之作。據此，755年10月時李白仍在宣城。（以上說法係依詹鍈《繫年》頁105論點推衍而得。）至於該年十月之後不久，則李白已不在宣城，此另詳後文。

㈦天寶十四載至乾元二年（755-759）：永王事件

⑴天寶十四載（755）十一月，安祿山叛變於幽州。他很快就征服了現今河北與山東北部的各郡縣，並於十二月佔領了洛陽。㉗有些跡象顯示，李白當時恰好在現今的河南，目睹了該地區陷賊的慘況。㉘我推想他是在叛亂爆發之前不久北上看望他南下宣城時留在大梁的妻子宗氏。㉙他們夫妻二人似乎一齊南奔逃生。㉚

李白的兒子伯禽則留在東魯。不久，李白有個叫武諤的崇拜者，自告奮勇要到東魯去協助伯禽南逃。㉛不過，不知何故，武諤的這個目標顯然沒有達成。當至德二載（757）李白繫獄尋陽時，伯禽還在東魯。㉜至於李白的女兒平陽，則似乎在這之前結了婚並因故過世了。㉝

⑫　《通鑑》217/6934-39。

⑫　此說首見於郭沫若，《李白與杜甫》，頁27-28。郭氏舉了四首詩作爲佐
　　證。(1)〈奔亡道中五首其四〉：「函谷如玉關，幾時可生還？洛陽爲易
　　水，嵩岳是燕山。俗變羌胡語，人多沙塞顏。申包惟慟哭，七日鬢毛斑。」
　　（《王本》22/1015）。(2)〈扶風豪士歌〉。此詩前十句證據力最強：
　　「洛陽三月飛胡沙，洛陽城中人怨嗟。天津流水波赤血，白骨相撐如亂
　　麻。我亦東奔向吳國，浮雲四塞道路賒。東方日出啼早鴉，城門人開掃
　　落花。梧桐楊柳拂金井，來醉扶風豪士家。」（《本王》）7/385）。
　　「我亦東奔」句有些板本作「我亦來奔溧溪上」（見《校注》7/494）。
　　溧溪應指溧水，位於今江蘇西南角；李白南下後似在那一帶逗留了一陣
　　（見下段正文）。(3)〈贈武十七諤〉，尤其是第七至十二句：「狄犬吠
　　清洛，天津成塞垣。愛子隔東魯，空悲斷腸猿。林回棄白璧，千里阻同
　　奔」（《王本》11/557-58）。(4)〈猛虎行〉，尤其是前八句：「朝作猛
　　虎行，暮作猛虎吟。腸斷非關隴頭水，淚下不爲雍門琴。旌旗繽紛兩河
　　道，戰鼓驚山欲傾倒。秦人半作燕地囚，胡馬翻銜洛陽草」（《王本》6
　　/360）。〈猛虎行〉是否爲李白所作，自來有不少爭論。（見《校注》6
　　/468-70。）我的看法是，詩中所敘大部分與我們所知的李白行踪相符；
　　因此，除非有更明確可靠的證據，似乎不宜懷疑其可靠性。除了上述各
　　詩之外，〈經亂後將避地剡中……〉（⑬將引到）也可支持郭氏的看法。

⑫　上面⑫乙條曾引〈秋浦寄內〉的「我自入秋浦，三年北信疏……有客自
　　梁苑，手攜五色魚，開魚得錦字，歸問我何如」等句，以推定李白自梁
　　園南下宣城後曾至秋浦居住。從另外的角度看，同樣的詩句其實又顯示，
　　李白南下時把妻子留在梁園。李白在秋浦時還有另兩首寫到妻子的詩，
　　也就是〈秋浦感主人鄭燕寄內〉和〈自代內贈〉（《王本》25/1189-90）。
　　其中〈自代〉的「遊雲落何山？一往不見歸。估客發大樓（按：大樓山
　　唐時在秋浦縣地），知君在秋浦。梁苑空錦衾，陽臺夢行雨」等句，也
　　可支持此處正文的推斷。

⑬　李白南奔之事已見⑫。至於他是否與妻子一起南奔，則沒有明確切近的資
　　料可以印證。我之所以如此猜測，一是因爲李白南奔後曾感嘆兒子伯禽
　　未及「同奔」，却未感歎妻子宗氏未及「同奔」（見⑫引〈贈武十七諤〉）；
　　二是因爲756年李白隱居廬山時其妻也在身旁（見下段正文）。

⑬ 見〈贈武十七諤〉（《王本》11/557–58）。此詩首兩句「馬如一匹練，明日過吳門」雖出自典故（《藝文類聚》引《韓詩外傳》曰：「顏回望吳門馬，見一匹練。孔子曰：『馬也。』」見王註），似仍有點出詩人住地的作用。若果如此，則由我們所推知的整個李白行蹤判斷，此詩似作於756年上半年。參看《繫年》，頁109。

⑬ 〈萬憤詞投魏郎中〉（《王本》24/1122；作於757年春，見⑬，乙條）第十七句說：「穆陵關北愁愛子」。穆陵關位於沂州，在兗州（魯郡）東南，伯禽在兗州住了很久（關於此關之位置，見《新書》38/996及《王本》24/1123–24題下註）。關於李白繫獄尋陽一事，見下面正文。

⑬ 魏顥〈李翰林集序〉裡說李白第一個妻子生有一女一男，而這個女兒「嫁而卒」（《王本》31/1451）。雖然魏序作於762年左右（見第一章註2），我相信上面的資料來自於754年二人見面相聚時李白告訴魏顥的話。

　　(2)李白於肅宗至德元載（756，即天寶十五載）春天到了宣城。在宣城時他曾有意轉往剡中去隱居。⑬ 但是我們不知道他是否的確去了；我們只知道他在吳地一帶旅行了一陣，而在初秋時離開餘杭（在今杭州北）。⑬ 到了至德元載（756）冬天，則他已和妻子在廬山定居下來了。⑬

⑬ 見〈經亂後將避地剡中留贈崔宣城〉，《王本》12/636–37。詩題中的「亂」字指安祿山之亂而言，詩的前十六句有描敘。第二十三句「楊花滿州城」顯示詩作於春天。參看《繫年》，頁110。

⑬ 王譜至德元載下（《王本》35/1601–02）曾引〈春於姑熟送趙四流炎方序〉（《王本》27/1265–66）並指出曰：「據文中所謂『自吳瞻秦，日見喜氣，上當攫玉弩，摧狼狐，洗清天地，雷雨必作。』則祿山既反之後，玄宗未幸蜀以前所作也。」按：玄宗幸蜀事在756年6月，是則此〈序〉當作於756年春。王氏接著又引〈猛虎行〉「旌旗繽紛兩河道」以下一段敘述安祿山亂事之詩句，以及「昨日方為宣城客，掣鈴交通二千

石」、「溧陽酒樓三月春，楊花茫茫愁殺人」等句（以上引句分見《王本》6/360，362，363），指出李白有由宣城之溧陽之事，且其事在756年3月。王説可從。另詹鍈依《求闕齋讀書錄》之説，引用了〈扶風豪士歌〉中一些詩句（與 ⑱ 所引近似），推定李白756年3月時在溧陽一帶。（見《繫年》，頁109-110。）其説亦可從。

關於秋日離開餘杭一點，詹鍈（《繫年》，頁111）指出：李白有〈感時留別從兄徐王延年從弟延陵〉一詩（《王本》15/720-24），詩中稱徐王延年「列戟十八年」（按：唐制，王嗣，郡王皆列榮戟於門；見王注），又稱他「佐郡浙江西」。而據《舊書》64/2427徐王元禮傳，延年於開元二十六年（738）封嗣徐王，至德初（756）爲餘杭郡司馬（按：餘杭在浙江之西）。是則李詩當於756年作於餘杭。又，詩中有「鳴蟬游子意，促織念歸期」之語，故寫作之時當在初秋。今從此説。

⑱ 李白〈爲宋中丞自薦表〉有「屬逆胡暴亂，避地廬山，遇永王東巡脅行」等語（《王本》26/1217-18），〈贈王判官時余歸隱居廬山屏風疊〉有「大盜割鴻溝，如風掃秋葉，吾非濟代人，且隱屏風疊」等語（《王本》11/553-54），又〈經亂離後天恩流夜郎憶舊遊……〉有「僕臥香爐頂（按：香爐峰在廬山），餐霞漱瑤泉，門開九江轉，枕下五湖連，半夜水軍來，尋陽滿旌旃，空名適自誤，迫脅上樓船」等語（《王本》11/572）。由此可見，永王東巡之前李白已隱居廬山。而永王東巡時在756年末（詳下段正文），故可推定756年冬時李白已隱居廬山。在另一方面，〈別內赴徵三首〉其一有「王命三徵去未還，明朝離別出吳關」等語，其二有「出門妻子強牽衣，問我西行幾日歸」等語（《王本》25/1187），郭沫若（《李白與杜甫》，頁28）認爲這組詩係李白別妻投劾永王時之作，似乎不錯。據此，李白隱居廬山時妻子是在身邊的。

(3)李白不久便涉入永王李璘與其兄肅宗（前玄宗太子李亨，至德元載，也就是756年，七月在靈武自立爲帝）之間的一場激烈權力鬥爭中。至德元載七月，玄宗在奔蜀途中詔派李璘統領南方郡縣。同年

年末，李璘率領他所召募的水軍由江陵沿江東下。軍至半路，李白
應聘入了永王幕。其後，永王軍很快就受挫於効忠肅宗的部隊，部
衆紛紛離散。但李白却直到至德二載（757）初永王徹底失敗前不
久才倉惶逃亡。⒂

⒂　詳見第三章（11乙）至（11丁）關於永王事件部分。

　　(4)這段短暫的政治活動給李白帶來了極大的煎熬。至德二載
（757）春，他在彭澤（屬江州，今江西九江一帶）自首，接著就被拘
禁於尋陽（江川治所）獄中。他可能經歷了一些頗不利於他的情況，
一度曾深怕會被處死。還好，有兩位友善的官員，先是江南宣慰大
使崔渙，接著是御使中丞宋若思，好心相助。宋若思並以他是被迫
加入水軍，並且中途就已叛離爲理由，努力爲他脫罪。宋若思本於
至德二載（757）秋在前往河南道從事軍事任務途中來到尋陽。他
很快便釋放李白，留李白爲其僚屬，並似乎呈了一份表章向朝廷薦
舉李白。但李白只隨宋西至武昌，其時爲至德二載深秋。⒅ 在另一
方面，同年八月間，宰相張鎬奉派出京視察河南、淮南地區軍事狀
況。張鎬到達東南時，李白正臥病於宿松（在鄱陽湖北）。然而，在
十月中旬之前，他仍然寫了兩首詩給張，熱切希望能在張手下工
作。⒆

⒅　（甲）以上敍述大部依據⑴〈爲宋中丞自薦表〉（《王本》26／1217-19），尤
　　其是下面引文：「臣伏見前翰林供奉李白……屬逆胡暴亂，避地廬山，

遇永王東巡脅行，中道奔走，却至彭澤，具已陳首。前後經宣慰大使崔
渙及臣推覆清雪……臣所管李白……懷經濟之才，抗巢由之節，文可以
變風俗，學可以究天人，一命不霑，四海稱屈……特請拜一京官……以
光朝列。」(2)〈送張秀才謁高中丞〉（《王本》18/842），尤其是其序
文開頭的「余時繫尋陽獄中」一語。(3)〈在尋陽非所寄內〉（《王本》
25/1192-93；非所，指監獄），尤其是詩題。(4)〈上崔相〔渙〕百憂章〉
（《王本》24/1118-19），尤其是詩題及題下註：「時在尋陽獄。」(5)
〈繫尋陽〔獄〕上崔相渙三首〉（《王本》11/602-04），尤其是詩題。
(6)〈中丞宋公〔若思〕以吳兵三千赴河南，軍次尋陽，脫余之囚，參謀
幕府，因贈之〉（《王本》11/561），尤其是詩題。

（乙）關於李白可能經歷過艱危處境一點，可見〈萬憤詞投魏郎中〉
（《王本》24/1122），尤其是「好我者恤我，不好我者何忍臨危而相擠
？子胥鴟夷，彭越醢醢，自古豪烈，胡爲此繫？」數句。同詩第十三句
「獄戶春而不草」顯示757年春天時李白在尋陽獄中。

（丙）誠如王琦（《王本》35/1606，至德二載條）所指出，先前曾高居
宰輔之職的崔渙，係於756年11月至757年8月間任江南宣慰大使職（《舊
書》10/244，246；《通鑑》219/7007，7028；《新書》62/1693-94）。
至於他何時經手李白的案件，則無法確知。

（丁）王譜至德二載條（《王本》35/1606）及詹鍈《繫年》頁121指出
：757年9月癸卯廣平王收復西京，而李白〈爲宋中丞請都金陵表〉及
〈爲宋中丞祭九江文〉（《王本》26/1217-19，29/1393-94）行文措辭
皆全無獲知此事之跡象，顯係作於此事之前。而宋之到達尋陽及釋放李
白理應稍早於上述二文之寫作時日，故可推定宋係於757年秋末之前到達
尋陽。以此推定爲基準，再來看看李白〈中丞宋公以吳兵三千……〉
（甲條已引）裡的「組練明秋浦，樓船入郢都，風高初選將，月滿欲平
胡」諸句，則應可相信「風高」二字指時序爲秋天。宋推薦李白的表章
即〈爲宋中丞自薦表〉（甲條已引），由題目可知係由李白自己寫作的。
李白隨宋到武昌一點，可由〈陪宋中丞武昌夜飲懷古〉（《王本》22/
1043）一詩確定。此詩第五、六句云：「龍笛吟寒水，天河落曉霜。」
可見其時已是晚秋。（參王譜至德二載條。）

⑬ 關於張之任命，見《舊書》10/246，111/3327和《通鑑》219/7029。李白

寫給張的詩是〈贈張相鎬二首〉（《王本》11/594以下）。詩人在第一
首第三十七句裡自稱「臥病宿松山」（有些版本「宿松山」作「古松滋」
（《校注》11/759）。依《寰宇記》125/10，宿松在唐以前曾稱爲松滋）。
在其他一些版本中，第二首有個副題叫〈書懷重寄張相公〉（《校注》
11/759）。這意味第二首成於第一首之後。在第二首裡，詩人自稱希望
對平亂有所貢獻（「撫劍夜吟嘯」以下數句），希望能「澄清洛陽水」。
這顯示此詩係作於十月十八日洛陽光復之前，至少是作於李白獲悉此事
之前。（洛陽光復之期依《新書》本紀（6/159）係十月壬子，也就是十
月八日。《通鑑考異》（220/7040－41）則改採十月壬戌，也就是十月
十八日，與《舊書》本紀（10/247）同。今從後說。）參看《繫年》頁
122反駁曾鞏一段文字。

在某些重要版本裡，本組詩有一條題下註，而詹鍈（《繫年》頁122）顯
然爲該註感到困惑。該註云：「時逃難病在宿松山作」（見《校注》同
引處）。如果此註屬實，則給張鎬的這組詩便是李白在永王兵敗後逃亡
時所作，此處正文的推斷便不能成立。實際上，一如詹鍈自己在〈李太
白集版本敍錄〉（收於《論叢》）頁5-6所指出，上述這種題下註有時是
出自曾鞏而非李白的。《贈張相鎬》題下這條註可能便是這樣。我的理
由一是：李白在永王兵敗後逃亡至彭澤自首，而後繫獄尋陽，有〈爲宋
中丞自薦表〉爲證，而曾鞏的李太白文集後序卻誤稱「璘軍敗丹陽，白
奔亡至宿松，坐繫尋陽獄。」（《繫年》頁122已指出此點。）此一錯誤
說法與上述題下註一致，疑爲曾氏重構李白行蹤所得之結論。理由之二
是：李白在永王兵敗後逃亡之時，理應儘量避免被任何官吏發現，不太
可能主動寫詩給並無深交的高官，而且在詩中侈言破賊立功的大願。

　(5)很不幸，唐朝廷不肯赦免李白。大約在乾元元年（758）
初，李白接到了他的判決：流放夜郎（在今貴州正安西北）。❹他沿
江前往他的流放地，可能就由尋陽出發。❹雖然是前往流放地，他
的出發卻似乎頗不寂寞。除了他太太宗氏和宗氏遠道而來的弟弟宗

璄之外，還有一些地方「賢豪」也沿江送了他一程。⑫ 他的行程看來也毫不緊迫。他在同年（758）五、六月左右到達江夏（今武昌）。⑬ 到八月間他還在沔州（今漢陽一帶）的郎官湖與一些官吏交游應酬。⑭ 他大概在乾元二年（759）二、三月過了瞿塘峽，並攀登了他所謂的巫山最高峰。⑮ 不久，他寫了一封信給他住在豫章（洪州，今江西南昌）的妻子。⑯ 由於夜郎位於今重慶之南，而李白又曾在一首提及此行的詩裡說過「遙瞻明月峽，西去益相思」的話（明月峽在今重慶東），我猜測他或許預計經由現在的綦江（在重慶西流入長江）前往夜郎。⑰ 只是，過了瞿塘峽不久，李白就被釋放了。⑱

⑭ 這個判決可以從本條附考及⑫，⑬所引的大部分詩作中看得很清楚。至於日期，則推定的過程如下：

(1) 757年12月15日，為慶祝玄宗回到長安，唐朝廷頒布了一項大赦以及一項為期五天的全國性公開慶宴（即「酺」），事見《新書》6/159、《舊書》10/249-50、及《通鑑》220/7044-46。〈流夜郎聞酺不預〉（《王本》25/1163）的題目和內文都顯示此詩作於該事件之時。（「流夜郎」一語只確定李白已經被判這個罪，並不一定表示李白已到達或已前往夜郎。）因此，上述詔令傳至江南時（應該不至於太晚），李白已經知道了他的判決。

(2) 在759年二、三月所寫的〈自巴東舟行經瞿塘峽〉（見《王本》22/1021及⑮）一詩中，李白曾說：「江行幾千里，海月十五圓。」這表示李白至遲在757年末或758年初就踏上赴夜郎之途。

(3) 我所以不取757年末，而取758年初，是因為有跡象顯示758年初李白還曾住在司空原，且尚不知其判決。詳見下章註152。

關於夜郎的位置，見《元和志》30/7b-8a珍州條，《新書》41/1076溱州條，和1979年版《辭海》冊1頁804。

從裴敬的〈翰林學士李公墓碑〉（《王本》31/1469以下，尤其是頁1470）以來，有不少資料認為，李白曾於并州（太原）救助郭子儀，此次即因

　郭子儀代爲陳情，始能幸免死罪。(見《繫年》，頁16-18。)詹鍈(《繫年》同引處)已經提出有力論證，指出李白救郭之事純屬無稽之談，郭爲李白陳情之事也全然無從證實。

⑭ 尋陽是李白作品中所提及的此次行程中最東的地方。再者，既然尋陽是李白繫獄受審的地方，而且直到757年極晚的時候李白還住在那附近，那麼流放夜郎的判決在那裡執行是非常可能的。

⑭ 見〈流夜郎永華寺寄潯陽群官〉(《王本》14/684-85；永華寺無疑是在尋陽附近，見《校注》14/873)以及〈竄夜郎於烏江留別宗十六璟〉(《王本》15/729以下)。烏江位近尋陽，見《寰宇記》111/6a江州德化縣條。宗璟是宗氏的弟弟，見〈竄夜郎……〉第十三、十四句「我非東床人，令姊忝齊眉。」他似乎是遠道而來送李白出發的，見〈竄夜郎……〉第二十一、二十二句「懿君湍波苦，千里遠從之。」「留別」一語顯示宗璟沒有陪李白更向西行。〈竄夜郎……〉第十九、二十句「拙妻莫邪劍，及此二龍隨」顯示其時宗氏是與李白在一起的。(莫邪是傳說中一對名劍中的雌劍，雄劍則是干將；見《王本》15/731註8所引資料。據《晉書·張華傳》36/1075-76，兩劍在分隔一段日子之後，化龍相聚。)從〈竄夜郎……〉一詩，我們看不出宗氏是否隨李白走得更遠些。不過，李白作於759年的一首詩顯示，她似乎不久之後就住到豫章去了。(詳見下面正文及⑭。)

　必須附帶一提的是：現在在四川涪陵注入長江的烏江，在宋代以前稱爲涪江、涪陵水、內江、或黔江(見《寰宇記》120/1，10b；《輿地廣記》33/5b)，不可與上文所提的烏江相混。

⑭ 見〈張相公出鎮荊州，尋除太子詹事，余時流夜郎，行至江夏，與張公相去千里，公因太府丞王昔使車寄羅衣二事及五月五日贈余詩，余答以此詩〉(《王本》19/899：「公因……二事」一段話所指無法確知，不過我們大致上仍然可以看出：詩人意味張相公曾經透過某位姓王的人送了一些禮物給他)。這個詩題中所提到的張相公是張鎬。據《舊書》10/252、《新書》62/1694、和《通鑑》220/7054，張鎬於758年5月17日(戊子)被任命爲荊州大都督府長史及防禦使。李白說張「尋除太子詹事」，此點我們未見其他資料提及。我們僅知張後來曾拜太子賓客(《舊書》111/3327，10/258；《新書》139/4631)。但這並不表示上述詩題不可

靠，因為依據獨孤及〈唐故洪州刺史張公遺愛碑〉（《全文》390/8b-9a；又見《王本》35/1608乾元元年條關於碑中相關部分的討論），張直到759年才任太子賓客。詹鍈（《繫年》，頁127-28）堅信此一詩題中的「太子詹事」一名是個錯誤。他的理由是：在唐朝，太子詹事的員額只有一名（《新書》49a/1292），而高適有些作品似乎顯示，高在758年5月和759年5月間位居此職（〈還京次睢陽祭張巡許遠文〉、〈謝上彭州刺史表〉、〈同……李少尹……夜飲……作春酒歌〉，《全文》357/21、357/8-9、及《全詩》213/2222-23）。然而，高適這些作品實際上顯示他所任的是在洛陽的留守職位；它們與李詩標題並不互相矛盾。

另外，〈流夜郎至西塞驛寄裴隱〉（《王本》14/685）的「鳥去天路長，人愁春光短」二句顯示，李白在春天過後不久到達了西塞驛。此驛在江夏東數十里處（見《王本》14/685，《寰宇記》27/3a，和《太平御覽》48/4a）。這大致也吻合李白於五、六月間到達江夏的推斷。

⑭ 見〈泛沔州城南郎官湖〉（《王本》20/950-51），尤其是其序文中這一段：「乾元歲秋八月，白遷於夜郎，遇故人尚書郎張謂出使夏口，沔州牧杜公、漢陽宰王公，觴於江城之南湖，樂天下之再平也。」又見〈寄王漢陽〉（《王本》14/683），尤其是其前四句：「南湖秋月白，王宰夜相邀。錦帳郎官醉，羅衣舞女嬌。」（王宰即漢陽宰王公，郎官即尚書郎張謂。）關於沔州之位置，見《新書》41/1068-69「鄂州」條及1979年版《辭海》冊2頁2046。漢陽為此州的一個縣。

⑭ 見〈自巴東舟行經瞿唐峽登巫山最高峰晚還題壁〉（《王本》22/1021）。王琦（見本詩題下注）認為巴東即歸州（位於現今的湖北與四川邊境），此說可信。見《寰宇記》148/7b-12a和《新書》40/1028。《舊書》39/1554和《寰宇記》148/8a說白帝城（瞿唐峽所在）在歸州興山縣內，這是不可靠的。白帝城其實位於自興山縣溯江而上很遠的地方。（見《寰宇記》148/12「校勘」和148/4「夔州」條。）這也就表示，自巴東至瞿唐峽頗有一段距離。我無法考知李白所謂的「巫山最高峰」究竟位在何方，也不清楚他為何不在距巫山較近的巫峽（在瞿唐峽東）攀登（參較《繫年》，頁131）。由李白接下去的行蹤來判斷，李白應在此處正文所舉的時日到達瞿唐峽。

⑭ 在〈南流夜郎寄內〉（《王本》25/1193）一詩中，李白寫道：「北雁春

歸看欲盡,南來不得豫章書。」「北雁」句點出,此詩當作於晚春三月時。由於758年春天李白還在江夏之東溯江而行,因而是往西北,而非往南前進,此詩必作於759年春天經瞿唐峽往南溯江而上時。

⓾ 這裡所指的詩是〈竄夜郎於烏江留別宗十六璟〉(已見於⓬);相關的詩句是:「白帝曉猿斷,黃牛過客遲。遙瞻明月峽,西去益相思。」關於明月峽的位置,見《寰宇記》136/8「渝州巴縣」條及《中華人民共和國分省地圖集》頁118。

⓾ 〈流夜郎半道承恩放還,兼欣剋復之美,書懷示息秀才〉一詩(《王本》11/591),尤其是詩題及「半道雪屯蒙,曠如鳥出籠」二句,很明白地顯示出,李白在半途就遇釋了。另〈自漢陽病酒歸寄王明府〉(《王本》14/686;參見⓾)中的「去歲左遷夜郎道……今年勑放巫山陽」二句則顯示,李白遇釋之處距離瞿唐峽不遠(參看⓾)。

李白有〈贈從弟南平太守之遙〉(《王本》11/586-89;南平即渝州,今重慶)二首。據其第二首(內文及詩人自註),當時李之遙被貶武陵(今湖南常德),詩似即作於他前往武陵途中。王琦在〈江夏贈韋南陵冰〉註語(《王本》11/584;作於遇赦不久之後,見《王本》35/1609-10乾元二年條)中推斷,〈江夏〉一詩第十七句「賴遇南平豁方寸」中的「南平」指的就是李之遙(南平太守)。王琦的設想極可能合於事實。若果如此,我相信李白是在他獲釋後的第一個主要逗留處江夏(見下面正文)遇見李之遙的。詹鍈(《繫年》,頁131)認為,〈贈從弟南平……〉詩題中的「南平太守」這個官銜就表示,作詩時李之遙在南平的職位尚未卸除,且李白是在前往夜郎途中在南平或南平附近遇到他。此說恐難令人信服,因為唐人稱謂慣例與此不合。例如,李白在刑部侍郎李曄遭貶後遇見他,却仍稱他為「刑部侍郎」(見下面⓾)。

李白的某些詩句表面上看起來似乎與此處正文說法不合。例如,〈江上贈竇長史〉(《王本》11/580)有「萬里南遷夜郎國,三年歸及長風沙」之語;又,〈憶秋浦桃花舊遊,時竄夜郎〉(《王本》23/1088)有「三載夜郎還,於茲鍊金骨」之語(意謂「當三年之後從夜郎回來時,我將在此鍊金骨」。)這類詩句有時會讓人覺得,李白是直到定罪之後三年才被釋放的(見《校注》21/1257,25/1464)。對於此一情況,我的觀點是:第一,誠如下面正文所將顯示,李白遇赦後一直要到760或甚至

761年才去長風沙（今安徽懷寧，位於長江畔；見《寰宇記》125/5「舒州」條）一帶，而〈江上〉詩中所謂的「三年」似即是指758（李白被定罪時）至760或761年而言（參較《王本》35/1611上元元年條及《繫年》頁147）。第二，「三年」這個字眼還出現在李白另外一些寫到他流放一事的詩裡。如〈放後遇恩不霑〉（《王本》25/1164）有「獨棄長沙國，三年未許回」之語；〈贈別鄭判官〉（《王本》15/733）又有「三年吟澤畔，顦顇幾時回」之語（《王本》「三」作「二」，但依《校注》15/935，大部分重要版本都作「三」；由下面的討論將可看出，當以作「三」爲是）。在這兩個例子裡，李白很明顯是把自己的流放與屈原、賈誼的、恰好和「三年」有關的流放連類在一起了。（屈原〈漁父〉中云：「屈原既放，游於江潭，行吟澤畔。」〈卜居〉中云：「屈原既放，三年不得復見。」見《文選》33並參較《史記》84/2481–86。又，賈誼貶至長沙國，居彼三年後曾作一賦陳其悲境。見《史記》84/2496–2502及《文選》13賈誼〈鵩鳥賦〉。）因此，其中的「三年」一語不能依字面去解釋。上引〈憶秋浦〉詩中的「三載」一語可能也一樣。

(八)乾元二年至寶應元年（759–762）：尾聲

　　(1)李白回程順流而下，非常迅速。❹ 還在三月（759）裡，他就過了江陵，到達江夏。❺ 他在江夏待到秋天，曾與現任江夏太守的舊友韋良宰，以及乾元元年（758）夏天過江夏地區時結識的漢陽宰王某交游應酬。❺ 他尋求政治出路的慾望並未因最近的折磨而衰減。在寫給韋的一首長詩裡，他仍然期待韋將來高升時不忘提拔他。❺ 接著他便旅行到巴陵（岳州，今湖南岳陽），在那邊和一些官吏交游，其中包括了新近貶謫離京的著名詩人賈至。❺ 由賈至寫給他的一首詩看來，他也許在秋天裡到零陵（永州，今湖南零陵縣）去了一趟。❺ 他大約在上元元年（760）初回到江夏。❺ 後來他似乎

前往豫章與他的妻子宗氏以及一個稚齡的兒子一起住了一陣子。⑯

⑭ 在著名的〈早發白帝城〉一詩中，李白有「朝辭白帝（按：今四川奉節）
彩雲間，千里江陵一日還」之語。而我們知道，除了724年的首度出蜀之
旅，李白沿江東行出川，似乎只有晚年遇赦放還這一次。再者，由「還」
字來看，〈早發〉一詩顯然並非作於724年之旅。因此，我們可以歸結，
此詩應作於此時。
依《校注》22/1281所引的一些資料來看，三峽順流舟行速度的確極快。
李白「千里江陵一日還」之語並非純粹只是修辭上的誇張法而已。

⑮ 李白有〈荊門浮舟望蜀江〉一詩。語云：「春水月峽來，浮舟望安極。正
是桃花流，依然錦江色。江色綠且明，茫茫與天平。逶迤巴山盡，搖曳
楚雲行……江陵識遙火，應到渚宮城。」看起來顯然是作於某一出川東
行的旅程中。其中「江陵」二句顯示，作詩時詩人並非首度來到江陵
（渚宮係江陵一古宮殿遺址），因而也就等於間接顯示，詩係作於遇赦
放還這次出川行程中（參見上條附考）。從「正是桃花流」句（二、三
月時，雨水和溶解的雪水匯流，因正值桃花開放之時，故稱桃花流；見
王琦注和《辭源》（1979年版）冊二，頁1569）和前面所述李白整個行
蹤來判斷，此詩是作於759年3月間。
〈宿巫山下〉（《王本》22/1045）也提及三月和桃花流，應該也是這時
的作品。
〈自漢陽病酒歸，寄王明府〉有「去歲左遷夜郎道……今年敕放巫山陽」
之語（已引於⑭），顯示詩係作於759年。又有「千金一擲買春芳」之語，
顯示詩係作於春天。又有「願掃鸚鵡洲，與君醉百場」之語，顯示詩係
作於江夏。整個加起來看，〈自漢陽〉一詩顯示，759年3月李白就已到
了江夏。

⑯ 關於李白與韋的新舊交情，見〈經亂離後，天恩流夜郎，憶舊遊書懷贈江
夏韋太守良宰〉（《王本》11/567-76），尤其是詩題及「驅馬過貴鄉」、
「一乘青雲客」、「五色雲間鵲」以下各段詩句；又見上面正文753年春
李白由幽州南返一段。關於李白與王的交往，見〈自漢陽病酒歸寄王明
府〉（已引述、討論於⑭、⑮）。〈望漢陽柳色寄王宰〉（《王本》14/

687）可能也作於此時（參較《王本》35/1610乾元二年條及《繫年》頁141）。這個王某無疑就是❹所引諸詩中所提到的，那個李白在758年夏天結識於沔州漢陽縣的王某。

李白有〈答裴侍御先行至石頭驛，以書見招，期月滿泛洞庭〉一詩（《王本》19/901-02）。由此詩詩題及詩開頭的「君至石頭驛，寄書黃鶴樓。開緘識遠意，速此南行舟」、詩結尾的「巴陵定近遠，持贈解人憂」等語看來，李白係應裴侍御之邀，繼裴之後出江夏趕往巴陵，期能共泛洞庭。（細揣詩意，石頭驛應在巴陵附近。前人或以為在豫章附近，恐誤。參見詹鍈《繫年》頁136及《校注》19/1135。）再由詩中「憶昨新月生，西簷若瓊鉤。今來何所似，破鏡懸清秋」等語看來，李白之離江夏往巴陵，應在秋天。

參看下面正文及❸。

❷ 見〈經亂離後〉（上條附考已引述）第155至156句：「君登鳳池去，勿棄賈生才。」

❸ ⑴誠如王琦（《王本》35/1610乾元二年條；所引詩題〈荆州賊平……〉中的「平」字應作「亂」，理由詳下）所指出，759年8月襄州發生動亂，叛賊在9月間佔領荆州，直到11月才被平定（《通鑑》221/7080-81，7088；《舊書》10/156-57）。李白〈九日登巴陵置酒望洞庭水軍〉（《王本》21/993-94）及〈荆州賊亂臨洞庭言懷作〉（《王本》24/1125-26；此詩內容明白顯示，那些將「賊亂」作「賊平」的版本是不可靠的；見《繫年》頁138及《校注》24/1413）二詩所提及的亂事應該就是這次動亂。這強烈顯示，759年9月時（「九日」：九九重陽）李白是在巴陵（岳州）的。

⑵〈陪族叔刑部侍郎曄及中書賈舍人至遊洞庭五首〉（《王本》20/953-55）及〈陪侍郎叔遊洞庭醉後三首〉（《王本》20/951-52；「侍郎叔」指李曄）都是此次居巴陵時所作。（誠如王琦（《王本》20/953-54，35/1610）所指出，李曄在759年4月由刑部侍郎職貶往五嶺地區（《通鑑》221/7076-77及《舊書》112/3344-45李峴傳；參較《舊書》10/256及《新書》6/162；五嶺在今江西、湖南、廣東交界）。他當在秋天來到巴陵。另據詹鍈（《繫年》頁137-38）考證，賈至由汝州刺史貶岳州司馬，似於大約同時來到巴陵。）從李白與賈至寫給或寫到裴侍御的一些詩中，

我們得知裴也與李白等三人交遊應酬（見李白的〈至鴨欄驛上白馬磯贈裴侍御〉與〈夜泛洞庭尋裴侍御清酌〉，《王本》22/1018、20/953以及賈至的〈初至巴陵與李十二白裴九同泛洞庭湖三首〉與〈贈裴九侍御〉，《全詩》235/2598、2592）。

154 此詩即〈洞庭送李十二赴零陵〉。詩中有「今日相逢落葉前，洞庭秋水遠連天。共說金華舊遊處，迴看北斗欲潸然」之語，可知李白可能在今年秋往零陵。見詹鍈《繫年》頁139及《全詩》235/2598。

155 第一，誠如詹鍈所說（《繫年》頁141），759年早春李白尚在前往夜郎途中，因此〈早春寄王漢陽〉（《王本》14/689）應於759年之後的某個早春作於武昌（江夏）。（有些版本第三句「昨夜東風入武昌」的「武昌」作「武陽」（見《校注》14/878）。但此詩內容明白顯示出，詩係作於漢陽附近。因此，應以作「武昌」爲是。）第二，當759年由流放途中回到江夏時，李白也與在漢陽的輔姓錄事交往。（李白有〈江夏寄漢陽輔錄事〉詩（《王本》14/688），中有「報國有壯心，龍顏不迴眷」及「鼓角徒悲鳴，樓船嚴征戰。抽劍步霜月，夜行空庭徧……他日觀軍容，投壺接高宴」等語。詹鍈（《繫年》頁136）認爲係759年8月襄州動亂時作，其說可從。詹鍈同處又指出，李白〈泛沔州城南郎官湖〉（《王本》20/950）詩序有「席上文士輔翼、岑靜以爲知言」之語，輔翼蓋即漢陽輔錄事。說亦可從。）根據〈贈漢陽輔錄事二首〉（《王本》11/582-83）中的「南浦登樓不見君，君今罷官在何處？漢口雙魚白錦鱗，令傳尺素報情人。其中字數無多少，祇是相思秋復春」等語，李白在秋天離開江夏後，似又於春天回來，並於其時得知輔錄事已罷官一段日子。把這些線索與李白的整個行蹤合起來推算，他可能是在760年初回到江夏地區。

156 在〈遊謝氏山亭〉（《王本》20/941）詩中，李白說他年紀很大（「淪老臥江海」），過著清閒寂寞的日子（「病閒久寂寞」），很高興國家重新安定（「再歡天地清」），並且對於他外出返家時能有稚子相迎感到慰藉（「醉罷弄歸月，遙欣稚子迎」）。由此可推測，李白在安史之亂幾乎完全平定之時，也就是他生命快要結束之時，曾一度和家人同住。從同詩中「掃雪松下去，捫蘿石道行。謝公池塘上，春草颯已生」諸句看來，同住期間應包括春季，只是不知係760或761年春季。這裡暫時放在761年春處理。

前面正文曾指出，李白的妻子宗氏759年初仍住在豫章。而我們又沒有任何資料顯示她後來曾搬住他處。因此，這裡暫時假定李白與妻兒同住之地爲豫章。

根據李華爲李白所寫的墓誌銘（《王本》31/1459），李白死後留下了兩個兒子，名叫伯禽、天然（李華的用語是：「有子曰伯禽天然長能持幼能辯」；詹鍈（《繫年》頁146）將「天然」讀爲專有名詞，頗有道理。如果不將這兩個字理解爲人名，則上引文字將難以讀通。參較郭沫若頁33）。在此墓誌銘之前，李白曾在一首757年寫於尋陽獄中的詩中提到他當時有兩個小孩（〈上崔相百憂章〉，《王本》24/1118-19，尤其是「星離一門，草擲二孩」兩句）。這兩個小孩是否就是伯禽和天然呢（李白的女兒平陽似乎死於757年之前，見⓭）?如果是的話，天然是否就是魏顥所稱的頗黎呢？或者就是上引詩中所稱的「稚子」呢？或者這三者實爲同一人呢？只靠現有的資料，我們尚難答覆這些問題。

　　⑵上元二年（761）五月，唐朝名將李光弼奉命駐守臨淮（泗州，今江蘇泗洪附近）。⑮得知這個消息後，李白最後一次致力於尋求一個發揮他才華的機會：他試圖前去投効於李光弼軍中。但是，迫於病痛，他終於半途而廢。回程中，他於秋天到達金陵。⑯不久，他便前往宣城，尋求當塗宰李陽冰的照顧。⑯寶應元年（762）末，他因病死於當塗。⑯死後留有兩個兒子（女兒不詳），包括伯禽在內；其妻宗氏不知是否也還健在。⑯

⑮　《通鑑》222/7114；《舊書》10/261；《新書》6/164。當時李光弼的官銜之一是太尉。關於臨淮的位置，見《新書》38/990及1979年版《辭海》，冊二，頁2096。

⑯　見〈聞李太尉大擧秦兵百萬，出征東南，懦夫請纓，冀申一割之用，半道病還，留別金陵崔侍御十九韻〉，《王本》15/740。《王本》35/1612上

元二年條及詹鍈《繫年》頁149均以詩中有「舊國見秋月，長江流寒聲」
之語斷定詩作於秋天。今從之。

⑮ 李白〈宣城送劉副使入秦〉（《王本》18/862）詩中有「秉鉞有季公，凜
然負英姿」之語。王琦（《王本》35/1612）引《舊書》10/260「上元二
年（按：761年）正月辛卯，溫州刺史季廣琛爲宣州刺史充浙江西道節度
使」的記載，認定詩中之「季公」即季廣琛。王氏接著又指出，詩中有
「大勳竟莫敍，已過秋風吹」之語，可見送餞之時約在（761年）冬天。
今從其說。依此，則李白之離金陵往宣城，最晚顯然不晚過761年冬。另
外，李白〈獻從叔當塗宰陽冰〉（《王本》12/639-42）詩中有「小子別
金陵，來時白下亭」兩句關於李白新近由金陵到宣城之旅的話，顯示詩
當作於李白到達當塗後不久。而由詩中「彈劍歌〈苦寒〉，嚴風起前楹。
月銜天門曉，霜落牛渚清」等語看來，詩應作於秋冬之時。由此亦可見
李白約在秋冬之時由金陵往宣城。（參較《王本》35/1614及《繫年》頁
153。）最後，由其中的「小子別金陵，來時白下亭。群鳳憐客鳥，差池
相哀鳴。各拔五色毛，意重太山輕。贈微所費廣，斗水澆長鯨」等語來
看，〈獻……當塗宰陽冰〉顯然有尋求陽冰照顧之意。而依據李陽冰的
〈草堂集序〉（《王本》31/1446），李白無疑得到了陽冰的照顧。

⑯ 關於李白去世的日期，見第一章正文開頭及❽。依據李陽冰和劉全白（《王
本》31/1446、1460）的記載，李白死於疾病，似無疑問。《繫年》頁
152引述皮日休詩作（〈七愛詩〉第五首〈李翰林〉，《全詩》608/7018）
指出，李白是死於「腐脇疾」。郭沫若（頁81）推測，「腐脇疾」可能
是指膿胸症而言。此外，《舊書》（190c/5054）則認爲李白是直接死於
飲酒過度。不論如何，李白因酒醉而淹死於長江的傳說（見《王本》35/
1612-13所引資料）是沒有根據的。

⑯ 見⑮。

第三章 李白的政治夢想與政治活動

（1甲）

由前章可以清楚看出，李白一生有一大部分時間都花在追求政治成就上。在中國傳統社會裡，儒家「修身、齊家、治國、平天下」和「學而優則仕」一類的教誨往往深入人心，政治生涯又幾乎是士人世俗生活中唯一的出路。再者，唐朝科舉制度的實行又可能讓一般士人也覺得有希望在政治上嶄露頭角。因此，李白這種努力是不難理解的。但是，儘管如此，我們卻不能遽然就以為李白也是一個一般的利祿之徒。其原因不只在於他在詩歌上有傲人的成就，更在於他所夢想的政治生涯以及他謀求實現夢想的方式都極為特異。

在此，我們可以先來看看李白所夢想的政治生涯。李白集中把這個生涯描繪得最清楚而且也最早的作品是〈代壽山答孟少府移文書〉。這封書信於開元十五年（727）後不久作於安州。李白當時隱居於此州一座叫壽山的小山上，他藉壽山之「口」說：

近者逸人李白自峨眉而來，爾其天爲容，道爲貌，不屈己，不干人，巢、由（按：巢父、許由）以來，一人而已。乃蚵蟠龜息，遁乎此山。僕嘗弄之以綠綺，臥之以碧雲，嗽之以瓊液，餌之以金砂。既而童顏益春，眞氣愈茂，將欲倚劍天外，挂弓扶桑。浮四海，橫八荒，出宇宙之寥廓，登雲天之渺茫。

俄而李公仰天長吁，謂其友人曰：「吾未可去也。吾與爾，達則兼濟天下，窮則獨善一身。安能飱君紫霞，蔭君青松，乘君鸞鶴，駕君虬龍，一朝飛騰，爲方丈、蓬萊之人耳？此則未可也。」乃相與卷其丹書，匣其瑤瑟，申管、晏（按：管仲、晏嬰）之談，謀帝王之術。奮其智能，願爲輔弼，使寰區大定，海縣清一。事君之道成，榮親之義畢，然後與陶朱、留侯（按：范蠡、張良），浮五湖，戲滄洲，不足爲難矣。❶

除此之外，李白在天寶元年（742）供奉翰林時寫的〈駕去溫泉宮後贈楊山人〉裡面曾說，他「少年」時「自言管、葛（按：謂管仲、諸葛亮）」，又說他要在「盡節報明主」之後與楊山人「相攜臥白雲。」❷這可以說是上述夢想的一個簡要然而完整的回響。

---

❶ 見《王本》26／1225。關於此文之年代，見第二章正文第二節第三段及❷。

❷ 見《王本》9／485。

（1乙）

同樣的夢想也在李白對某些歷史人物的終生不渝的仰慕裡間接表現了出來。舉其最有代表性的來說，這些人物包括魯仲連、呂尚（即姜太公）、諸葛亮、謝安、商山四皓等。❸其中尤以魯仲連與謝安最受李白景仰。❹因此，把二人經歷當作代表，扼要敘述一下，將可大大幫助人們了解李白的夢想。

據《史記》記載，魯仲連是戰國齊人，常周遊列國。❺他一生

---

❸ 李白至少在十三首詩裡提到魯仲連事跡。見花房英樹《索引》，頁170。
提到呂尚而且表達仰慕之意的例子有：〈梁甫吟〉，尤其是第三至第十句，《王本》3／169（由其第十九至第二十五句判斷，可能作於737至740年間）；〈留別于十一兄逖……〉，尤其是第一至第六句，《王本》15／711（作於751或752年；見第二章❿）。
提到諸葛亮而且顯露仰慕之意的例子有：〈讀諸葛武侯傳書懷……〉，《王本》9／482−83（由詩題及第十五至第二十句判斷，極可能作於737至740年間）；〈駕去溫泉宮後贈楊山人〉，《王本》9／485（作於742年；見第二章正文第五節第一段及❺❾）。
關於提到謝安一點，例見〈梁園吟〉，尤其是末二句，《王本》7／392（約作於740年；見第二章正文第四節第一段及❸❹第四條）；〈永王東巡歌〉，第二首，《王本》8／427（作於756年末或757年初；見下面正文關於永王事件一段）；及〈書情贈蔡舍人雄〉，《王本》10／516−18（可能作於751或752年李白定居於大梁之後；見詩第十三至十四句，並參照詹鍈《繫年》頁91）。另有一些特別提到謝安之攜妓自得或隱居東山的詩，將引於註❼。參看花房氏《索引》，頁21−22。
關於提到四皓一點，例見〈贈韋秘書子春〉，尤其是最後第四句，《王本》9／478；以及〈商山四皓〉，《王本》22／1031。
❹ 我的根據是：魯仲連與謝安在李白作品中出現的次數特別多。參見上註。
❺ 《史記》83／2459−69。

中有兩件事最爲後人所稱道。其中有一件是這樣的。某次魯仲連遊趙都邯鄲，恰巧碰到秦軍圍城。魯仲連騁其雄辯，爲趙國解了圍。事後趙國重臣平原君欲以重金高位酬謝魯仲連，魯仲連說：

> 所貴於天下之士者，爲人排患釋難解紛亂而無取也。即有取者，是商賈之事也，而連不忍爲也。

他於是辭平原君而去。另一件事發生在魯仲連的故鄉齊國。某次燕軍佔據齊國聊城，齊軍久圍聊城不下。魯仲連乃爲齊將寫了一封書信，用箭將信射入城中。守城的燕將原本就已爲國內的政治鬥爭而感到困擾，見信後遂感憤自盡，齊人因而終於攻下聊城。這次魯仲連同樣堅決辭謝高官厚祿之酬。

關於謝安的生平，《晉書》中有如下的記載。❻原先謝安潛居鄉間，常攜妓遊鄰近諸名勝，悠閒自得，不受朝廷徵召。然安聲名遠播，因此朝廷屢屢徵安出仕。後來他決定出仕從政，並很快高居相位，建立大功，包括在出名的淝水之戰中打敗了苻秦的軍隊，鞏固了東晉的統治。據說他即使在身居廟堂之後，仍然時時想著要歸隱山林。

李白對魯仲連、謝安這樣的英雄豪傑不只是仰慕而已，他甚至幻想自己就是他們一流人物。他有許多詩作顯示出，他常把自己隱微時的生活與謝安在家鄉東山的隱居生活相比附，有時還刻意像謝安那樣攜妓出遊，並且期待著像謝安那樣迅速位居要津、濟助蒼生。❼

---

❻　《晉書》79／2072-77。參看《世說新語》6／198。

❼　（甲）關於比附謝安之隱居東山一點，例見〈憶舊游寄……元參軍〉，

同時，他又常常聲稱自己具有魯仲連的辯才和英雄本色，只是還沒有魯仲連的運氣而已。❽

（1丙）

由此，我們可以看出，李白的政治夢想有三個互相有關的面相。首先，他自認有義務而且能夠成爲一個濟度蒼生的救世者，並因此期待能身居一個與救世者相稱的政府職位。同時，他又要當一個不受權位與聲名羈絆的高士。爲了要兼顧兩者，他希冀能欻然成就大業，然後英雄式地從官場退隱。

（2甲）

誠然，這個夢想中的某些要素顯然受有文化傳統或時代風潮上的影響。先說，前面提到的儒家在士人出仕從政方面的教誨，若推至其極致，則實在就有鼓勵士人做救世者的意思。「修身、齊家、

尤其是第54—55句，《王本》13／666及〈梁園吟〉（已見註❸）。

（乙）關於模仿謝安之攜妓出遊一點，例見〈示金陵子〉、〈攜妓登梁王棲霞山孟氏桃園中〉、及〈憶東山二首〉，《王本》25／1196、20／927、23／1084。

（丙）關於希冀和謝安一樣欻然成功一點，例見〈送裴十八圖南……〉，第二首，《王本》17／808及〈梁園吟〉（已見註❸）。

❽ 見〈五月東魯行……〉、〈奔亡道中五首〉第三首、及〈古風〉第十首，《王本》19／873、22／1015、2／101。

治國、平天下」(《大學》)的說法如此;「窮則獨善其身,達則兼
善天下」(《孟子‧盡心》)的說法更是如此。而士人也的確就有接
受這種教誨的。單舉李白同輩人來說,杜甫在他的〈奉贈韋左丞丈
二十二韻〉裡就有「自謂頗挺出,立登要路津。致君堯舜上,再使
風俗淳」的話。❾另高適在他的〈東平路中遇大水〉裡也說「縱懷
濟時策,誰肯論吾謀」。❿李白在上引〈代壽山答孟少府移文書〉
文字中明白提到《孟子》的話。看來他的救世念頭是有其文化源頭
的。問題只在儒家這個教誨的嚴肅內涵到底在他心中存在多深而
已。其次,誠如下章所將詳細論述,盛唐士人間流行著一種頗為特
殊的「隱士意識」。此一意識一面強調士人應有隱士敝屣名位、淡
泊明志的品德;另一面卻又強調賢能的隱者應當而且能夠出山入
朝,有所作為。李白很明顯也受到此一時代風尚的影響。

　　但是,像李白這樣把儒家的救世願望與盛唐隱士意識的出山入
朝一面浪漫地結合在一起,然後狂熱地企求實現的人,在歷史上是
很難找到的。我們可以說,李白的濟世英雄夢算得上是一個文化傳
統與時代風尚巧遇天才狂想之後的產物吧。（下文會談到,李白偶爾
會把成為救世英雄的夢想與對功名利祿的欲求混而為一。但是,如果因此就
認為他那個夢想的高貴——雖然不切實際——的一面純然只是矯飾而已,就
未免失之褊苛了。）

　　李白對隱逸生活的興趣一方面可以透過他的個性來理解,另一

---

❾　《杜少陵集詳註》1／42。陳弱水〈思想史中的杜甫〉對杜甫此種儒家情
　　懷有極詳盡的探討,可以參看。

❿　《全詩》212／2214。

方面也同樣得透過盛唐的隱士文化求答案。李白是個容易被各種浪漫的、英雄式的事物所吸引的人。誠如世人所周知的，他喜歡飲酒；他甚至曾以此自豪，自稱「酒仙翁」（詳下章）。上面又講過，他喜歡攜妓遨遊。他有一首詩顯示他曾喜歡珍貴小鳥。⓫他又像同時的某些士人一樣，喜歡擊劍，並常仗劍遠遊。⓬他甚至自誇說他年輕時曾有任俠格鬥之事。⓭而在盛唐時期，隱士生活經常與茅山

⓫　〈贈黃山胡公求白鷳并序〉，《王本》12／634。

⓬　（甲）李白本人之好劍術，見第二章第一節第一段。

　　（乙）舉例來說，孟浩然和高適的某些詩顯示，孟、高二人及高的一些朋友也都學劍。見孟浩然，〈傷峴山雲表觀主〉、《全詩》160／1659；及高適，〈人日寄杜二拾遺〉、〈自薊北歸〉、〈別韋參軍〉、〈送蔡山人〉、〈別耿都尉〉，《全詩》213／2218、2220、2221，221／2201，214／2233。

⓭　（甲）依〈敘舊贈江陽宰陸調〉之「我昔鬥雞徒，連延五陵豪。邀遮相組織，呵嚇來煎熬。君開萬叢人，鞍馬皆辟易。告急清憲臺，脫余北門厄」等句（《王本》10／530），李白曾涉入一場格鬥。由「連延五陵（按：在長安）豪」句及詩中寫陸調與李白本人結識經過時說的「風流少年時，京洛事遊遨」（按：謂陸調）二句看來，上述事件疑發生於長安。而按常理判斷，其事應在742年李白奉召入京之前。

　　（乙）魏顥〈序〉曾說李白「少任俠，手刃數人」（《王本》31／1450；當係聽自李白本人），而李白的〈贈從兄襄陽少府皓〉又有「託身白刃裡，殺人紅塵中。當朝揖高義，舉世欽英風」的話（見靜嘉堂本李白集8／1；此四句不見於《王本》9／462，但依《校注》9／595，卻見於《王本》以外的大部分重要版本），看來李白確實曾以少時任俠自誇。至於這所謂少時任俠是否包括（甲）項所指的事件，就難以詳考了。

　　（丙）李白「少」時正當太平盛世，殺死人似乎難以逃過刑責。在另一方面，則魏〈序〉與李詩又不見得會無中生有。疑所謂「手刃」、「殺人」也者，只是指在諸如豪強子弟互相格鬥一類的場合裡殺「傷」了人而已。

道教的極其玄秘悠邈的神仙信仰相結合，此一生活的浪漫面也就不免吸引了李白。當然，隱士意識強調淡泊明志的一面也影響了他。因爲，在這種觀念下，隱居山林可以說是出仕濟民的準備階段。（以上二點俱詳下章。）

　　對於企求先後成就爲濟世英雄及清高隱士的李白而言，渴望欻然功成名就乃是十分自然的事。一般官吏那種浮浮沉沉、無所作爲的生涯，對於任何具有強烈政治企圖心的人都是困頓難耐的，更何況是對於一個做著布衣卿相夢的人呢？而雖然在現實生活中李白所仰慕的那些英雄人物的彪赫功業非常不可能發生，盛唐時期的傑出士人，包括隱士在內，卻至少在表面上有機會突然獲得君王的尊崇，並因此而聲望卓著的。⓮也許在經過李白自己加以戲劇化之後，這種表面上的成就就顯得與他夢想中的英雄事跡可以等量齊觀了。

　　至於李白對他所謂要在「事君之道成」之後迅即退隱的說法究竟有多認眞，又實際上要有怎樣的功業才夠讓他認爲已經可以退隱，則我在李白作品裡沒有找到任何明白的線索可以回答。不過，我推想李白之所以有此一說，主要只是要與他的隱士身份保持一致而已，事實上未必眞正在意。他所仰慕的那些英雄人物裡面，有相當一大部分——例如：管仲、諸葛亮、謝安——也都並沒有在有所貢獻之後就很快從政治場上退隱下來。李白一生從來沒有能夠眞正在政治上有值得人們（包括他自己）在意的成就。在這種情況下，所謂功成名就之後的光榮引退，對他而言不可能曾是眞正值得特別關心的事。

⓮　見本章稍後論制舉及甌部分及下章開頭論唐朝廷崇隱措施部分。

（ 2 乙 ）

　　整個地來說，李白的政治夢想裡最超乎尋常的一點就是自認爲可以平步青雲，欻然成爲救世者。我們可以想見，他除了受到文化傳統與時代風潮的影響外，一定還自以爲具有什麼凡人所不可及的資質和能力，才會深信自己應該有如此光輝燦爛的政治生涯。上章曾提到，肅宗至德二載（757）秋李白以待罪之身暫爲宋若思僚屬時，曾爲宋寫了一篇向朝廷舉薦他自己的表（即〈爲宋中丞自薦表〉）。在這篇表裡，李白寫道：

> 臣（按：指宋若思）所管李白……懷經濟之才，抗巢、由之節。文可以變風俗，學可以究天人。一命不霑（按：謂未曾受一官半職），四海稱屈。❺

這段話把李白所自以爲擁有的從政資本講得最爲清楚，也最爲完整。所謂「經濟之才」，用現代的話來講就是卓越的政治能力。上引〈代壽山〉一文中說自己可以「申管〔仲〕晏〔嬰〕之談，謀帝王之術」，那也就等於說自己有「經濟之才」。「巢、由」上文已指出即巢父、許由，是傳說中的上古高士。所謂「抗巢、由之節」，即具有可與巢父、許由相抗衡的高士風範。其意思與〈代壽山〉說的「不屈己、不干人，巢、由以來，一人而已」一樣。「文」指文章，書、表、詩、賦等當時流行的各類文學作品都包括在內。「究天人」之「學」在

---

❺　見上章第七節第四段。

也許可以理解爲能夠洞曉天命並據以制定政治措施的睿智。

（2丙）

　　爲了方便起見，我們這裡先來看看李白主客觀上有多大文才以及他爲什麼、怎麼樣把文才與政治連繫在一起。先說，李白年輕時的作品流傳下來的便已不少，且其中像〈峨眉山月歌〉（724）、〈渡荆門送別〉（724）、〈襄陽歌〉（734）、〈與韓荆州書〉（734）那樣的作品都是藝術性極高的。看來他的文才很早就已成熟。❶❻而誠如下文所將詳細陳述，在玄宗時期，朝廷提供給一般士人的大部分入仕管道，如應進士試、應制舉、投匭獻賦、奉召爲文學侍從等，以及在嘗試這些管道之前所多半必須經歷的干謁活動，在在都高度側重一個人的文才。在這種情況下，就難怪李白對自己的文才特別感到自豪，而且雖不至於只把它純粹當作從政資本看待，卻絕不躊躇於利用它來謀求仕進。上章提過，李白在開元九年（721）時就曾干謁益州長史蘇頲。這件事記載於李白開元十八年（730）左右作的干謁文章〈上安州裴長史書〉裡。在此信中，李白聲稱蘇頲當眾稱讚他說：「此子天才英麗，下筆不休……若廣之以學，可以相如（按：謂司馬相如）比肩也。」❶❼接著，李白又說安州的

---

❶❻　前兩個作品繫年見上章❶❶及詹鍈《繫年》頁5（詹氏繫〈渡荆門〉於725年，我則依上章所重構的李白生平調整爲724年）。後兩個作品繫年見上章❷❽。

❶❼　引文見《王本》26／1247。關於〈上安州裴長史書〉之爲干謁作品，見稍後正文。

一位「郡督（按：疑當作「都督」）馬公」也曾同樣欣賞他說：

> 諸人之文，猶山無烟霞，春無草樹。李白之文，清雄奔放，名章俊語，絡繹間起，光明洞徹，句句動人。

最後他才自己站出來很簡短但很自信地說：「白……頗工於文。」這個例子很能生動地顯示出李白是如何看重其文才並以之爲求仕工具。而雖然較不生動卻有同樣意涵的例子還不少。⓲

　　只是，單純的文才即使在一個人求仕之初的確有一些敲門磚的功能，在一向嚴峻的政治場上終究也並無大用，這是我們很容易想見的。就如後文所將指出，終其一生，李白文才的最大功用只不過是讓他在玄宗身邊當一陣子文學侍從而已。因此，到了晚年時（肅宗乾元二年，即759年），他也不得不在著名的長詩〈經亂離後，天恩流夜郎，憶舊遊書懷贈江夏韋太守良宰〉裡自嘲式地寫道：「爲文竟何成？……文竊四海聲。兒戲不足道，五噫出西京。」⓳

⓲　例如，李白曾爲了干謁的目的而主動提議要把詩文呈獻給韓朝宗（734或735年）以及一位李姓安州長史（729年）；見《王本》26／1233，上章⓲及正文稍後關於李白干謁方式部分。另外，李白的〈玉眞仙人詞〉（《王本》8／448）有可能是初入長安時寫來干謁玉眞公主的（見上章第三節第一段正文及㊴）。

⓳　引文見《王本》11／567-68。此詩繫年見上章第八節第一段及詹鍈《繫年》頁133-34。引文末句化用了東漢高士梁鴻作〈五噫歌〉之典故。據《後漢書》83／2766-67，梁鴻某次途經都城洛陽，見宮室富麗，乃作此歌抨擊統治者的奢侈，感歎人民的勞苦。他在歌中重複用「噫」這個歎詞用了五次。李白用此典故則可能只是意謂他不得不憤慨地離開京城（指被放還山一事）而已。

（2丁）

　　接著來看李白的高士風範。對李白而言，此一風範顯然並不指完全不涉入世間事務。它應該就如〈代壽山〉文裡所說的那樣，只是「不屈己、不干人」，也就是說即使在追求政治成就時也不犧牲原則、不干求達官貴人的寵幸而已。稍後我們就可清楚看到，李白雖然常常不得不委屈求全，卻眞的一直有在努力維持這樣的風範，並且以此自豪。另外，由於當時隱士與道士生活跡近混同，李白有時似乎就像〈代壽山〉一文所顯示的，自然而然地把他的道教修爲也視爲高士風範的一部分。而在這方面，他也頗有值得驕傲的地方。大家都很熟悉的一點是，李白天寶元年（742）在長安認識賀知章後，就被賀知章譽爲「謫仙人」。此事上章已提過。除此之外，李白更說，遠在天寶元年之前很久，他就已經被人類似地稱讚過了。他說，他年輕的時候（也許是724年出蜀沿江東下途中）曾在江陵（湖北今縣）見過茅山道教一代宗師司馬承禎。司馬稱他有「仙風道骨」。在興奮之餘，他特別寫了一篇賦來紀念這件事情，在賦中把司馬尊爲《神異經》中的「希有鳥」，而把自己比爲《莊子‧逍遙遊》中那遨翔於八極之表的「大鵬」，以之自標。❷⓿（這不是李白唯一一次

---

❷⓿　此事件見〈大鵬賦并序〉，《王本》1／1－10。關於司馬承禎的生平，《舊書》192／5127－29及《新書》196／5605－06有一些記載。詹鍈（《繫年》，頁4）根據衛憑〈唐王屋山中巖台正一先生廟碣〉（《全文》306／6a－10a，尤其是8b）指出，司馬承禎卒於735年。再者，李白指出說，〈大鵬賦〉是由他在見過司馬承禎之後不久寫成，在「中年」時丟棄，後來才又拿出來修改的「少作」〈大鵬遇希有鳥賦〉改寫而成的。

自比大鵬。）**㉑**賀知章和司馬承禎的讚譽清楚告訴我們，李白一定具有某種在當時的虔誠道教徒眼中只有神仙一流人物才會有的超凡風度。根據上文對李白個性的探討，以及魏顥對李白容貌舉止的描寫，我想像那風度也許是浪漫不羈的個性與飄逸瀟灑的舉止糅合而成的一種迷人的神采吧。**㉒**只是，以上的這些優點就和文學成就一樣，表面上雖深受朝廷重視，實質上效用卻非常有限（說詳下章）。

（2 戊）

　　相對於文學才華與隱士節操，處理政務的智慧與能力對一個人的政治生涯無疑要重要得多。而它們卻顯然正是李白所比較欠缺的。先說，李白自己所標榜的「究天人」的智慧實際上是並不存在的。誠然，他熟悉「管晏之談」（傳世的管晏著作《管子》與《晏子春秋》實為後人依託之作）**㉓**；他也讀過其他很多政治家成功的故事。但是我們看不出他從這些古籍裡得到什麼具體的政治智慧。他通常只會空洞

───────────────

而根據魏顥的〈序〉（《王本》31／1449），李白這篇改寫後的賦在他742－44年居長安時已流傳甚廣。由此推算，李白見司馬承禎之事一定發生在742年以前很久。詹鍈（《繫年》，頁5）推測說李白可能是在初出蜀時（依詹說是在725年；依我的推論是在724年）在江陵見到司馬承禎。配合李白生平行踪來看，這個推測大概是對的。「希有鳥」的典故見《神異經・中荒經》頁13a。

㉑　例見〈上李邕〉及〈臨路（終）歌〉，《王本》9／512及8／452。

㉒　魏顥的描述見上章第六節第十一段。

㉓　見1979年版《辭海》，頁4325、3195。

地說自己有什麼「良圖」可以治國濟民，或浮泛地憂心君王會怠忽失權。㉔偶爾他也會特別針對某些國家大事發表一下意見。例如，天寶八載（749）唐將哥舒翰殘暴征服吐蕃堡壘石堡城，雖然師出無名而且傷亡慘重，卻仍大受朝廷獎賞，加官進爵。㉕李白就曾在其〈答王十二寒夜獨酌有懷〉中輕蔑地把哥舒翰與鬥雞取寵的無賴之徒相提並論。㉖另外，他也曾在〈書懷贈南陵常贊府〉等兩首詩中極力抨擊唐朝廷在天寶末期（自751至754年）對南詔發動的自我摧殘的戰事。㉗不過，在他的批判裡，對朝廷不能用賢（像他一樣的賢才）以至於國事難問的憤慨大致要比眞正的政治意見（也只是意見而已，談不上什麼洞見）來得多。像在〈答王十二〉裡，他在僅僅使用「君不能狸膏金距學鬥雞，坐令鼻息吹虹霓；君不能學哥舒，橫行青海夜帶刀，西屠石堡取紫袍」五句譏誚哥舒翰後，㉘總共花了

㉔　例見〈鄰中贈王大……〉之「欲獻濟時策，此心誰見明」、〈酬崔五郎中〉之「幸遭聖明時，功業猶未成。奈何懷良圖，鬱悒獨愁坐」、以及〈贈溧陽宋少府陟〉之「早懷經濟策，特受龍顏顧」，《王本》9／501、19／880、10／540。又見〈古風其五十三〉及〈遠別離〉二詩，《王本》2／150、3／157－58。

㉕　見《通鑑》216／6896及《舊書》104／3212－13。

㉖　見〈答王十二〉，《王本》19／910－13。又見下文。

㉗　李白的兩首詩指〈書懷〉及〈古風其三十四〉，見《王本》12／643－44及2／130。關於征南詔之事的資料見上章㉘。

㉘　「狸膏」係用以塗雞頭，使其善鬥。「金距」可能指用薄金屬製成，用以加在雞腳爪上的鉤子。「狸膏」二句刺玄宗寵鬥雞徒事。「紫袍」者，唐三品以上官所著公服。以上詳見安旗主編《李白全集》頁899及郁賢皓《李白選集》頁265。

魚目亦笑我，請與明月同。驊騮拳跼不能食，蹇驢得志鳴春風。〈折楊〉、〈皇華〉合流俗，晉君聽琴枉清角。巴人誰肯和〈陽春〉，楚地猶來賤奇璞……孔聖猶聞傷鳳麟，董龍更是何雞狗？一生傲岸苦不諧，恩疏媒勞志多乖。嚴陵高揖漢天子，何必長劍拄頤事玉階。達亦不足貴，窮亦不足悲。韓信羞將絳、灌比，禰衡恥逐屠沽兒。君不見李北海，英風豪氣今何在？君不見裴尚書，土墳三尺蒿棘居。少年早欲五湖去，見此彌將鐘鼎疏。

等二十多句來控訴君王如何無德無明（「晉君」句、「楚地」句）、小人如何得志而君子則如何沈淪甚至冤死（「李北海」句、「裴尚書」句）、以及自己如何不甘隨波逐流而終致被迫萌生不問世事之意。❷❾在〈書懷〉裡，敘述篇幅之對比雖然沒有這麼強烈，情意之輕重卻與此無異。為免煩瀆，這裡就不再詳引了。

　　〈為宋中丞請都金陵表〉（作於至德二載，即757年，秋天；宋中丞即宋若思）裡遷都金陵的構想如果實質上是出自李白的話，則這個構想總算是李白一個比較嚴肅周詳的政治主張了。❸⓪只是，這個主張在我們看來實在也乏善可陳。〈表〉裡建議肅宗放棄當時的流亡首都扶風（也稱鳳翔，位於長安之西，至德二載二月至十月間為肅

---

❷❾　此段引文用典太多，實在無法在此一一解說。因此，我只依行文所需概述其大旨而已。讀者若有必要，可參看上註所引安旗及郁賢皓著作。

❸⓪　此表見《王本》26／1208－17。就如後文所將陳述，永王計畫控制金陵地區，並以之作為匡復中原的根據地。李白可能也認同這個構想，並在757年秋暫充宋若思僚屬時（見註❶❺）把它推薦給宋。

宗首都），把朝廷遷往金陵，因爲金陵地勢險要、較易防守，而且
附近地區自然資源豐富，安史亂起後又爲南奔士人聚集之所。❸而
現實上，至德二載秋天時肅宗的流亡朝廷已經相當穩固，而且當時
關中前線又是一個與叛軍主力正面交鋒的關鍵性戰場；在這種局面
下，把朝廷遷往南方不但是不必要的退避之舉，更可能進一步嚴重
打擊民心士氣，不利戰局。❸我認爲李白這個建議基本上只是書生
空談罷了。

　　在另一方面，李白在兩次實際政治參與（即入玄宗宮中供奉翰林
及投効永王水軍）中的表現，則都顯示他甚至沒有實際、謹愼到足以
順利立足政壇的地步，更不用說是發揮「經濟」之才成功處理詭譎
嚴峻的政治事務了。（詳下文。）可以說，李白之自認有政治長才，
也許算得上是他一生所犯的最大一個錯誤了。

（３甲）

　　可以理解地，李白雖然對他的政治夢想認眞而熱切，卻也難免
常常因爲長久抑鬱難伸而產生動搖。他主要的搖擺情形有兩種。在
一方面，他對功名的渴求會高漲到使他忘却或甚至否定隱居生活的
意義。這種情形在他天寶元年（742）奉召入京前的幾年黯淡歲月
裡尤其明顯。開元二十五年（737）左右李白前往長安獻賦途中，

❸　關於扶風的陳述見《舊書》10／243，245，248及《通鑑》219／7017，
　　220／7042。
❸　參見《通鑑》219／7018至220／7035（757年2月至9月）。

曾有一個朋友勸他放棄對功名的追求好好去隱居，他回了一首詩，
詩中說：

> 中途偶良朋，問我將何行。欲獻濟時策，此心誰見明？君王
> 制六合，海塞無交兵。壯士伏草間，沉憂亂縱橫……紫燕櫪
> 上嘶，青萍匣中鳴。投軀寄天下，長嘯尋豪英。恥學瑯邪人，龍
> 蟠事躬耕。富貴吾自取，建功及春榮……

「紫燕」，良馬名；「青萍」，名劍名。二句指自己如良馬名劍，
亟盼有所作為。「瑯邪人」指諸葛亮；「龍蟠」指諸葛亮出山前好
像神龍蟠息不展一樣。二句表示自己此時恥於向出山前的諸葛亮看
齊。❸另外，在一首可能作於首次遊東魯時（開元二十八年至天寶元
年，即740－42年）的詩裡，李白又說道：「莫學東山臥，參差老謝
安。」❸同樣的情感還可以在其他一些詩裡看到。❸至於李白在初
任翰林供奉，正春風得意時（天寶元年秋後至二年秋前）所寫的「光

---

❸ 引文見〈鄴中贈王大勸入高鳳石門山幽居〉，《王本》9／500－01。關
　於此詩之繫年、詩題意義、及寫作背景，見上章第二節第八段、第三節
　第一段、及❸。關於「紫燕」等典故之解釋，見王注。

❸ 詩即〈送梁四歸東平〉，《王本》18／854。由東平的位置（東平郡即鄆
　州，近兗州；見譚其驤主編，《中國歷史地圖集》，冊五，頁44－45）
　以及詩中提及送別地在汶水（在兗州）的情形看，此詩應作於東魯。由
　於依詩意看來，李白在作詩時尚寒微無聞，此詩應作於李白初居東魯時
　（李白二次居魯是在供奉翰林之後，已經出名）。

❸ 如〈南陵別兒童入京〉（《王本》15／744；作於742年李白即將入長安
　前，見上章❸－❸）及〈冬夜醉宿龍門覺起言志〉（《王本》23／1065；
　較難繫年，詹鍈《繫年》頁78繫之於750年，然實無佐證）。

景不可留，生世如轉蓬。早達勝晚遇，羞比垂釣翁（按：呂尚年八十釣於渭濱，始遇文王）」等詩句，則可理解成是因一時尚難忘懷先前的失意而發的。❸

<h1 align="center">（３乙）</h1>

在另一方面，挫折感也可能把李白引到相反的方向去。他會安慰自己說，功名富貴是短暫而且經常可能帶來災禍的，因此他不如安於自由自在的隱居生活，或者乾脆及時行樂一番。這種感情在他供奉翰林之前之後的詩作裡都可找到。例如，在著名的〈行路難三首〉（當作於李白初入長安時）❸其三裡，他列舉了伍子胥、屈原、陸機、李斯等四位政治生涯以災難收場的歷史名人的故事，❸然後就歸結說：「君不見吳中張翰稱達生，秋風忽憶江東行。且樂生前一杯酒，何須身後千載名？」依《晉書》九二〈張翰傳〉，翰事齊王司馬冏，常恐遇害。一日秋風忽起，翰因之想念故鄉吳中的菰菜、蓴羹、鱸魚膾，乃堅決辭歸。不久齊王冏起事失敗，翰乃幸免於難。

---

❸　詩句出處及詩作繫年見上章第五節第一至三段正文及❻。

❸　這三首詩見《王本》３／189－90。三詩極可能是一組不可分割的作品，因為各詩的主題、情調、和文字風格相當一致。第二首中的「羞逐長安社中兒」句顯示，這些詩作於長安。又因三詩主題是懷才不遇，故可判斷係作於初入長安時。

❸　伍子胥、李斯、及陸機生平見《史記》66，87及《晉書》54。關於屈原生平，見上章❿。

翰任心自適，不求當世。有人問他：「卿乃可縱適一時，獨不為身後名邪？」他答說：「使我有身後名，不如即時一杯酒。」引文末二句雖即本自張翰此語，應該也確實代表李白本人的心境。在另一首名詩，也就是〈夢遊天姥吟留別〉裡（可能作於天寶五載或六載，亦即746或747年，李白離東魯前往天姥山所在的吳越地區時；詩題或作〈夢遊天姥山別東魯諸公〉，似較佳），李白在敘述完他美夢易空的天姥之遊後，又告訴送別的人們說：「世間行樂亦如此，古來萬事東流水。別君去兮何時還？且放白鹿青崖間，須行即騎訪名山。安能摧眉折腰事權貴，使我不得開心顏。」❸❾「摧眉折腰」謂低眉彎腰，形容卑躬屈膝。這寫的是追逐名利時的辛苦。白鹿是神仙與求仙者常騎的動物。騎鹿遊山寫的是無拘無束四處遨遊時的樂趣。❹❶顯然地，是供奉翰林失敗的經驗引起他這種情感。

（3 丙）

　　李白退隱的心意有時候也會因當代人所遭遇的政治悲劇而加深。天寶六載（747），李白素所崇仰的北海太守李邕與另一位官員，曾任刑部尚書的淄川太守裴敦復，受奸相李林甫猜忌構陷，同

---

❸❾　詩見《王本》15／705-08。或題出自《河嶽英靈集》，見《校注》15／899。文中引的這幾句詩顯示此詩較可能作於李白742-44年供奉翰林之後，而非其前。我即根據此點以及上章第六節第五段正文及❸❼的論述作了文中的繫年。

❹❶　見施逢雨，《李白詩的藝術成就》，頁101。

案遇害。㊶數年後，就如上引〈答王十二寒夜獨酌有懷〉所示，李
白曾爲二人的冤死深深致哀，並且說道：「少年早欲五湖去，見此
彌將鐘鼎疏。」㊷按五湖究竟確何所指，自古以來眾說紛紜。我們
只能說大概是指太湖或太湖一帶眾湖泊。㊸對我們而言，較重要的
是要知道，范蠡在助越王勾踐滅吳後，立即功成身退，隱於五湖。
㊹「鐘鼎」即鐘鳴鼎食。古代富貴之家鳴鐘列鼎以食，後因以之指
富貴。二句是說想起李、裴二人的冤案，以往退隱的意願更加高漲
了。

（3丁）

李白在表達強烈的隱遁意願時，往往還把他那未來濟世英雄的
自我形象努力維持著。他會聲稱他當時的政壇上充斥著小人，容不

㊶ 見《通鑑》215／6874－75及《舊書》9／221。又見下註。又李白有〈上
　　李邕〉詩（見《王本》9／512）；又有紀念李邕的〈題江夏修靜寺〉詩
　　（李白原註：此寺是李北海舊宅），詩中稱李邕爲「我家北海」（見
　　《王本》25／1154）。

㊷ 王琦（《王本》，19／914－15）認爲李詩中的「裴尚書」即裴敦復，這
　　是有道理的，因爲744年時裴敦復位居刑部尚書（見《通鑑》215／6862
　　及《舊書》100／3130裴寬傳；又參見前註及Pulleyblank, *An Lu-shan*, p.
　　163, n.23），且裴、李二人係同案遇害。

㊸ 見《漢語大詞典》，冊一，頁381。

㊹ 見《國語·越語下》，尤其是頁658－59。類似記載亦見《史記·越王勾
　　踐世家》。

下君子。〈答王十二〉是個例子。〈鳴皋歌送岑徵君〉（可能作於供奉翰林失敗後，於天寶九、十或十、十一載之交居住大梁時）裡這段話是另一個例子：

> 雞聚族以爭食，鳳孤飛而無鄰。蝘蜓嘲龍，魚目混珍。嫫母衣錦，西施負薪。若使巢、由桎梏於軒冕兮，亦奚異於夔、龍蠖蠖於風塵？哭何苦而救楚，笑何誇而却秦！吾誠不能學二子沽名矯節以耀世兮，固將棄天地而遺身。白鷗兮飛來，長與君兮相親。❹

如此一來，他就顯得是一個受挫的英雄，而不是一個逃避的人。不過，在安史之亂爆發後有一小段時期，李白也曾於倉皇之際打破他一貫作風，聲稱自己只是個天生的隱士才，不是什麼「濟代人」。這是李白政治夢想的一次最大的搖擺。爲了方便起見，我將留待後文再行詳述。

（4甲）

至此，我們可以從李白的政治夢想轉到李白的實際政治追求上了。從上章可以看出，李白最早的政治活動之一是干謁。這也就是以文學著作等自求交結於達官貴人，或甚至廁身於其門下，以期獲

---

❹　詩見《王本》7／393－96。引文意釋及詩作繫年見施逢雨，《李白詩的藝術成就》，頁30－35及上章第六節以後。

得其資助或薦拔。❻要充分了解這種政治活動，我們得先了解一下
李白時期的舉才制度。那時，一般士人最普遍的出仕途徑是參加政
府所舉辦的幾種重要的定期考試。這些考試包括明經科、道舉科
（開元二十九年，即741年，以後），尤其是進士科。前兩科的考試內容
主要是儒家經典（包括其注疏）和道教經典，比較容易及第。進士科
除了也考儒家經典外，更注重詩賦和策問，及第較難，但也較受重
視。有意應考的士人可以持「牒」（證件）向地方政府申請。地方
政府定期舉行考試，並把及第者送往京城參加禮部考試。除了定期
考試之外，還有不定期的特考，稱爲「制舉」。制舉由皇帝直接下
詔舉行，用以甄選具有特出道德節操、行政才能、文學成就等等的
人才，其考生通常由朝廷或州府的高級官員舉薦。明經等科考試及
制舉及第者即有獲選爲官的資格。❼

---

❻　我沒有看到關於盛唐時期干謁情況的專門論著。由於題目所限，我也無
　　法在此從事大規模的研究。下文多多少少做些探討，主要只到能支持有
　　關李白的論證爲止。

❼　（甲）以上的陳述大致上是根據《新書》44；Robert des Rotours, *Le
　　Traité des Examens, Traduit de la Nouvelle Histoire des T'ang*,
　　2nd ed., pp.26－42；呂思勉，《隋唐五代史》，冊二，頁1106－24；
　　及傅璇琮，《唐代科舉與文學》，第三、五、六、七章而來的。參較
　　Guisso, pp.87－106。
　　（乙）道舉創始年代有些爭議（見呂思勉，頁1121及des Rotours, pp.
　　172－73, n.3）；我用了一般最常採用的年代。
　　（丙）關於制舉考生之推薦一點，另見《舊書》8／202、9／209及9／
　　214關於735、738、742等諸次考試的記載，並參見《唐會要》76／1392
　　－93。

　　在上述的科舉制度裡，達官貴人（有時候甚至連同品階較低的縣級官員）可以由幾種途徑幫助有意仕進的士人。首先，很明顯地，那些直接負責舉送考生給朝廷的人，例如諸州刺史，可以選擇他們屬意的人為考生。❹其次，不直接舉薦考生的人則可以把屬意的人推薦給直接舉薦的人。下面是一個實例。根據詩人崔顥的一封書信，崔於開元十四年（726）左右任職於相州屬縣時，曾向相州刺史推薦一個名叫樊衡的人去應制舉。❹根據某些另外的資料，樊衡於開元十五年（727）制舉及第；崔顥的推薦理當發揮了作用。❺第

---

❹　見上註（丙）點所引資料，尤其是《舊書》8／202。

❹　此信見《唐摭言》6／69及《全文》330／16－17；後者的來源很可能就是前者。因信中提及新近一次泰山封禪大典，而該大典顯然舉行於725年11月（這是玄宗時期唯一一次封禪大典；見《新書》14／352－53，《通鑑》212／6766－67，及《唐會要》8／105－23），此信最可能寫於726年。從崔顥稱樊為「縣人樊衡」這一點看來，崔當時必任縣職。傅璇琮（〈崔顥考〉，《唐代詩人叢考》，頁69）曾指出，有兩個記載分別說崔顥於722或723年登進士第。上面的推斷與這兩個記載可相一致（當時登進士第後若派為地方官員幾乎必從縣職派起）。
　　傅璇琮根據「君侯復躬自執主，陪鑾日觀」一語推斷說崔顥的信是寫給宰相張說的，因為張說與幾個主管典禮的官員是實際陪玄宗登上泰山的少數幾個人（其他官員則只在山腳朝拜；此事見《通鑑》212／6766及《新書》14／352）。然崔的信整體看來是寫給相州刺史的。且張九齡的〈開元十三年（按：即725年）東封赦書〉（見《唐大詔令集》66／371－72）提到了諸當封禪大典中「諸州岳牧四府長史朝覲陪位者」的事。依此，則相州刺史可能曾「朝覲陪位」，而崔信中的「陪鑾日觀」即是指此而言。

❺　見傅璇琮（《叢考》，頁69－70）引自《唐會要》76／1388及陳岵〈上中書權舍人書〉（《全文》739／29－30）的記載。

三，官員們還可幫助他們屬意的人提高聲望，使這些人往後在仕進之路上較容易獲得成功。《新、舊唐書》孫逖傳給了我們下面這個例子。㉑孫逖年十五時謁見雍州長史崔日用。（由崔的生平來判斷，此事當發生於睿宗景雲元年（710）；雍州即後來的京兆，其長史位同一般州刺史。）㉒起初崔頗小看孫，但不久孫就應崔的要求迅速寫了一篇很漂亮的賦，令崔對他刮目相看。於是二人成爲忘年之交，而孫也因之聲名大噪。玄宗開元元年（713），孫逖制舉「哲人奇士隱淪屠釣」科及第。他的應考可能並非由崔日用直接推薦，㉓但他的應考以至及第卻理當與崔的揄揚有關。

㉑ 《舊書》190b／5043；《新書》202／5760。

㉒ 《舊書》190b／5043說孫、崔二人之會面爲開元以前（即713年以前）之事。依《通鑑》209／6651－52，6644，6647，210／6682及《舊書》99／3088本傳，崔於710年中任雍州長史，不久即被調任其他一些州官。713年，他由荆州回到長安，並於該年七月左右暫時代理雍州長史。關於雍州改京兆府一點及其長史之職權，見《舊書》8／172（開元元年）及《通鑑》210／6692。

㉓ 孫逖及第年代見《舊書》190b／5043及《唐會要》76／1387。此次制舉的名稱係依據《新書》孫逖本傳；《唐會要》及《舊書》分別記載了一個稍有訛誤和一個有所節略的名稱。孫逖究竟在何處獲得推薦已不可考。不過，看來即使他是在雍州得到推薦，推薦者也可能不是崔日用；因爲713年崔代理雍州長史（見前註）似乎只代理了整肅太平公主及其黨羽時的一小段時間，很可能不出七月一個月（見《舊書》99／3088及《通鑑》210／6682－86）。當時，原來的雍州長史新興王李晉是太平公主親信（見《通鑑》210／6682及《舊書》8／169），大概也在被整肅之列。當年的制舉即使是在政局如此緊張詭譎的時刻舉行（已無法確定，但極不可能），崔日用於事務倥傯之際，恐也無暇親自管到舉薦士人的事。

同時，中央和地方官員還能繞過科舉制度而直接向朝廷舉薦人才，自然是舉薦一些具有特殊聲望的人。❻就如本章稍早所提過，肅宗至德二載（757）時李白的友人御史中丞宋若思就曾試圖以這種方式舉薦李白。

既然達官貴人的支持對士人的政治前途如此重要，干謁活動自然就十分平常。史載薛謙光於天授元年或二年（690或691）上疏給武則天議論舉才問題，在疏裡就已指出當時全國大部分具有政治企圖心的士人都極度熱中於此道。❺在玄宗時期，則出名的實例除了孫逖和李白外，還可順手舉出李邕、杜甫、高適、和房琯來。❺

（4乙）

由於自我觀感與眾不同，李白在干謁的時候期待似乎也高於常人。我們沒有任何資料顯示李白曾參加過任何一般考試。在另一方

---

❺　《舊書》192／5117史德義傳，以及下文即將提到的關於韓朝宗舉薦某嚴姓士人入朝的記載，可提供兩個例子。

❺　見《舊書》101／3138，《唐會要》76／1392，及《全文》281／10b以下；《唐會要》缺稍後正文所將引述的兩句話。參較Guisso, ch.7, p.101及n.100。

❺　見⑴《新書》202／5754李邕傳；⑵杜甫的〈贈翰林張四學士垍〉及〈奉贈鮮于京兆二十韻〉，《杜少陵集詳註》2／56－57，78－80；⑶高適的〈東平路作三首其二〉及〈眞定即事奉贈韋使君二十八韻〉，《全詩》212／2214，214／2236－37；及⑷房琯的〈上張燕公〉（按：張說）書〉，《全文》332／13－15。

面，則我們發現，開元二十二年（734）李白在襄陽干謁荊州長史兼襄州刺史韓朝宗時，曾向韓舉了一些前代地方要員舉薦當地賢才為官的故事，然後又指出韓曾從地方推薦一位嚴姓士人入朝為秘書郎，委婉表示他也希望能得到類似的幫助。❺這很可能就像前面說過的，是因為李白不願意像一般追求仕祿的人一樣，透過普通管道慢慢往上爬。他無疑較期待被直接舉薦為官，以顯得他的確與眾不同。即使不能如此，最少也許得被推薦去應制舉吧。制舉雖然實質上未必比其他考試高超，❺至少看起來比較像是為他這種才學特出的人而設的。李白這種期待與努力雖然未能立刻有結果，卻並未完全落空、並非完全無效。這一點下文討論李白天寶元年（742）奉召入京一事時就可看得很清楚。

---

❺　干謁韓朝宗之年代見上章第二節第六段。干謁之作即〈與韓荊州書〉（《王本》26／1239以下）。〈書〉中說：「昔王子師（按：東漢王允；見王注）為豫州，未下車即辟荀慈明；既下車，又辟孔文舉。山濤作冀州，甄拔三十餘人，或為侍中、尚書，先代所美。而君侯亦薦一嚴協律，入為秘書郎。」王琦注把「協律」二字解釋為嚴的官銜。我對這個說法感到有點疑惑，因為協律郎（八品，屬太常寺；見《新書》48／1242）是個京官，而李白的話很明顯地是說嚴被由京城之外推薦入朝任秘書郎職（六品，屬秘書省；見《新書》47／1215）。疑「協律」實為嚴某之名。或者，也許嚴某係曾任協律郎，後又辭官在野。

❺　制舉考試標準似乎並不比其他考試高；見註❺所引薛謙光疏。除外，制舉及第者所得的職位也並不比其他考試高。例如，孫逖和高適通過制舉後都只授最低的地方官職縣尉（見《舊書》190b／5043孫傳及《舊書》111／3328，《新書》143／4679高傳）。下章討論唐朝廷為高隱之士所舉行的制舉時還會提出一些類似的例證。

（4丙）

　　雖然李白在干謁時期待很高，很合他的自我形象，他干謁時的實際遭遇卻很難不與他所努力標榜的「不屈己、不干人」的高尚節操產生矛盾。我們可以想見的是，熱中於干謁者雖然比比皆是，熱中於獎掖寒微的達官貴人則顯然不會太多。在這種情況下，就如薛謙光在他的疏裡所描述，干謁者必定得爭先恐後進出於某些政府官署與王公貴胄之家，「摩頂至足，冀荷提攜之恩。」即使這麼做了，要想不被那些達官貴人冷落蔑視也還不算容易。❺❾因此，對於有才能有原則的士人來說，干謁想當是件很難忍受的事。難怪即使像杜甫那樣不自詡有什麼巢由之節的人都會發出「獨恥事干謁」的感慨。❻❶李白干謁時的處境就常常是這麼狼狽的。例如，開元十八年（730）左右他在安州干謁裴姓長史時，就很久很久都根本無法接近裴。❻❶又，他初入長安時（737-40）也曾在玉眞公主的別舘裡受到極度冷落。❻❷可以說，李白在天寶元年（742）奉召入京以

---

❺❾　在我所找到的干謁文章中，有相當一大部分顯示文章作者曾被他們的干謁對象輕忽過。以下是幾個例子：王昌齡，〈上李侍郎書〉，《全文》331／5b-7b；任華，〈告辭京尹賈大夫書〉，《全文》376／4a-5a；符載，〈上韋尚書書〉，《英華》670／9b-10b。亦見下面正文所敘李白本人經驗。

❻❶　見〈自京赴奉先縣詠懷……〉，《杜少陵集詳註》4／7。

❻❶　此事年代見上章第二節第三段正文及❹。此次干謁時之遭遇見稍後正文。

❻❷　見上章第三節第一段。

前大致未曾在這方面有過什麼順心如意的境遇。現實如此無情，李白能夠讓他的干謁行爲與他的自我形象相容嗎？

（４丁）

　　我們可以一面探討李白的干謁方式一面試著來回答這個問題。探討李白干謁方式的最佳材料是他干謁安州裴姓長史時寫的〈與安州裴長史書〉與干謁韓朝宗時寫的〈與韓荊州書〉。除了一些將留待稍後再行討論的要點之外，〈與裴長史書〉的內容大概是這樣的：首先李白寫了一段近似於個人履歷的文字。這段文字可以粗分爲三個部分。一是一個很可能僞造的關於李白「顯赫」家世的故事（這個故事之不可靠已見第一章）。⑬二是關於李白先前生活的簡要報告。三是吹噓李白長處（包括「輕財好施」、「存交重義」、不慕榮利、以及文才璀璨）以及某些官員對其某些長處之誇讚的一大串敘述。接著，李白開始恭維裴長史的容貌舉止、文學稟賦、政治成就、尤其是他「重諾好賢」的德行。最後，李白表達了他廁身門下的意願，並誓言要成爲裴的忠誠的門客。在內容上，〈與韓荊州書〉和〈與裴長史書〉基本上是一樣的。差別只在於寫履歷的部分簡短很多但卻也自信很多；還有李白提議，如果韓願意接受的話，他將呈獻作品給韓。這樣的內容今天可能會被人認爲肉麻，而且可能就被人當作李白不能維持氣節的證據。但是，李白所說的主要各點在他同時代的

---

⑬　頁53－55。

士人（包括像杜甫、高適這樣篤實的人）的干謁文字中是相當平常的，所不同的只是他人沒有在同一作品中同時包含這些點而已。❻❹終究，不管在任何時代，要想得到一個有權勢的陌生人的提拔，推銷自己、取悅對方、輸誠交心，大概都是順理成章的吧。在盛唐時期，既然士人干謁勢所難免，那麼李白這種話應該只是公認的客套或權宜，而算不上是諂媚阿諛。講這種話與李白之能否維持自我形象並不相干。

（4 戊）

眞正考驗李白所謂的高尚節操的，是如何面對官員的冷落。在這一點上，李白的作法很浪漫，很合其自我觀感。從上述的兩封信和另外一則資料裡，我們發現李白在干謁時往往把自己看成毛遂、荊軻、馮驩等戰國時代出名的能幹而忠誠的門客，並且依此向干謁

---

❻❹　這個論斷是根據我所找到的十餘篇這類作品而下的。以下我作一些細節上的說明：

（甲）對干謁對象的恭維是大部分作品裡所共有的。下面是幾個好例子：杜甫，〈奉贈鮮于京兆……〉（見註❺❻）；高適，〈東平旅遊奉贈薛太守……〉，《全詩》214／2236；符載，〈上韋尚書書〉（見註❺❾）。

（乙）杜甫的〈奉贈韋左丞丈二十二韻〉（見註❾）和任華的〈與庚中丞書〉（《全文》376／2a－3a）是兩個自我吹噓的好例子。

（丙）任華與袁參分別在其〈與京兆杜中丞書〉及〈上中書姚令公……書〉（《全文》376／3a－4a，396／6a－8b）中試圖以強調他們對干謁對象的忠誠與潛在價值贏得知賞。

（丁）有趣的是，我沒有看到任何作品像李白這兩封信這樣同時兼具各點。

對象推銷自己。㉕受到輕忽的時候，他也曾像馮驩那樣公然大聲抱怨。㉖似乎連他試圖從眾多干謁者中突出自己時所用的方式也頗合這些人不拘禮俗的風範。在給裴的信裡，李白聲稱說當時突然有許多謗言針對他而生，他深怕裴會聽信而動怒，並引晉朝王承故事，請裴師法王承，對他合理處置。依《晉書》記載，王承為東海太守時，有人違犯了宵禁，被長吏拘捕。王承問他原因，他說是「從師受學，不覺日暮。」王承後來便不追究刑責，派人送他回家。㉗把關於謗言的話和王承的故事結合起來看，我推想李白曾在寫信之前做了什麼不合常軌的、可能開罪裴某的事，以求引起裴某的注意。類似的做法更明顯地出現在干謁韓朝宗的過程中。李白在致書韓朝宗之前實際上已曾在公眾場合上見過韓，並在那個場合裡因向韓行「長揖」之禮而開罪了韓（因為長揖——拱手高舉，由上而下——是古時不分尊卑的相見禮，李白為一介布衣，對身為刺史的韓朝宗行這種禮，顯然不敬），然後才在致書時請韓「開張心顏，不以長揖見拒」。㉘這

㉕ 李白在給韓的信中自比毛遂，在給裴的信中自比荊軻與馮驩，又在〈玉真公主別館苦雨……〉（《王本》9／475）中自比馮驩。

　　毛遂等人的故事可見《史記》76／2366-68，86／2526-38，75／2359-62。

㉖ 見上註所引詩。馮驩（詩末二句典故所指）以彈劍歌「食無魚」抱怨在孟嘗君門下所受的輕慢待遇而出名。

㉗ 見王琦在《王本》26／1250的註及《晉書》75／1960-61。依郁賢皓《李白選集》頁595，《世說新語·政事》頁41亦載此事，而文字略有差異。李白行文依違於《晉書》與《世說》之間。

㉘ 此一事件除見於〈與韓荆州書〉外，又簡略見於〈憶襄陽舊游贈馬少府巨〉，《王本》10／520及魏顥，〈序〉，《王本》31／1450。關於「長

樣的行爲應該不會爲李白贏得什麼達官貴人的欣賞。（這裡我們有一
個有趣的參考例子：李白最熱誠的仰慕者之一任華曾上書給一位賈姓京兆尹，
要求賈親訪他——動機與李白很像——結果，可以想見的是，賈某根本不理
會他。）❻❾儘管如此，李白在事後還津津樂道他長揖韓朝宗的事；
看來他對自己的作法是十分得意的。❼⓿

（4 己）

　　不過，一旦干謁境遇眞正嚴峻，李白有時也會淪落到低聲下氣
向人求助的地步。一首大約作於開元二十七年（739）秋天的詩，
〈鬪歌行上新平長史兄粲〉，就提供了一個很突出的例子。❼❶就如
上章所說，李白在初入長安求仕無成之後來到邠州（幽及新平均指邠
州）另求出路。❼❷這時，他除了需要政治上的提拔之外，可能還迫
切需要物質上的資助。因此，在眼看著邠州長史李粲對他的短暫眷
顧恐將終結時，他不禁寫道：

　　揖」之性質，見1979年版《辭海》，頁159及安旗，《李白全集》，下冊，
　　頁1886。
❻❾　見任華，〈告辭京尹賈大夫書〉（已引於註❺❾）。關於任華對李白之仰
　　慕，見施達雨，《李白詩的藝術成就》，頁137－39。
❼⓿　見註❻❽所引李白〈憶襄陽舊游〉及魏顥〈序〉。
❼❶　詩見《王本》7／379。此詩繫年見上章❹❶。
❼❷　見上章第三節第二段。

　　憶昨去家此爲客，荷花初紅柳條碧。中宵出飲三百杯，明朝
　　歸揖二千石。寧知流寓變光輝，胡霜蕭颯繞客衣。寒灰寂寞
　　憑誰暖，落葉飄揚何處歸。吾兄行樂窮曛旭，滿堂有美顏如
　　玉。趙女長歌入彩雲，燕姬醉舞嬌紅燭。狐裘獸炭酌流霞，
　　壯士悲吟寧見嗟。前榮後枯相翻覆，何惜餘光及棣華。

「明朝」句的「二千石」當指邠州刺史而言。（漢郡太守秩二千石，
❼❸唐州刺史職掌相當於漢之郡太守。）引詩首四句指出，自己初至邠州
時曾與刺史相交游。接下來的四句意謂在邠州羇旅日久之後處境日
漸不堪。九至十四句先極寫李粲生活之豪侈（「獸炭」，由屑炭和作
獸形而成，用以溫酒，爲以豪侈出名的晉人羊琇所發明；「流霞」，神話傳
說中的仙酒名，亦泛稱美酒）**❼❹**，用以在末尾強烈反襯出他對「壯士」
（李白自指）之輕忽。最後二句裡的「前榮後枯」四字指李粲對自己
的待遇而言。「餘光」即多餘的燈光，借指對施與者無損失而對接
受者有實益的事物。**❼❺**「棣華」指互助互愛的兄弟。**❼❻**因李粲與李
白同姓李，李白可能與之聯宗而稱之爲兄，故有此語。李白在這段
詩句裡用了「壯士悲吟」的字眼，似乎還自視爲彈劍悲歌的馮驩一
流人物。但是，整段詩很明確地顯示，李白只是在懇求對方收留資

---

❼❸　見《校注》6／467引《漢書·百官公卿表》（19a／742）語。
❼❹　前者見《校注》7／488引《晉書·羊琇傳》（93／2411）語；後者見
　　　1979年版《辭海》頁2180及《漢語大詞典》冊五頁1275。
❼❺　見《校注》7／488所引《史記·樗里子甘茂列傳》（71／2316）之典故。
❼❻　見《校注》7／488引《詩·小雅·常棣》「常棣之華，鄂不韡韡」二句
　　　鄭箋。

助自己而已。這種懇求跟他所謂的經世濟民的志意,他的「不屈己、不干人」的節操,都相去不可以道理計了。

(5)

　　李白所嘗試的另一條政治追求之路是獻賦(約在開元二十六年,即738年)。⑦在某種意義上,這可以說是一種最高層次的干謁活動。這種活動起源於武則天時期創始的所謂匭的制度。垂拱二年(686),武后下令置四匭於朝堂,以供天下人直接向朝廷提出四類建言。⑧依據某一材料,這四個匭之中的延恩匭到了玄宗朝時就成了專門向「懷才抱器希於聞達者」開放的爭取朝廷拔擢的途徑(與武后時期稍有差異)。⑨有足夠跡象顯示,當時部分士人就透過這個途徑直接向朝廷呈獻文章自薦。⑩

---

⑦　見上章第三節第一段。

⑧　Robert des Rotours, *Fonctionnaires*, pp. 143-46。

⑨　見《唐六典》9／14b;參看des Rotours,前引處,尤其是p.144。從686年到玄宗朝末期,「匭」的制度究竟如何發展變化,我們知道得不多。此處所引的《唐六典》的說法,是我所查到的關於「匭」制度在開元時期可能的運作情形的唯一記載(《唐六典》主要編於開元後期;見des Rotours, *Examens*, pp.99-101)。由下註判斷,此一說法也適用於天寶時期。

⑩　杜甫在751至755年間三度透過延恩匭獻賦(見其〈進三大禮賦表〉、〈進封西岳賦表〉、及〈進鵰賦表〉,《杜少陵集詳註》24／96-97,124-25,132-33;又見Hung, *Tu Fu*, pp.67, 79, 86)。楊譚的〈進孝鳥頌表〉(《英華》610／8-9)顯示楊也經由延恩匭進獻文章。楊某大約與杜甫同時代(見《全文》377／14b楊的小傳)。

　　這一條求仕之路並不比參加考試容易。近人洪業即指出，延恩
匭內必定每天都填滿四方士人進獻的文章，而這些文章中能夠通過
負責官員「理匭使」的淘汰，最後送到皇帝面前的，也必定寥寥無
幾。㉜人們還可以想見，要想獲得理匭使的垂青，私人關係之重要
性大概不下於才華與運氣。這又使得想藉投匭自薦出人頭地的人必
須先在京城向高官進行干謁活動。終究，就如李白在獻賦失敗後不
止一次提到的，皇上是遙不可及的。㉝即使獻的作品有幸終於到達
皇帝眼前，並且得到皇帝的賞愛，呈獻者要走的路依舊還是很崎嶇
的。他們得在朝廷上應試，通過後才能轉到吏部，等待配官。㉞而
且，那些通過層層關卡最終成功的人所得的官位又一點也不特出。
下面是兩個例證。其一，房琯於開元十二年（724）授秘書省校書
郎（九品），不久更轉授同州的一個縣尉（九品）。㉟其二，杜甫在
天寶十、十一載間（751－52）成功地獻了一篇賦之後，等了三年

㉛　Hung, *Tu Fu*, p.68。又見杜甫，〈贈獻納使起居田舍人〉，《杜少陵
　　集詳註》3／112。此詩是754年杜甫寫給當時的獻納使（通常稱爲理匭使
　　；見《唐會要》55／956－57）請求幫助的（見Hung, p.80）。

㉜　見李白〈憶舊遊寄譙郡元參軍〉的「北闕青雲不可期，東山白首還歸去」
　　二句，《王本》13／666；及〈贈從弟冽〉的「無由謁明主，杖策還蓬藜」
　　二句，《王本》12／628。二詩均作於初入長安失敗後不久；見上章㉗第
　　五節及㉞第二節。

㉝　見《封氏聞見記校證》3／12，《唐語林》8／278，及聞一多《岑嘉州繫
　　年考證》，《聞一多全集》，冊三，頁丙110－11；又見William Hung關
　　於杜甫獻賦經歷的文字（*Tu Fu,* pp.68－70，79－82，85－87）。杜甫
　　的經歷是我所找到的匭制度運作情形的最佳例證。

㉞　《舊書》111／3320；參照《新書》139／4625。兩個職位的品階見《新
　　書》47／1215，49b／1318－19。

並且又獻了兩篇賦，然後才被派了一個縣尉的官。（杜甫根本就拒絕上任。）❽❺秘書省校書郎與縣尉在當時差不多是中央和地方最底層的職位。一般考試及第的人往往也正是派任這些職位。由此看來，在唐朝廷方面，延恩匭可能根本就只是安撫那些未能透過一般考試入仕的大量士人的一個象徵性的舉才措施而已。

　　不過，延恩匭的吸引力似乎並不因此而減損。除了前面正文和附註裡提到的幾個人外，孟浩然、岑參、許景先等出名士人也都試過這一路徑，不管他們最終有沒有成功。❽❻直接贏得皇帝本人恩寵的機會，儘管再渺茫，也還是吸引人的。對於像開元二十六年（738）時的李白那樣在各個地方一直找不到出路的人而言，就更不用說了。

（6）

　　就某種意義而言，李白的道隱生活也是他從政努力的一部分。隱逸幫助李白提高了聲望，這對他的政治追求是極端重要的。這一點誠如前文所說，將留待下章再詳細討論，在此就只如此簡單帶過。

---

❽❺　見註❽❸所引關於杜甫的資料；又見聞一多，《少陵先生年譜會箋》，頁丙66-72。

❽❻　見⑴陳貽焮，〈孟浩然事迹考辨〉，《唐詩論叢》，頁22；⑵聞一多，《岑嘉州》，頁丙110-11及岑參，〈感舊賦〉，《全文》358／5-7；⑶《舊書》190b／5031許本傳（參照《新書》128／4464）。

（7）

　　李白所試的最後一條從政之路是尋求軍功。上章講過，那是天寶十載、十一載（751-52）之交的事，離李白被從玄宗朝廷賜金還山（天寶三載，即744年）七、八年。他所試的地方是安祿山管轄下的幽州。就像參加科舉、投匭自薦等途徑一樣，尋求軍功在李白時期也是士人從政的重要出路之一。例如，高適在三十幾歲時（開元十八年至二十一年，即730-33年）就曾試圖在軍界求發展。其後，他於五十歲時（天寶八載，即749年）應制舉有道科及第，授封丘縣尉；三年後即因不樂其位去職抵長安。最後，他以五十五歲高齡（天寶十三載，即754年）在哥舒翰幕中找到了一個以左驍衛兵曹銜（八品）充掌書記的工作。而他終於也就從這個也算低微的職位開始，發展出一段頗為成功的軍政生涯來。⑧這是士人追求軍功的一個典型例子。除了高適外，岑參也曾先後在高仙芝和封常清麾下任職西域多年；他就因在西域寫了一些傑出的邊塞詩而聞名後世。⑧甚至連往往具有反戰思想的杜甫也曾於天寶十三載（754）試圖尋求機會在哥舒翰幕中工作。⑧

　　士人之所以對軍功這麼有興趣，部分可能由於玄宗在位後期十分熱中於開疆拓土，對立功邊將往往極力獎賞。⑨另外，部分也

---

⑧　見周勛初，《高適年譜》，頁13-17，56-73，及77以下。又參看《舊書》111／3328-31及《新書》143／4679-81高適本傳。

⑧　聞一多，《岑嘉州》，頁丙116-24。

⑧　Hung, *Tu Fu*, p.82。

⑨　Pulleyblank, *An Lu-shan*, pp.70-72。

可能因爲當時士人在政府其他部門出人頭地的機會實在太小了。❾①
從李白的生平遭遇來看，他企圖從軍的原因主要也與仕進無路有關
；這點下文還會再談到。不過，他很自然地並不這麼看這件事。在
往幽州途中作的〈登邯鄲洪波臺置酒觀發兵〉裡，他說他「請纓不
繫越，且向燕然山。」❾②按漢朝終軍曾自請受長纓（指捕縛敵人的長
繩），誓將南越王羈捕入朝；後果成功說服南越王舉國內屬。❾③燕
然山即今蒙古杭愛山，東漢永元元年（89）竇憲與耿秉擊敗北匈奴
「登燕然山」，刻石勒功，即此。❾④這兩句表示他想和終軍一樣爲
國立功，不過他的目標在北地，不在南方。（當時安祿山正與契丹交
戰；已見上章。）在作於天寶十二載（753）的〈贈宣城宇文太守兼
呈崔侍御〉裡，李白又說他「昔攀六龍飛，今作百鍊鉛。懷恩欲報
主，投佩向北燕。」❾⑤「六龍」是傳說中太陽的車駕。古代天子車
駕六馬，因用「六龍」爲天子車駕之代稱。❾⑥「攀六龍」而「飛」，
顯然是指供奉翰林一事而言。「百鍊鉛」化用晉劉琨〈重贈盧諶〉
之「何意百鍊剛，化爲繞指柔」二句，本指其柔，轉指無所作爲。
❾⑦「投佩」似當解爲劉宋鮑照〈擬古三首〉其三「解佩襲犀

---

❾①　參看註❽⑨。

❾②　《王本》21／975。

❾③　見《校注》15／944引《漢書》64終軍傳及《漢語大詞典》，冊11，頁
　　609。

❾④　見《校注》21／1221引《後漢書》53竇融傳及1979年版《辭海》，頁
　　2842。

❾⑤　詩句見《王本》12／610；詩作繫年見上章⓫⑦。

❾⑥　見施逢雨，《李白詩的藝術成就》，頁95；及1979年版《辭海》，頁783。

❾⑦　劉詩見李善注《文選》25／544－45。

渠」句之「解佩」。《文選》李周翰注曰：「佩，文服也；犀渠，甲也……謂棄筆從戎也。」❾⓼「北燕」，古燕地，即幽州一帶。「懷恩」二句指因曾得玄宗恩遇，故前往幽州求取軍功，以求報効君王。從上引二詩詩句看來，李白是看到了投軍所可能帶來的榮耀，並把這種榮耀透過報効君王一點與他自己的政治夢想聯繫了起來。可以說，爲了實現他的政治夢想，李白幾乎沒有放過任何一條與其自我形象相容的求仕管道。

（8甲）

李白一生政治追求的唯一成果是天寶元年（742）奉召入京一事。關於此事，有些疑點尚待澄清。我所試圖要解答的第一個問題是：究竟是什麼因素直接導致這一成果？李白本人至少曾在兩個地方指出他是以一個隱遁山林的高士的身份奉召入京的。首先，他在〈爲宋中丞自薦表〉裡說：

> 天寶初，五府交辟，不求聞達，亦由子眞谷口，名動京師。上皇聞而悅之，召入禁掖。❾❾

按「五府」原指東漢時期最有權勢或聲望的五個朝廷職位太傅、太尉、司徒、司空、大將軍，⓵⓵在此當指唐朝廷最高當局。「子

---

❾⓼ 見安旗《李白全集》，中冊，頁1088；及六臣注《文選》31／7b。

❾❾ 《王本》26／1217。

⓵⓵ 見《校注》26／1519引《後漢書·張楷傳》（36／1243）「五府連辟，舉賢良方正不就」語章懷太子（李賢）注；並見《後漢書·百官志》頁3555以下。

眞」指西漢高士鄭子眞，居谷口。⑩「上皇」指唐玄宗。因李白此表作於肅宗時，故稱玄宗爲上皇。這段話表示李白是像鄭子眞一樣身爲高士而名動京師，才蒙玄宗徵召的。這些話雖然也許有誇大之處，基本上卻應該可以相信。因爲這篇表是寫來呈給朝廷的，信口開河的可能性不大。除外，〈表〉稍後說，李白不久後是被「放歸山」的。又，〈秋夜獨坐懷故山〉詩（難以繫年）裡提及奉召入京之事時說是「天書訪江海，雲臥起咸京。」⑩（按：「咸京」者，京城咸陽，即指長安而言。）這兩個證據也可印證上引那段話的說法。

（8乙）

但是這裡面有幾個點仍然令人感到困惑。首先是，李白是全靠本人聲望之傳播就引起朝廷注意的，或者事實上多少是靠有力朋友的推薦才得到朝廷垂青的呢？如果是後者才對的話，那麼這個或這些朋友是誰呢？這個問題在李白早期傳記資料裡實在是衆說紛紜。最廣爲人知的幾個說法是：（甲）李白是由道士吳筠向朝廷推薦的，（乙）李白是由賀知章推薦的，及（丙）李白係與吳筠齊入長安，然後由賀知章向朝廷推薦的。這幾個說法雖然出名，卻都十分可疑。⑩另外，魏顥在一段頗爲殘缺零亂（因而不能輕信）的文字中似乎說，

---

⑩　見《王本》26／1218引《漢書》72／3056－57文。

⑩　《王本》23／1080。

⑩　甲說出自《舊書》190c／5053李白傳；乙說出自樂史，〈李翰林別集序〉，《王本》31／1454；丙說出自《新書》202／5762－63李白傳。

李白之奉召入京並供奉翰林是受其故交元丹丘及元的朋友（？）玉
真公主幫助的。**⑩** 詹鍈指出，元丹丘曾書寫（注意：不是寫作）一篇
作於天寶二年（743），題爲〈玉真公主受道靈壇祥應記〉的碑文
；並因此懷疑元丹丘在天寶初或許眞與玉真公主有交往（按：二人都

　　我在上章第六節第五段正文及**❽❾**、**❾⓿**已從李白生平行踪重構的脈絡努力
論證甲說之不可靠。

　　乙說也一樣不可靠，因爲李白看來是在認識賀之前就奉召入京的。理由
是：依據上章**❻❼**所引的〈對酒憶賀監二首并序〉，李白是在長安老子廟
認識賀並被賀稱爲「謫仙」的。而魏顥與李陽冰（《王本》31／1449，
1446）又都明確指出，李白被稱「謫仙」一事發生在奉召入京這一次
（而非上章所考訂的初入長安時）。由此，李、賀認識應在李白已奉召
入京之後。樂史出錯的原因有可能是他誤解了下面正文即將引到的杜甫
詩句。參看稗山，頁134；詹鍈，《繫年》，頁68－69；及《唐摭言》，
7／81。

　　丙說似乎只是甲、乙二說的綜合而已，別無根據，因此不須另作說明。

　　最後，必須附帶一提的是：長安的老子廟在742年9月以前稱爲玄元皇帝
廟，742年9月至743年3月稱太上玄元皇帝宮，從743年3月起至少大約十
年間稱太清宮。李白在〈對酒憶賀監〉詩序中所用的紫極宮一名乃是743
年3月以後各州老子廟的名稱。（見《舊書》9／213，216，24／925；
《唐會要》50／866；des Rotours, *Examens*, p.172正文及註**❸**。）李
白可能是因爲寫詩時人不在長安而用了紫極宮一名。

⓾ 魏顥的話是：「白久居峨眉，與〔元〕丹丘因持盈法師達。白亦因之入翰
林。」然而，上章的考索顯示，李白一生似乎只在724年短暫登訪峨眉山，
在奉召入京之前不久更幾乎絕對不可能久居峨眉。除外，「與丹丘因持
盈法師達」（按：「持盈法師」是玄宗於744年封贈玉真公主的法號；見
王琦（《王本》31／1449）引自《舊書》9／218及《金石錄》27／9b的
話）語意含混不清，且頗難與上下文順利講通。

是狂熱的道教徒），而李白亦真因公主而「達於上」。⑩ 由於魏顥文字本身既不可輕信，詹鍈的猜想又僅立足於相當間接的證據，我認為我們暫時還沒有理由相信李白的政治好運與玉真公主有關。以上說法都是認為有朋友幫助李白奉召入京的。在另一方面，則李陽冰與劉全白就和李白本人一樣，沒有提到任何人的幫助。⑩ 由於不提並不就等於否認，這兩條線索也無法導致任何決定性的論斷。

（8丙）

接下來的問題是：李白入京後究竟是何時以及如何獲得玄宗的特別寵幸的？照李陽冰的說法，李白似乎是一入京就受到優渥待遇的：

> 天寶中，皇祖（按：指玄宗）下詔，徵就金馬（按：指翰林院），降輦步迎，如見綺、皓（按：指商山四皓）。以七寶牀賜食，御

---

⑩ 見《繫年》，頁36−37。我沒有親自見到詹氏所提的這篇碑文，也沒有找到任何材料可以支持或否定其可靠性。以下是兩則有點相關的資料，謹供讀者參考。其一，依據李白的〈漢東紫陽先生碑銘〉（《王本》30／1428−34，尤其是頁1432），元丹丘似乎曾於天寶初期在嵩山住了一陣子。其二，《金石錄》7／1b（1212號）著錄（沒有內容）了一篇題為〈唐玉真公主受道祥應記〉的碑文。此碑文亦作於743年，作者為蔡褘（詹鍈所提到的那篇作者作蔡瑋，不知是否原為同一人，只是名字有訛誤），但卻是由一個叫蕭誠行的人所書寫的。此二碑文之間的可能關係今已無考。

⑩ 《王本》31／1445，1460。

> 手調羹以飯之，謂曰：「卿是布衣，名爲朕知，非素蓄道義，何
> 以及此。」⑩

這些話雖然看來非常誇張，卻可能並非純然想像之辭。因爲，不管
有沒有有力朋友從旁協助，就如上文所示，李白係以高士身分奉召
入京的；而在那個時代，高士奉召入京時受到熱切接待並非不可能
的事。⑩ 不過，話說回來，當時朝廷徵召高士入京的整套措施其實
只是一些粉飾太平及安撫隱淪士人的權宜手段而已。奉召入朝的高
士即使幸而沒有被很快送回家，在朝廷裡所得的尊崇通常也只是短
暫的、象徵性的。⑩ 如果沒有別的原因，李白後來會變成玄宗所相
當寵幸的一個文學侍從嗎？關於這一點，杜甫在一首肅宗乾元元年
或二年（758或759）寫給李白的詩裡說了一些很重要的話：

> 昔年有狂客，號爾謫仙人。筆落驚風雨，詩成泣鬼神。聲名
> 從此大，汩沒一朝伸。文彩承殊渥，流傳必絕倫。龍舟移棹
> 晚，獸錦奪袍新。⑩

這裡所謂「狂客」無疑是指自稱「四明狂客」的賀知章。配合前文
的討論，這幾句詩很明白地指出，李白入京後因緣際會得到賀知章
的誇讚（包括其仙風道骨與璀璨文才），以致於聲名大噪，終而特別獲
得玄宗的青睞，成爲玄宗身邊的紅人。我們不知道這些話中有多少

---

⑩　《王本》31／1445－46。
⑩　詳見下章論唐朝廷崇隱措施一段。
⑩　同上。
⑩　〈寄李十二白二十韻〉，《杜少陵集詳註》8／70。年代見上章㉛。

是杜甫親自從李白聽來的，又有多少是杜甫從別人（尤其是在長安時）聽來的。不過，不管如何，衡情論理，這個說法相當可能是眞的。⑪

（8丁）

李白在玄宗宮中的工作，也就是翰林供奉，也需要一些解釋。唐代的翰林院本是天下各地以藝能技術見召者待詔侍奉皇帝的處所。⑫

---

⑪ 李陽冰似乎說賀知章之稱李白爲謫仙人是二人參加飲中八仙之游時的事，且此八仙之游發生於李白已開始失去玄宗恩寵之後。（他的話是：「醜正同列，害能成謗……帝用疏之。公乃浪跡縱酒……又與賀知章、崔宗之等自爲八仙之遊，謂公謫仙人。」）但，就如我所已指出的，八仙之游本身之是否存在本就令人懷疑（見上章㉞第六段），且李白也不像是在這麼一個場合被稱爲謫仙人的（見上章第五節第四段正文及㉗；又見魏顥，〈序〉，《王本》31／1449）。我懷疑李陽冰可能在他的序中採用了一些不可靠的傳說軼聞。

魏顥在敍述賀知章對李白的誇讚之前就先提到李白之「名動京師」。但這並不必然與杜甫的話相矛盾，因爲魏顥此語可能只是誇大地指李白在認識賀知章之前本來就有一定聲望而言。

⑫ 關於翰林院早期歷史（至玄宗朝爲止）以及翰林學士之地位的最早、最詳細的資料是(1)韋執誼，〈翰林院故事〉（《翰苑群書》第一部分，頁21－24或《全文》455／10b－13a），作於786年；以及(2)李肇，〈翰林志〉（《翰苑群書》第一部分，頁1－12），作於819年。此二作品所敍大致互相一致。《唐會要》57／977－78有一段大部分由韋文、小部分由李文刪節成的記載。

其他還有一些相關的唐代資料，或收於《翰苑群書》，或引於孫國棟，〈唐代三省制之發展研究〉，頁109－12。另有一些較晚出的資料，可在《舊書》43／1853－54、《新書》46／1183－84、《通鑑》217／6923、

（所謂的藝能技術包括文詞、醫、卜、釋、道等等。）⑬ 院中的人算是宮中的賓客，而非朝中的官員。他們或稱「翰林供奉」，或稱「翰林待詔」。⑭ 不過，他們在稱號上常與另一類人相混。自太宗以來，唐皇帝就常召喚極少數特別幹練或特別信賴的大臣入內廷處理重大朝政或陪侍飲宴。這種現象到開元時期仍然存在。除外，開元中玄宗又開始傳喚一些學識廣博、文思敏捷的大臣到翰林院去「供奉別旨」（也就是處理他的特別旨令），因為他認為負責草擬詔令的中書省官員任務繁重，有時可能無法滿足他的要求。⑮ 根據某些資料，這些大臣，至少在玄宗時期，也稱「翰林供奉」或「翰林待詔」（只是非正式的稱號；他們在內廷並未另有官職）。⑯ 在另一方面，從開元二十六年（738）起，在翰林院中「供奉別旨」的大臣開始被稱為「學士」，朝廷並在翰林院南建一「學士院」以為其辦公之所。很有可能就如某一唐代作者所說，這樣做是為了區分供奉別旨的大臣和那些在翰林院中待詔侍奉皇帝的人。⑰ 但是，混亂的是，這兩類人此後似乎有一段時間通常或偶爾均被稱為「翰林學士」。⑱

及宋人葉夢得《石林燕語》7／2b－3b找到。

除非另有說明，下面的文字係依韋執誼文寫成。

⑬ 《舊書》43／1853。

⑭ 《舊書》43／1853；《通鑑》217／6923；以及下面關於李白名銜的文字。

⑮ 李肇，〈翰林志〉，頁2a；參看《新書》46／1183。

⑯ 同上。

⑰ 韋處厚，〈翰林學士記〉，《翰苑群書》第一部分，頁18a－b。

⑱ 見杜甫〈贈翰林張四學士垍〉（詳註⑬；下面正文將指出，張垍是個學士）及下面正文將引述到的韋執誼的話。

韋執誼（頁22a）同時指出說，「北翰林院」（即原來的翰林院）的那些

（有一宋代資料指出，「學士」之所以會被稱爲「翰林學士」，可能是因爲人們要藉此把他們與「集賢學士」等職稱中有「學士」二字的官員分別開來。）⑪⑨由此，單從稱號本身看，我們並不能弄清李白在玄宗宮中的眞正地位。（按：李白自稱爲「翰林供奉」，又被稱爲「翰林學士」、「翰林」、或「翰林待詔」。）⑫⓪幸好，唐人韋執誼在一篇關於翰林院歷史的文章裡明白指出說，李白是那些待在舊翰林院（亦即不是學士院），有學士之名而無其職的人之一。⑫⑪依上章所考，李白在宮中時主要是在寫詩娛樂玄宗及其嬪妃。⑫⑫這事實與韋執誼的記載不謀而合。

（8 戊）

不過，儘管李白在玄宗宮中剛開始時只是這樣一個人物，這並不表示他以後就自然沒有可能在朝中謀得一個像樣的職位。這因爲他既是得寵的文學侍從，就有經常接近皇帝的機會；而能經常接近

人到至德年間（756－58）以後始不再被稱爲學士。他的用語是「至德以後……北翰林院始無學士之名。」李肇及《唐會要》（57／978）作「至德宗已後翰林始兼學士之名」及「至德已後……翰林院始有學士之名」，顯然都因誤讀韋執誼的話而來。

⑪⑨ 葉夢得，《石林燕語》7／2b－3b。

⑫⓪ 見(1)〈爲宋中丞自薦表〉，《王本》26／1217（翰林供奉）；(2)李華、范傳正、及劉全白，《王本》31／1458，1461，1460（翰林學士）；(3)魏顥，《王本》31／1447（翰林）；及(4)劉全白（翰林待詔）。

⑫⑪ 韋執誼，前引文，頁22a；同樣的記載也見於《唐會要》57／978。

⑫⑫ 見上章第五節第一段。

皇帝，加官進爵就不只是夢了。魏顥曾說（當係根據李白自己的說法）
玄宗本已應允要授李白中書舍人職。⑫ 按，中書舍人，五品，是掌
草擬詔令的機要官職，那些被召入內廷供奉別旨的大臣就常由這個
位置出身。⑫ 這麼重要的一個官職是否可能輕易授予一個沒有任何
行政資歷的人，是一個大問題。因此，魏顥的話也許並非實情，而
只是李白個人的想望而已。但是，只要李白願意按照官場慣例，先
從較基層的職位做起的話（這樣做並不違背他的自我形象，因爲，舉例來
說，即使制舉及第，也一樣得從基層做起），中書舍人一職並非純然只
是空中樓閣而已。在他宮中時曾有幾次奉命草擬詔令，⑫ 這顯示他
應有機會最終與那個重要職務沾上邊。

（8 己）

　　既然如此，爲什麼李白的政治生涯又會很快地以失敗終結呢？
就如第二章所述，李白聲稱那是因爲有人在玄宗面前讒毀他。⑫ 這
個指摘還得到當時好些推崇者的附和。⑫ 至於讒毀他的是誰，則他
在現存作品中從未指明。但是李陽冰、劉全白都說是「同列」者，

---

⑫ 見魏顥，〈序〉，《王本》31／1449；以及上章第六節第十一段。

⑫ 關於中書舍人奉召入內廷的情形，見韋執誼，頁21及《唐會要》57／977
　　—78。

⑫ 見上章第五節第一段。

⑫ 見該章第五節第三段。

⑫ 見李陽冰、魏顥、劉全白（《王本》31／1446，1449，1460）以及任華
　　〈雜言贈李白〉，《全詩》261／2902—03。

魏顥更直指爲張垍。張垍是開元名相張說之子，又是玄宗的駙馬。
⑱ 玄宗相當欣賞他的文才，並特准他住在宮中。開元二十六年
（738）設學士一職後，張垍是最先擔任該職的幾個大臣之一。**⑲**
安史之亂爆發後，他叛國降賊，成了叛軍的宰相。有些跡象顯示，
張垍喜與文士交游。**⑳** 近年有學者甚至猜想說李白是在初入長安時
（依上章所考，即開元二十五至二十八年）就認識張垍的。**㉑** 由於缺乏

---

⑱ 除非另有說明，下面一段關於張垍的文字根據的是《舊書》97／3058-59
　　及《新書》125／4411-12張本傳。

⑲ 見註⑫所引資料。

⑳ 《舊書》190c／5048蕭穎士傳；杜甫，〈贈翰林張四學士垍〉（詳註㉜）。

㉑ 見郁賢皓，〈李白與張垍交游新證〉，及〈李白兩入長安及有關交游考辨〉
　　（《南京師院學報》，1978，第一期，頁64以下及第四期，頁68以下）。
　　李白初入長安年代郁氏採郭沫若說法，與上章所考不同。
　　郁氏把張垍與李白〈玉真公主別館苦雨贈衛尉張卿〉（《王本》9／475
　　以下）及〈秋山寄衛尉張卿及王徵君〉（《王本》13／651）中的衛尉張
　　卿認同爲同一。他提了兩項證據。其一是，張九齡所作的張說墓誌（〈故
　　……燕國公……張公墓誌銘並序〉，《全文》292／13-16）顯示，張垍
　　在730年時爲駙馬都尉、衛尉卿。其二是，張垍所作的一篇豆盧建墓誌
　　（出自《集古目錄》並收於《寶刻叢編》卷八）有一條附誌顯示張垍在
　　作該墓誌時職銜正如上述，而刻有此墓誌的墓碑建立於744年。
　　郁氏的第一項證據是立足於李白730年一入長安的說法而發的。既然730
　　年入長安的說法本身並不可靠，則此項證據自然說服力大減，因爲737年
　　李白眞入長安時張垍職銜可能已有改變。郁氏第二項證據所提的作品我
　　無法找到。若僅據郁氏所述而論，則基於兩個理由，我對這項證據也持
　　保留態度。其一，就如郁氏自己所承認的，立墓碑的年代未必就是撰墓
　　誌的年代。其二，章執誼（前引文，頁22a）與《唐會要》（57／978）
　　都指出說，張垍在738年授學士職時，原來的官職是太常少卿，而非衛尉
　　卿（駙馬都尉只是授給公主配偶的榮譽名銜而已；見des　Rotours,

證據，我們已無法知道李白與張垍私人是否有什麼嫌隙。不過，在另一方面，我們卻發現，李、張二人有利益矛盾並非全然不可能的事。根據杜甫的某一首詩，李白天寶元年（742）入京時張垍很可能還在學士位上。❷而學士員額雖不固定，卻非常之少（有時只有一、兩個）。❸ 在這種情形下，如果張垍曾試圖阻止李白日漸威脅他的地位，應也不足爲奇。只是，話說回來，即使李白的指摘確有其事，要說他純粹是一個齷齪政治鬥爭下的無辜受害者，恐怕也不盡然。〈翰林讀書言懷呈集賢諸學士〉大約作於天寶二年（743）秋，是提到李白受讒一事的最早作品；詩中就說他「本是疏散人」，因而在宮中「屢貽褊促誚」（屢次被譏諷爲行爲急躁）。❹ 除外，不僅稗官野史，甚至連李白的朋友和仰慕者也指出說，李白在還受玄宗寵幸的時候就已耽於飲酒。❺而飲酒雖然可能有助於激發創作靈感，飲酒過度對一個陪侍於皇帝左右的人卻顯然是有害的，因爲對

<hr>

Fonctionnaires, pp.374, 514）。（其實，對於李白詩中的「衛尉張卿」是否確指張垍一點，郁氏本人立場後來又有動搖。見其〈再談李白詩中「衛尉張卿」和「玉眞公主別館」〉，《天上謫仙人的秘密》，頁241−54。）

❷ 由於杜甫在746年左右首次入長安（Hung, *Tu Fu,* p.50），他的〈贈翰林張四學士垍〉（《杜少陵集詳註》3/120−21）顯示張垍至少到746年左右仍任學士職。

❸ 見韋執誼前引文頁22b；又見韋文及丁居晦〈重修承旨學士壁記〉（《翰苑群書》，第一部分，頁39b以下；作於837年）文後所附學士表。參較呂思勉，前引書，冊二，頁1076。

❹ 詩見《王本》24/1112−13；年代見上章❻。

❺ 見魏顥、范傳正（《王本》31/1449, 1464）、杜甫〈飲中八仙歌〉（《杜少陵集詳註》2/46−48；就如上章❹第六段所論，詩中所述事跡可能是杜甫在長安所聽到的軼聞）、《唐國史補》（第一部分，頁16）、及《王本》35/1588−61天寶三載條所引諸說。

這樣的人而言，洩漏機密、怠忽職守乃是致命的過失。范傳正曾說：

> 玄宗甚愛其才，或慮乘醉出入省中，不能不言溫室樹，恐撥後患，惜而遂〔其還山之願〕。**⑬**

「省中」即宮禁之中。**⑬**「溫室」，漢宮殿名。《漢書·孔光傳》載，光爲官周密謹愼，在家與兄弟妻子閒談從不提朝省政事。或問光「溫室省中樹皆何木也？」光默然不應。**⑬** 故「言溫室樹」即洩漏禁中機密。范氏所言不知何據，但是是頗合情理的。總之，李白個性本來就比較不實際、不周密；他並不是很適合於政治生活的。

（9）

從天寶三載（744）被賜金還山起，到十、十一載（751、752）之交北上求軍功止，李白的政治活動停止了大約八年之久。**⑬** 其原因部分可能是李白此時不宜再對從政表示興趣。李白在宮中抱怨遭人讒毀的時候，很自然地又彈起希冀早日結束政治生涯歸隱山林的老調。**⑭** 很有可能就如郭沫若所說，這些話正好提供玄宗一個送他

---

⑬　《王本》31／1464。

⑬　《漢語大詞典》，冊七，頁1171。

⑬　同上，冊五，頁1468「溫室」條；又「溫室樹」條引《漢書》81／3354語。

⑬　見上章第六節第一至八段。並無踪象顯示，李白749年左右造訪廬江太守吳王李祗時，曾試圖請求李祗在政治上幫助他。

⑭　見註⑬。

出京的絕佳理由。⑭不管如何，前文說過，李白是被「放歸山」的。
⑫在這種情況下，他很明顯地沒有立場很快再涉入政治圈。在另一
方面，他可能也理解到，在剛剛失去了玄宗本人的寵幸之後，他很
難再遇到什麼足以令他心動的政治機會。至於無足輕重的職位，則
現在對他理當比以前更沒有吸引力了。⑭

（10）

　　關於李白北上求軍功的事，有一點值得我們特別注意。李白所
訪的幽州一帶是安祿山的大本營。而李白往遊時是天寶十一載
（752），離安祿山叛變只有三年。他此次北遊有沒有發揮他自詡的
政治洞見，觀察到安祿山的「逆跡」呢？在一首作於乾元二年
（759）的詩裡，李白說他有。他還聲稱他因為沒有辦法把觀察所
得上達天聽而痛苦不已。⑭但是，我們在李白作於北遊期間或北遊

---

⑭　《李白與杜甫》，頁38。范傳正（《王本》31／1464）說李白自動「上疏
　　請還舊山」。如果此說可靠，則我懷疑李白是錯誤地表現了不悅的姿態，
　　正中玄宗下懷，或者根本就是被當局要求做了個自動引退的樣子。

⑫　見上章第五節第三段。

⑭　劉全白和范傳正（《王本》31／1460，1464）就分別說他「不求小官」、
　　不能「傚碌碌者蘇而復上」。

⑭　見〈經亂離後天恩流夜郎……〉第31至46句：「十月到幽州，戈鋋若羅星。
　　君王棄北海，掃地借長鯨。呼吸走百川，燕然可摧傾。心知不得語，卻
　　欲棲蓬瀛。彎弧懼天狼，挾矢不敢張。攬涕黃金臺，呼天哭昭王。無人
　　貴駿骨，綠耳空騰驤。樂毅儻再生，于今亦奔亡。」《王本》11／569。
　　關於此詩年代，見上章第八節第一段正文及⑮。

後不久的詩裡，一點也找不到他所聲稱的這種識見和關懷。⑭因此，我們無寧相信，李白這樣講實在只是事後自飾而已。⑭

（ 11 甲 ）

　　安史之亂期間，有兩件事把李白的政治夢想推到了破碎的邊緣。第一件是李白身歷戰亂後之亟求避世；第二件是前文已扼要提及的李白之加入永王水軍。

　　誠如上章所示，李白似乎親眼目睹了現今河南一帶淪陷的慘況。⑭逃抵南方後，他有一陣子還相當關心北方發生的災難，而且有時候也會表露出他拯救蒼生的宿願。⑭但是，即使在還表露出這種關懷、這種願望的時候，他就已萌生避禍全生的消極意念，並且揚棄其救世英雄之自我形象以為其逃避心態找藉口了。下面一段詩句出自〈經亂後將避地剡中，留贈崔宣城〉，是至德元載（756，即天寶十五載）初李白在他南奔後停留的第一站宣城寫的：

---

⑭　見上章第六節第八至十一段以及詹鍈《繫年》頁84－85、91－105所列諸詩。《繫年》不可能會漏列太多作於此時期的詩，因為這些詩一般相當容易辨認。

⑭　李白的話並不都可靠。參看第一章關於李白編造家世背景一事以及下文關於李白加入永王水軍之經過的討論。

⑭　見上章第七節第一段。

⑭　見〈扶風豪士歌〉及〈經亂後將避地剡中……〉。二詩出處及繫年見上章⑫及⑬。

王城皆蕩覆，世路成奔峭……蒼生疑落葉，白骨空相弔。連
兵似雪山，破敵誰能料。我垂北溟翼，且學南山豹。⑭

「我垂」句化用《莊子·逍遙遊》大鵬典故。李白自比出自北溟的
大鵬，羽翼如雲，本應有大作為；但現在時運不濟，要暫時垂下羽
翼，收歛一下。「南山豹」者，依《列女傳》，「南山有玄豹，霧
雨七日而不下食……欲以澤其毛而成文章也，故藏而遠害。」⑮ 此
典寓意甚明，不需辭費。「我垂」二句配上詩題中的「避地」二
字，揚棄形象逃遁避害的意思夠清楚了。其後，李白最少又在另兩
首詩中顯示了同樣的傾向。首先，至德元載末他暫時在廬山屏風疊
安頓下來後，向一個朋友講了這樣的話：

大盜割鴻溝，如風掃秋葉。吾非濟代人，且隱屏風疊。⑮

鴻溝是楚漢相爭時項羽、劉邦勢力的疆界。「大盜」二句意謂安祿
山迅速佔領了半壁江山，與唐朝廷相對抗。「吾非」二句就指出李
白對這種局勢的反應。其次，可能在乾元元年（758）初暫住於今
安徽境內時（當時李白初入永王水軍時的樂觀心情已消逝良久，而因依附
永王而帶來的流放夜郎的無情判決又尚未到來），李白又曾這樣寫道：

劉琨與祖逖，起舞雞鳴晨。雖有匡濟心，終為樂禍人。我則

---

⑭ 見上註。

⑮ 見《校注》12／812引《列女傳》卷二〈賢明傳〉語。

⑮ 見〈贈王判官，時余歸隱居廬山屏風疊〉，《王本》11／553—54。關於
此詩年代，見上章⑱。

　　異於是，潛光皖水濱。⑮

劉琨與祖逖是東晉出名的民族英雄，其聞雞舞劍、刻苦磨鍊以圖匡復中原的故事非常出名。⑯ 二人因此也是李白通常所仰慕的那一類英雄人物。但是這裡在承認他們有「匡濟心」的同時，卻又稱他們爲「樂禍人」。按：《晉書・祖逖傳》論說：「祖逖……聞雞暗舞，思中原之燎火，幸天步之多艱。原其素懷，抑爲貪亂者矣。」⑰對祖逖行爲實有貶損之意。李白「樂禍」之說蓋即由此而來。不管如何，這幾句詩強調世亂時不適合去「匡濟」，而適合去「潛光」，這是無庸置疑的。

　　誠然，後人沒有理由因爲李白不像杜甫那樣時時刻刻不忘君國就菲薄他，⑱因爲他不像杜甫那樣處於自然會時時關心君國的環境

────────────

⑮ 見〈避地司空原言懷〉，《王本》24／1116─17。司空原可能是指舒州太湖縣東北的司空山，太湖縣在安徽今縣（見《寰宇記》125／11a，《新書》41／1054，及1979年版《辭海》，頁1465）。皖水是流經太湖縣東北的一條河流（見譚其驤，《中國歷史地圖集》，冊五，頁54）。從詩中第11至12句「雪霽萬里月，雲開九江春」（九江即潯陽，離太湖縣不遠）判斷，此詩似作於初春。詹鍈（《繫年》，頁125）把它繫於758年；由李白那前後幾年的行踪（見上章第七節第三至五段）推算，這可能是對的。李白有可能是在757、758年之交由宿松搬來司空山的（宿松在潯陽之北，離太湖縣很近；見譚其驤，上引處）。

⑯ 《晉書》62〈祖逖傳〉。

⑰ 王琦注引《晉書》62／1700。

⑱ 羅大經（宋），《鶴林玉露》18／7，「李杜」條以及黃徹（宋），《䂬溪詩話》卷二，《歷代詩話續編》頁351提供了兩個這種道德主義批評的範例。

和身份之中。（杜甫於至德元載（756）在長安附近爲叛軍所俘虜，隨後很快被遣送到叛軍佔據下的長安，在長安度過了幾個月。至德二載中，他冒死逃抵肅宗在鳳翔的流亡朝廷，不久即授左拾遺。）⑮甚至連李白逃奔江南的做法在當時一般士人中也是再正常不過的事，並沒什麼特別值得非議的地方。⑯然而，李白那個救世英雄的自我形象乃是他政治夢想的核心。現在遭逢戰亂就自己把那個形象打破，這不正顯示他的政治夢想實在經不起考驗嗎？

（11 乙）

要弄清李白依附永王一事的本質，首先得費點篇幅研究一下永王事件所牽涉到的複雜政治鬥爭。而這必須追溯到玄宗幸蜀的事。玄宗於至德元載（756）六月十三日離長安奔蜀，⑱不久長安即陷入賊手。⑲當玄宗於十五日離開馬嵬驛（在長安西邊的興平縣）時，太子李亨暫時被留在後面安撫當地父老。但是李亨旋即決定不隨玄宗南行，表面上的理由是京師一帶的臣民需要他領導以對抗叛軍。⑯根據《通鑑》記載，玄宗聽了這個消息之後曾表示決定就此傳位於李亨，結果李亨懇辭了。⑯只是，過不了多久，李亨顯然就再也

---

⑮ Hung, *Tu Fu*, pp.100−09。

⑯ Pulleyblank, "Neo−Confucianism and Neo−Legalism," p.83。

⑱ 《舊書》9／232，《通鑑》218／6971，以及《新書》5／152。

⑲ 《通鑑》218／6979，尤其是《考異》語；《新書》5／153。

⑯ 《通鑑》218／6975−76；《舊書》10／240及《新書》6／156較不詳實。

⑯ 《通鑑》218／6976。

無法抵擋權位的誘惑。七月十二日，玄宗尚未抵蜀，李亨就在靈武（在今寧夏）擅自即位了。⑯

　　雖然政治人物爭權奪利是很平常的事，李亨的這種作為似乎還得從玄宗朝宮廷政爭的角度才能真正看得清楚。整個唐朝的皇位繼承一直都是不穩定的。⑯在玄宗朝更是如此。開元二十四年（736），由於奸相李林甫與玄宗寵妃武惠妃的讒謗，玄宗的第一個太子李瑛被廢黜，並且很快地就和玄宗的另兩個兒子一齊被處死。⑯其後，李林甫數度奏請立武惠妃之子李瑁未果。最後，直到開元二十五年（737），玄宗自己所屬意的人選李亨才終於得以立為太子。而即使在成為太子之後，李亨仍繼續受到李林甫和其他人的敵視和構陷。⑯的確，就如他本人後來所說的一般，他能逃過這些政敵的迫害，算是很幸運的事。⑯情況如此，若說靈武即位是他逮住機會，造成既成事實以鞏固自己的地位，相信不是向壁虛構才對。

　　但是，在即了帝位之後不久，李亨便又遭遇到新的威脅。這次威脅來自他的弟弟永王李璘。至德元載（756）七月十五日，玄宗還在奔蜀途中，同時也還不知道發生在靈武的事（他直到八月十二

---

⑯　《舊書》10／242；《新書》6／156；《通鑑》218／6982。

⑯　見陳寅恪，《政治史》，第二部分。

⑯　《通鑑》214／6823－24，6828－29；《舊書》9／208，107／3258－60；《新書》5／139，82／3607－08。

⑯　《通鑑》214／6832－33，215／6870－71、6873－74，218／6999；《舊書》10／240。（《舊書》指出楊國忠也意圖陷害李亨。）又見 Pulleyblank, *An Lu-shan,* pp.89－91。

⑯　見《通鑑》218／6999肅宗告李泌語。

日才獲悉此事），⑯⑦便採納了房琯的建議，頒發了一道詔令，把全國劃分爲四大區域，並任命四個兒子分掌各區。其責任分劃大略如下：

㈠李亨：領朔方、河東、河北、平盧，並負責克復長安、洛陽。

㈡李璘：領山南東道、嶺南、黔中、及江南西道。

㈢李琦：領江南東道、淮南、及河南。

㈣李珙：領河西、隴右、安西、及北庭。

詔中並指派了一些大臣以輔佐太子及諸王。⑯⑧詔令表面雖然如此，有些跡象卻顯示，玄宗眞正的意圖只是要派李璘掌理整個南方而已。其一，玄宗在六月十六日至十九日間停留於馬嵬驛西的扶風時，似乎就已經命令原來遙領荊州大都督府的李璘眞正趕赴任所。（按：當時諸王遙領各大都督府本來都只具盧銜，並不赴任。）⑯⑨其二，李琦、李

---

⑯⑦ 《通鑑》218／6993；《舊書》9／234；《新書》5／153。

⑯⑧ 《舊書》9／233－34；《新書》5／153；《通鑑》218／6983－84。《新書》82／3611及《唐會要》5／61有一些較不清楚的資料。《舊書》107／3264有一段不太可靠的記載，詳見下註。

⑯⑨ 關於玄宗停留扶風的日期，見《舊書》9／233及《通鑑》218／6976、6978。關於玄宗給李璘的命令，見《新書》82／3611璘本傳；關於李璘在荊州的遙領職位，又見《通鑑》217／6940。關於當時諸王遙領大都督府的情況，見上章㉘末尾。

《舊書》107／3272說李璘是在玄宗抵達漢中郡時受命赴荊州的；又107／3264顯然認爲上面述及的詔令是在漢中頒發的。《舊書》這些地方顯然不可輕信，因爲玄宗看來根本未曾經過漢中郡（即梁州，在今陝西南部南鄭、城固一帶；見譚其驤，《中國歷史地圖集》，冊五，頁52－53。）

珖二人實際上都未赴任所。⑰ 其三，有些零星證據合起來似乎顯示，詔令頒發後，李璘又奉派一些別的職位，因而兼掌了原來劃歸李琦掌理的區域。⑰ 而劃歸李珙掌理的部分乃是西北邊陲，本來就不是政治舞臺重心所在。我們不清楚玄宗這樣做是出於對國家安全的考量，或是出於對李亨的憤恨，或是兼而有之。但是，不管實情爲何，他行動的效果卻似乎大致一樣。那就是，李璘的任命無異於爲他鋪了競爭皇位的路。原因之一是，在此之前，太宗與玄宗已有憑仗本身功業取代皇儲成爲帝王的先例。⑫ 其次，在一個叛軍輕易佔據華北（包括京畿）大部地區的時刻，南方對整個帝國的生存也許比在李亨勢力下的西北一小塊地方更爲重要。⑬

關於這個局面，很快就有人向新即位的李亨，也就是肅宗，發

依據《舊書》9／233，《通鑑》218／6978，及《新書》40／1034-35，玄宗行經的路線是：馬嵬驛→扶風→散關→河池郡（即鳳州，今陝西鳳縣）→益昌縣（今四川廣元附近）。參看譚其驤，上引處。

⑰ 《通鑑》218／6984；《舊書》107／3268，3270；《新書》82／3613-14。

⑰ 根據《舊書》190c／5053-54李白傳，玄宗在入蜀途中曾任命李璘爲「江淮兵馬都督揚州節度大使」（按：揚州在756年時稱廣陵郡；此一官銜中可能含有錯誤或後代史家所做的更動）。而根據《新書》82／3612李璘傳，李璘麾下大將季廣琛在李璘大敗之前曾告訴他的部眾說：「上皇播遷不便，諸子莫賢於王。若能牽江淮銳兵收復兩京……然今……」這段話顯示《舊書》李白傳中所提的任命並非沒有根據。另外，在我們討論中的詔令裡，劉彙被任命爲李琦的一個「傅」（當是顧問之類的位子）。然而，根據《舊書》10／245，劉彙在757年1月之前一段時期似乎身居「永王傅」之職。

⑫ 陳寅恪，《政治史》，第二部分，頁59-65。

⑬ 參看郭沫若，《李白與杜甫》，頁55-56。

出警告。十月間，房琯的政敵賀蘭進明私下在肅宗面前攻擊房琯（其前房琯已被玄宗派去服務肅宗），說房琯不忠於肅宗，因爲在房琯擬議的那道詔令裡，肅宗以太子之尊，所獲派的職務甚至比李璘等諸王還差。**⑰** 肅宗是否還得到來自其他人的進言，今已不可得知。但是，他顯然毫不猶豫地就著手安排剷除李璘的步驟。

　　李璘於至德元載（756）七月到達襄陽，九月到達江陵（荊州）。**⑰** 他接著立刻開始招募軍隊，並計畫引兵沿江東下，在長江三角洲一帶建立根據地。十月，肅宗命令李璘入蜀與上皇（玄宗）待在一起，李璘沒有從命。**⑰** 十二月二十五日，李璘終於引兵東下，只是還沒有顯露出佔地立足的企圖而已。**⑰** 可能就在獲悉李璘拒絕入蜀的消息之後不久，肅宗派了兩個宦官前往長江三角洲地區從事應變部署；我們馬上就會看到，這兩個宦官似乎頗爲稱職。**⑱** 除外，在李璘出發東下前不久，肅宗並派遣了大力反對諸王派任一事的高適

---

⑰　《通鑑》219／7002-03，218／6998；《舊書》111／3322；及《新書》139／4626。

⑰　《舊書》107／3264。

⑰　《新書》6／157，82／3611；《通鑑》219／7007；《舊書》107／3264；《唐會要》5／61。

⑰　《通鑑》219／7009及《舊書》10／244都清楚標出此一日期。除外，此一日期與其他關於永王事件的日期也能契合。《新書》6／157作十月，似乎純係訛誤。

⑱　《舊書》107／3265；《唐會要》5／61。《新書》82／3611把派遣這兩名宦官的事敘述於隔年（757）年初。這似乎不太可靠，因爲根據《舊書》及《新書》，當李璘的水軍與長江三角洲一帶地方部隊發生衝突時，這兩名宦官已在那裡；而下文將會指出，衝突發生於756-57年之交。

到東南方來，負責調度當地一些官員合力對付李璘。不過，這些官員的部隊由安陸出發時，已經是李璘敗亡的前夕了。⑰

　　李璘水軍與長江三角洲地區官兵的正面衝突是由一名叫李希言的地方官員挑起的。李希言行文給李璘，質疑李璘引兵東下的意圖，並大不敬地以李璘爲平行官員，直呼其名。我相信這是肅宗所派宦官與地方官員策畫出的戰術，目的在誘使李璘率先動武，並因此成爲叛逆；結果李璘眞的中計了。深被李希言所激怒的李璘立刻失去了節制。他由當塗（在今江蘇、安徽交界）遣兵出擊；地方官員則由丹陽（約在揚州以南四十公里）、廣陵（揚州）出兵迎戰。⑱ 其時間當在至德二載（757）年初。⑱ 經過了幾場短暫的勝利之後，李璘的大部分部屬變節潰逃。他被迫帶著家人及近衛軍南逃，並於當年二月二十日在大庾嶺遇害。⑱ 在李璘最後敗亡之前，可能是在衝突發生之後，上皇下詔貶李璘爲庶民。⑱

---

⑰　《通鑑》219／7007－08；《舊書》10／244；及《新書》143／4680。《舊書》111／3329高適傳可能給人以高適受命於757年初的印象，但這似乎純粹只是文章寫得不夠清楚明瞭所導致的結果。

⑱　《舊書》107／3265；《新書》82／3611；《通鑑》219／7009；《唐會要》5／61。

⑱　這是由下面兩點推出來的：(1)李璘水軍於756年12月25日由江陵出發；(2)李璘在兵敗南逃途中曾於757年1月某個時候攻陷鄱陽郡（《新書》6／157）。

⑱　見《舊書》107／3265－66，10／246；《新書》82／3611－12；《通鑑》219／7019－20，正文及《考異》。參看李白〈南奔書懷〉，《王本》24／1141。

⑱　見《新書》82／3612。《新書》5／153在12月25日（756年）下記載說永王璘叛變，貶爲庶人。但李璘在離開江陵的同一天就被貶似乎是不太可能

（11 丙）

知道了永王事件的複雜始末之後，我們就可比較順利地來釐清李白在事件中的角色和遭遇。首先要考察的是他究竟在什麼時候、什麼情況之下加入永王的水軍。前文說過，事件發生前，李白隱居在廬山。⑱誠如上章所簡略提及，在一篇作於「事後」的作品，即〈爲宋中丞自薦表〉（作於757年秋）裡，李白告訴我們說，他實際上是從廬山被脅迫入水軍的：

> 屬逆胡暴亂，〔白〕避地廬山，遇永王東巡脅行。⑱

同樣的話他又在一首作於乾元二年（759）的詩裡提到，而且提得更詳盡：

> 帝子（按：指永王）許專征，秉旄控強楚……僕臥香爐（按：廬山峰名）頂，餐霞嗽瑤泉。門開九江轉，枕下五湖連。半夜水軍來，尋陽滿旌旃。空名適自誤，迫脅上樓船。⑱

只是，這些話顯然是不可信的。先說，李白在水軍中頗作了些詩，這些詩中往往充滿了興奮之情。而就如亞瑟·威利氏（Arthur

的事。且如果李璘先已被貶，則李希言根本不會給他平行公文。《新書》此處可能是誤把後續事件一併記在李璘離江陵之日。

⑱ 見上章第七節第二段正文及⑯。

⑱ 《王本》26／1217－18。

⑱ 〈經亂離後天恩流夜郎……〉，《王本》11／572。詩作繫年見上章第八節第一段。

Waley）所說，要叫人相信這些詩中的興奮之情全係勉強裝出，是非常困難的。⑱（這些詩中有一些下面很快會引到。）更有進者，有些作於事件當時的詩作顯示，李白係由廬山西行加入水軍，而且可能與艦隊一齊經過武昌和尋陽。⑱看來李白應當是在水軍未離或剛離江陵時自願加入水軍的。而他之這麼做乃是永王熱心徵召的結果。安史之亂爆發後，奔赴江南避難的士人中有很多是當時知名人物。⑱永王在率軍出發前顯然曾試圖羅致一些名士以壯聲勢。我們知道蕭穎士和孔巢父就在永王徵召之列（二人均未赴徵）。⑲李白也同樣受到徵召。他在兩個作品裡說，永王的召書「三」至（「三」字若不是依字面意義用，就是指「多」），他才終於應允。⑲

　　李白無疑以為他又得到了一次建功立業的大好機會。他在一些詩裡勾畫出了一幅十分樂觀美好的圖像。首先，他寫道：

---

⑱ *The Poetry and Career of Li Po*, p.80。

⑱ 首先見〈別內赴徵三首〉第二首「出門妻子強牽衣，問我西行幾日歸」二句及第三首「行行淚盡楚關西」句，《王本》25／1187－88。〈別內赴徵〉之寫作場合見郭沫若，頁28。
其次見〈永王東巡歌〉第三首：「雷鼓嘈嘈喧武昌，雲旗獵獵過尋陽。秋毫不犯三吳悅，春日遙看五色光。」《王本》8／428。

⑱ 見註⑱。

⑲ 見《新書》202／5769蕭本傳及《舊書》154／4095、《新書》163／5007孔本傳。

⑲ 見〈與賈少公書〉「王命崇重，大總元戎，辟書三至，人輕禮重」數句，《王本》26／1234（此「書」作於永王敗亡前不久，見註⑳）；以及〈別內赴徵〉第一首「王命三徵去未還」句，《王本》25／1187（關於此句之解釋，見郭沫若，頁28）。

　　胡沙驚北海，電掃洛陽川。虜箭雨宮闕，皇輿成播遷。英王
　　受廟略，秉鉞清南邊。⑱

前兩句說叛軍起事於北方，很快佔據東部洛陽一帶。其次兩句說叛
軍進逼長安，玄宗西奔。後兩句說永王親秉朝廷謀略，帶著討伐叛
逆的任務前來經營南方。⑲另外，他又寫道：

　　二帝巡遊俱未廻，五陵松柏使人哀。諸侯不救河南地，更喜
　　賢王遠道來。⑭

「二帝」指玄宗、肅宗。「巡遊」是委婉語，實指出奔蒙塵。「五
陵」指唐高祖至睿宗五個皇帝的陵墓，都在長安附近。⑮「諸侯」
指掌握軍政大權的各地長官。⑯再另外，他又寫道：

　　試借君王玉馬鞭，指揮戎虜坐瓊筵。南風一掃胡塵靜，西入
　　長安到日邊。⑰

---

⑱　〈在水軍宴贈幕府諸侍御〉，《王本》11／555。

⑲　「秉鉞」出自《詩經·商頌·長發》「武王載斾，有虔秉鉞」二句。《鄭
　　箋》云：「……及〔武王〕建斾興師出伐，又固持其鉞，志在誅有罪也。」
　　這裡就參照《鄭箋》作解。

⑭　〈永王東巡歌〉，第五首，《王本》8／429。

⑮　見《王本》（8／429）及詹鍈《李白全集校注彙釋集評》（冊三，頁1164）
　　引蕭士贇及《唐會要》語。

⑯　見《李白詩選》，頁180；及《漢語大詞典》，冊11，頁269。

⑰　〈永王東巡歌〉，第十一首，《王本》8／433－34。

「指揮戎虜」似乎意謂「把戎虜指來揮去」。⑱「日邊」指皇帝左右，因古人常以太陽象徵皇帝。⑲綜合這三處引詩看，李白的認識是：天下大亂，永王南來，自己有幸將隨永王北伐收復「河南」（當泛指中原），進而掃清叛逆，西入長安。這種功業不正是他向來所夢寐以求的嗎？難怪他興奮得告訴同僚說要「齊心戴朝恩，不惜微軀捐」了。⑳

　　諷刺的是，這一次李白還是只扮了個御用文人之類的角色而已。㉑在這曇花一現的任務裡，他所成就的主要只是十一首贊頌永王事業的〈永王東巡歌〉。上引的「二帝」、「試借」二詩便是這十一首詩的好代表。（毫不令人意外地，李白在這些詩中除了贊頌永王外，也不忘誇談自己的所謂濟世之才。）

　　但是，李白似乎一直到永王水軍與効忠肅宗的部隊遭遇時才開始對他這任務的意義產生疑惑。他在一封寫給一個姓賈的人的信中說他「徒塵忝幕府，終無能為」，又說他「勾當小事，但增悚惕。」㉒

----

⑱ 「指揮」二字前人多解為「指揮戰爭」的指揮。（例見郁賢皓，《李白選集》，頁364；安旗，《李白全集》，中冊，頁1334。）然若採用此解，則「指揮戎虜」四字實在不通。因此，這裡沿用了我在《李白詩的藝術成就》頁55的說法。詹鍈《李白全集》（冊三，頁1175）引朱諫注（朱書我未親見）解作「麾斥」，與我的說法比較接近。

⑲ 見《王本》8／434註❷及《李白詩選》頁180。

⑳ 見註⑲。

㉑ 見Waley， p.79及李白〈南奔書懷〉（永王兵敗後逃亡時作；見詹鍈，《繫年》，頁117-18）「侍筆黃金臺，傳觴青玉案」二句，《王本》24／1141。

㉒ 〈與賈少公書〉，《王本》26／1235。此處所引字句顯示此信作於水軍

　　李白在水軍中所寫的對自己的角色和處境感到不滿的話，就僅有這些而已。其中的「但增悚惕」一語很明顯表示，李白當時心情已被某些不祥的情況所影響。這些不祥情況應即永王與蕭宗部隊的初步衝突。就如李白後來所回想，他此時可能眞的動過離開水軍的念頭。[203] 然而，儘管如此，他終究一直待到整個水軍在丹陽潰散，然後才倉皇奔逃。[204] 李白在事後曾不止一次說他在軍行途中就已逃離。[205] 這些話的出處和被迫加入水軍的說辭一樣，而也同樣是不可信的。

（11 丁）

　　李白雖然事先自動從璘，事後又就此事講了一些不確實的話，卻不應因此被斥爲無行士人。當玄宗於至德元載（756）八月十八日派員把傳國玉璽送去給李亨，正式認可李亨擅立之舉時，他並沒

　　　將敗之前不久。參看《王本》35／1603，至德元載條；及詹鍈，《繫年》，頁113。

[203] 在〈南奔書懷〉中，緊接在他提起在水軍中的工作（見註[201]）之後，李白說他「不因秋風起，自有思歸歎。」（這兩句詩用了張翰的典故，其內容已見於本章前半討論李白政治夢想之搖擺的部分。）參看王琦在《王本》24／1144的按語。

[204] 見〈南奔書懷〉（已引於註[201]）。又參看《通鑑》219／7019《考異》語。

[205] 〈爲宋中丞自薦表〉（《王本》26／1218）說他「中道奔走，卻至彭澤。」另〈經亂離後天恩流夜郎……〉（《王本》11／572）第97至100句說：「徒賜五百金，棄之若浮烟；辭官不受賞，翻謫夜郎天。」似乎也有同樣的意思，只是比較不明確而已。

有授與李亨否決他的詔令的權力。⑳ 因此，從法理上說，永王的舉措在他被玄宗貶爲庶人之前一直是合法的。而由於永王軍行只不過經歷短短十數日，玄宗廢黜永王的詔令傳到時，極可能根本就在永王潰敗、李白逃亡之後了。㉗ 再者，在永王軍行之初，一般民衆無疑對肅宗朝廷抑斥永王的決定一無所知。情況如此，李白怎可能知道永王的作爲一下子就要被定性爲叛變呢？更有進者，就如王琦所說，永王最有權勢的部將季廣琛並不比李白早離開水軍，卻不但免於一切罪責，還得以在肅宗之下立功升遷；而二人際遇之別原因只不過在於季廣琛擁衆以降，利用價値較大而已。㉘ 李白此次十足是個權力鬥爭的無辜犧牲者，而不是個罪人。不管他對事件的眞相知道多少，他顯然也認定自己是無辜受罪的，因而對繫獄尋陽、處境艱危的遭遇深感憤慨，並把內心所思所感形之於詩。〈上崔相〔渙〕百憂章〉裡說：「鄒衍慟哭，燕霜颯來。微誠不感，猶縶夏臺。」㉙ 按，據傳戰國時鄒衍盡忠於燕惠王，惠王信譖而囚之，鄒衍仰天而哭，正夏而天爲之降霜。㉚ 李白此地以鄒衍自比，而又感歎自己「微誠」不足以感天，因而仍然身繫獄中（「夏臺」，獄也）。㉛ 除

---

⑳ 《通鑑》218／6993；《舊書》9／234。

㉗ 水軍之潰敗大概在757年1月中旬前；見註⑱。

㉘ 見《王本》35／1604至德二載條。《通鑑》220／7062在758年10月條下記載說季曾參加一次對抗叛軍的重要戰役；《舊書》10／260又記載說季於761年初被任命爲宣州刺史及浙江西道都督。

㉙ 《王本》24／1119。

㉚ 見詹鍈《李白全集》冊七頁3500引《文選》39／865江淹〈詣建平王上書〉李善注引《淮南子》語。今本《淮南子》無該段文字。

㉛ 「夏臺」義見安旗《李白全集》，中冊，頁1369。

外，〈萬憤詞投魏郎中〉裡說：「樹榛拔桂，囚鸞寵雞。舜昔授禹，
伯成耕犂。德自此衰，吾將安栖？」㉑㉒按，據傳堯治天下，伯成子
高立爲諸侯。後堯授舜，舜授禹，伯成子高乃辭爲諸侯而耕。禹往
問其故，伯成子高答稱，自禹當政以後，「德自此衰，刑自此立，
後世之亂自此始矣。」㉑㉓引詩前兩句比喻朝廷寵幸小人而迫害像自
己這樣的賢才，後四句則直指這是玄宗禪位給肅宗後「德自此衰」
的結果。在另外一首詩裡，李白似乎更到了隱晦指責肅宗不全心抗
賊，反而挑起戰爭對付自己親弟弟的程度。㉑㉔然而，事件的眞相顯
然不是適合於援用來爲李白辯護的憑據。因此，有可能稍後有些熟
諳政治技巧的友善官員就建議他，針對他在事件中的身份編一套可
以讓自己跟當局同時下台的說辭。（李白這套說辭最早出現於〈爲宋中
丞自薦表〉；會不會宋若思就是導引李白編出此一說辭的主要人物呢？）而
一旦公開編出了一套說辭，李白也就不得不言不由衷地維持一段時
日了。

（11 戊）

　　前人在評論李白從璘事件時，不管是否同情李白，多半都有偏
頗之處。清代的洪亮吉從一個極度武斷和偏狹的封建禮教立場出

㉑㉒　《王本》24／1122。

㉑㉓　見《莊子・天地》（《莊子集釋》5a／423）。安旗《李白全集》中冊頁
　　　1383引。

㉑㉔　見〈上留田行〉詩及王琦的題下註，《王本》3／194－95；又見詹鍈，
　　　《繫年》，頁118關於此詩的評論。詹氏猜想〈樹中草〉一詩（《王本》
　　　6／336）也有同樣的弦外之音。這雖非全無依據，卻頗難論定。

發，直斥李白爲「失節」。㉕ 在另一方面，則自宋人曾鞏以下，又
有一些學者以李白所說被迫從璘的話來爲李白辯解。這些學者或者
無視李白其他作品中那些與上述說法互相矛盾的言論，或者根本就
輕率地把那些作品斥爲僞作。㉖ 很有趣的是，前些時郭沫若又提出
了一套同樣爲李白辯解，而邏輯卻與曾鞏等人恰好相反的論點。他
說李白是「出於一片報國憂民的誠意」自願加入水軍的，而李白又
是個誠實正直、不可能撒謊的人，因此，所有關於李白被迫從璘的
話都是僞作，或者都應另作解釋。㉗

　　平心而論，我們似乎應該說，李白並沒有犯罪，也沒有失節，
但是卻犯了一個嚴重的政治錯誤。就如上文所說，蕭穎士和孔巢父
二人都辭謝了永王的徵召。他們辭謝的原因已不可考。不過，若說
蕭、孔二人較能謹慎從事，而李白則不能，應該不算臆斷之辭吧。
㉘ 除外，李白在因永王水軍與地方部隊起衝突而心生疑惑時，又沒
能迅速決定逃離水軍，這又是很大的過失。用他自己的話來說，他
究竟爲什麼會這麼「見機苦遲」呢？㉙ 誠然，就如我說過的，李白

㉕　見喬象鍾，〈李白從璘事辨〉，《論文集》，頁327－28。

㉖　第一類學者包括曾鞏（〈李太白文集後序〉，《王本》31／1479）與蘇軾
　　（〈李太白碑陰記〉，《王本》33／1508）。第二類學者包括蕭士贇
　　（李白〈南奔書懷〉評語，引於《王本》24／1144）與奚祿詒（《李詩
　　通手批》，引於詹鍈，《繫年》，頁115）。

㉗　《李白與杜甫》，頁68、74－76。

㉘　參看郭紹虞，《宋詩話輯佚》，冊二，頁381引《蔡寬夫詩話》（宋蔡啟
　　撰，今佚）語。

㉙　〈上崔相百憂章〉，《王本》24／1119。

並不是以具有處世智慧出名的人。不過，這或許還不是他犯上述錯誤的唯一原因。他大概自始至終都無法抵擋那個看起來可以讓他大有作爲的機會的誘惑。不管如何，他必須爲他的政治錯誤付出慘重代價。流放夜郎的判決一出，他不僅政治生命實際上從此結束，甚至連人身自由都差點不保了。

（11己）

李白在乾元二年（759）獲釋的時候，已經到了風燭殘年了。但是，在此之後，就彷彿要表明他的英雄豪氣有多麼百折不撓，他的夢想無視以前的一切失敗與搖擺，仍然不時浮現出來。❷❷ 下面這首詩題爲〈臨路歌〉（應作〈臨終歌〉），是他對自己的政治生活所下的最後評語：

> 大鵬飛兮振八裔，中天摧兮力不濟。餘風激兮萬世，遊扶桑兮挂石（按：當作「左」）袂。後人得之傳此，仲尼亡兮誰爲出涕？❷❷❶

「八裔」意猶八方。❷❷❷ 「遊扶桑」句典出《楚辭》嚴忌（西漢賦家）〈哀時命〉的「衣攝葉以儲與兮，左袪挂於榑桑；右衽拂於不周兮，

❷❷⓪ 見上章第八節及下面要引的詩。

❷❷❶ 《王本》8／452－53。誠如王琦所說，依李華所作李白墓誌（《王本》31／1458－59），「路」應作「終」。

❷❷❷ 見王注引《文選》12／249木華〈海賦〉李善注。

六合不足以肆行。」王逸注此四句說：

> 攝葉、儲與，不舒展貌。袪，袖也……言己衣服長大，攝葉
> 儲與，不得舒展；德能弘廣，不得施用。東行則左袖挂於榑
> 桑（按：即扶桑，傳說中木名，生於東方日出之處），無所不覆也
> ……西行則右袂拂於不周之山（按：據傳在昆侖西北），以六
> 合爲小，不足肆行。言道德盛大，無所不包也。

簡單說，這是以衣服長大不能舒展喻德能廣大不能施用。在嚴賦
中，這是用來寫屈原命運的。這裡李白用以自況，與前面大鵬的比
喻同樣都有才大運乖的意思。末句用了《史記·孔子世家》魯人西
狩獲瑞獸麒麟，孔子爲之感歎出涕的故事。其意蓋謂時無孔子，雖
然自己珍貴而運舛，一如魯之麒麟，也無人爲之感歎了。**㉓**

㉓　以上一段詳見施逢雨，《李白詩的藝術成就》，頁35－36。

第四章　道教徒式的隱士李白

（１甲）

　　李白一生經常隱居山林，學道求仙，這是第二章考索所得的另一重要結論。對關心唐代社會與文學的人來說這也是耳熟能詳的事。但是，歷來學者討論這些活動時，多半只把他們當做宗教和生活方式來處理，較少注意到他們是否有特別的政治社會背景。一九六一年陳貽焮發表了一篇文章，題爲〈唐代某些知識分子隱逸求仙的政治目的──兼論李白的政治理想和從政途徑〉。❶該文指出，唐朝廷有崇尙道教及隱士之舉，李白與當時許多士人之隱逸求仙實有藉以干祿求仕之意。這使我們對李白的了解拓展了不少。本章頭兩大段敘述唐代崇道、崇隱措施的部份將會引述補充陳文的一些論點。另外，透過陳文的啓發，本章其他部份還試圖進一步探討一些待決的有關問題，如當時道教的特色爲何、道士與隱士是同是異、以及社會如何看待隱逸求仙以求仕進的做法等。基於論題的要求，我在舉證和推論時，自然都特別著眼於李白時期。有時爲了說明問

---

❶　見該年《北京大學學報》。此文後來收入陳所著《唐詩論叢》。

題，在可能範圍之內也會追溯唐初至李白時的整個發展概況。至於李白以後至唐朝末年的情形，則本章大致上未能顧及。文中「唐代」、「唐時」等指涉整個朝代的字眼往往只是爲了行文方便而泛用，不能拘執。謹先在此說明。

有唐一代，道教因爲日漸得到皇室尊崇，發展十分蓬勃。道士之與唐室相結納從唐開國時期就已開始。當時，道士直接間接散佈了種種有利於唐室的讖言。例如，高祖武德三年（620）有晉州人吉善行稱於羊角山見一老叟（指老子）自稱爲唐天子先祖，並預言唐室將享國千年。高祖聽了甚感訝異，於是下詔在山上立廟紀念。❷又據記載，王遠知（唐代第一個茅山道教祖師）曾在唐建國前密傳符命給李淵，後來又曾告訴微服謁見的秦王李世民說他將作「太平天子」。❸自然，爲唐室立這種功勞的人後來大概總會由朝廷得到酬庸。❹

但是，剛開始時唐朝似乎還無意特別尊崇道教。（本章基本上將

---

❷ 見《唐會要》50／865。道書《歷代崇道記》（《正統道藏》，《洞玄》部，惟上；時代及作者見下面正文），頁4及《猶龍傳》（宋賈善翔撰；《道藏》，《洞神》部，敬下）5／11a年代均作武德元年而非三年。又參照崔元明〈大唐……龍角山慶唐觀……頌〉，《英華》779／3－5（龍角山即羊角山；見《崇道記》，頁4b及《猶龍傳》5／14a）。

❸ 見李渤（唐）〈眞系〉，《雲笈七籤》（《四部叢刊初編》本）5／29及《舊書》192／5125。

❹ 依《歷代崇道記》，頁4－5及《猶龍傳》5／12－14，吉善行與王遠知均獲贈禮物，並分別授爲朝散大夫（吉）及朝請大夫（王）。《混元聖紀》（宋謝守灝撰；《道藏》，《洞神》部，與）8／2－3中也記載了一些類似事例。

不討論唐代帝王對道教的個人態度，因爲這點與本章主旨關係較遠，而且遠非本章所能輕易兼顧。）先說，上述那些立功的個人所得到的酬庸通常只是禮物和名譽職位。❺再者，終高祖之世，唐室對道教的崇奉只不過是偶爾拜謁一下終南山的老子廟以及從事其他一些類似活動而已。❻唐朝廷這種態度還可從武德九年（626）的一道詔命裡看出。這道詔命的主要目的在處分武德七年（624）以來道教徒與佛教徒之間的一場激烈爭端。在那場爭端裡，曾做過道士的大臣傅奕從民族的、文化的、經濟的、甚至安全的立場猛烈攻擊佛教，並力主勒令所有佛教僧尼還俗。❼佛教徒在反擊時也對道教徒做了類似的指控。❽結果，高祖於武德九年五月下詔，令所有僧、尼、道士、女冠，除部份眞正恪守教義者外，盡皆還俗。他並令全國只准於京師留佛寺三所、道觀二所，於諸州各留寺、觀一所。❾這道詔

---

❺　見上註。

❻　在《舊書》及《新書》〈本紀〉裡，我只發現高祖於619年祭祀華山（《新書》1／10），624年幸終南山樓觀（老子廟）（《舊書》1／15；《新書》1／18）。另《混元聖紀》8／6有高祖於619年下詔整修樓觀，620年親訪此觀的記載。

❼　見《舊書》79／2714－17及《新書》107／4059－61傅奕傳以及《唐會要》47／835－36。又見Kenneth Ch'en, *Buddhism in China:A Historical Survey,* pp.215－16, 522。Ch'en年代作621而非624，不知何故。

❽　明槩，〈決對傅奕廢佛法僧事〉，《大正藏》，卷52，頁168－75；法琳，〈破邪論〉，同前書，頁160以下。

❾　《舊書》1／16－17；《新書》1／19、《唐會要》47／836及《通鑑》191／6002－03所記較爲簡略。此事月份今依《舊書》之「五月辛巳」。《新書》及《通鑑》均作「四月辛巳」，然依陳垣，《二十史朔閏表》，頁84，該年四月似無辛巳。《唐會要》作二月。

命對道教的確遠比對佛教寬容，因為當時佛寺、僧侶本遠比道士、道觀多。❿但是，很明顯地，這詔命的用意並不在崇揚道教，而在壓抑佛教。唐朝廷理當期望見到這兩個流行宗教受到嚴格控制並且互相平衡。不過，這個命令還未及施行便發生了李世民的玄武門政變。事變後唐朝廷解除了對佛、道二教的禁令，有可能是作為一次全國性大赦的一部份，但同時也可能是由於怕導致社會不安。⓫

太宗朝崇奉道教的最重要一項措施依然是象徵性、權宜性的；但是這項措施後來影響相當深遠。貞觀十一年（637），太宗就僧侶與道士之相對地位問題下了一道詔書。他在這道詔書裡指出，當時士庶競相崇尚外來的佛教，而輕忽本土的道教，實有不當；接著又指出，唐室源自老子，唐之建國深蒙老子及其教化之福佑。他因此命令從此以後在各種公共齋會儀式上以及在提起僧道名號時，道士都應排在僧侶之前。⓬太宗下這道詔命，看來主要是出於政治考慮。這因為，第一，他個人對道教顯然並無特別喜好。⓭其次，

⓾ 唐代初年，正式受度的道士可能不會超過二至三千人（見下面正文）。正式受度的僧尼在隋朝時有二十三萬之多（Arthur Wright, *The Sui Dynasty*, p.137；參照Ch'en, *Buddhism in China*, pp.241－42）；到初唐時可能減少了一些，但仍與道士比數懸殊（見Ch'en，前引處及下文註❸）。僧道數目對比既然這麼大，則寺觀數目的差異理當不小。亦見註㉑。

⓫ 《唐會要》47／836；《新書》1／19；《通鑑》191／6012。

⓬ 見《唐大詔令集》113／586；《唐會要》49／859；及彥琮，《唐護法沙門法琳別傳》，《大正藏》，卷52，頁283下。參看Guisso, *Wu Tse-t'ien*, p.218, n.29。

⓭ 依《貞觀政要》〈慎所好〉篇第二段記載，太宗曾於628年告訴近臣說，秦皇、漢武求長生不成的事可以證明一切神仙之說均屬虛妄。

唐室之自稱爲老子後裔本來就是提高其社會地位的努力的一部份。
（誠如前文所說，李唐因爲不是出自中原大姓，立國之初社會地位遠比不上
其政治地位。）⓮又，據《唐會要》記載，貞觀八年（634）時曾有
百姓上書，祈請太宗每日延請十位佛教大德入宮加以禮拜，致使太
宗不得不懷疑請願背後有僧侶在教唆。⓯這顯示唐朝廷可能會覺得
有抑制佛教勢力的必要。也許太宗也想到要以道教作爲一股制衡力
量，迂迴壓抑佛教。不過，不管其用意如何，上面這道詔命實開創
了唐室以道教爲其先祖老子之教化而加以崇奉的傳統。（太宗的聲明
嗣後於乾封元年（666）及景龍二年（708）分別由高宗及中宗再度肯定。）⓰

　　高宗以後，對道教的崇尚雖然依舊脫不掉政治權宜的色彩，卻
日漸超出象徵性的措施之外。道教在此崇奉之下的發展情形，就與
本章相關者而言，共有四個方面應該先扼要說明一下。⓱這四方面
是：㈠道士與道觀的增加，㈡道書在士大夫階層的普及，㈢朝廷對
著名道士的尊崇以及㈣公主之入道與王公大人之捨宅爲觀。

　　唐朝初年道士爲數尚少。根據唐末名道士杜光庭的《歷代崇道
記》，隋文帝朝僅有兩千人正式度爲道士，而煬帝時則更僅有一千
一百人。⓲依這個記載，唐朝剛建國時正式受度的道士應只有二、

⓮　見第一章（3甲）。

⓯　《唐會要》47／836。

⓰　Guisso, *Wu Tse-t'ien,* p.218, n.29；《全文》12／13b及18／8a高宗、
　　中宗所頒有關詔書。

⓱　關於高宗至玄宗間道教發展的一般情形，窪德忠《道教史》，頁228－34
　　有簡要的敘述，可以參看。

⓲　《歷代崇道記》3b－4a。

三千人左右。（當然，就如亞瑟·萊特（Arthur Wright）所説，未正式
受度但有修鍊學道之實的人在當時很常見。）⑲由於當時宗教信徒多半有
炫耀本教的傾向，上面的數目若有不實之處，則應該只會大於而不
會小於實際的數目。⑳既然道士人數這麼少，道觀想來也就不至於
太多。㉑乾封二年（666），高宗在東封泰山之後下詔於兗州（泰山
所在地）置道觀三所而於諸州各置一所（全國在639年時共有州、府三百
五十八）。此詔同時命令立同樣數目的佛寺。㉒永淳二年（683），
高宗改元弘（宏）道，以表光大老子教化之意。他同時並命令於全
國上州各置道觀三所，中州置二所，下州置一所；每觀各度道士七
人。㉓武周時期，道士、道觀的增長有一陣和緩的衰退。（武則天爲

---

⑲ *The Sui Dynasty*, p.137.

⑳ 僧人明槩在反駁傅奕的攻擊時曾説當時全國有數萬道士（見註❸所引明
槩文，尤其是頁169下）。從下文所將舉出的開元時期道觀數來判斷，這
個數目顯然不可靠。由於明槩當時重在強調道士對國家經濟的損害，他
大概誇大了道士人數；要不然，他或許是把那些未正式受度的修道者也
算進去了。

㉑ 這個時期全國究竟有多少道觀，現已不得而知。Arthur Wright, *The
Sui Dynasty*, p.137，説隋文帝末年京師大興城只有16所道觀（但有120
座佛寺）；但在D.C. Twitchett, ed., *Sui and T'ang China, 589–
906*, Part I, p.78則説是10所。其根據不詳。另《歷代崇道記》，3b–
4a，説文帝時京城建道觀36，煬帝時建觀24。由隋代僧道人數之對比看
（見註❿），Wright的數目似乎較爲可能。

㉒ 此事見《舊書》5/89–90；《唐會要》48/850所載非常簡略。州府數
見《舊書》38/1384及《新書》37/959。據《唐會要》，兗州諸觀將各
度27人。

㉓ 〈改元宏（弘）道大赦詔〉，《全文》13/18a–19a；《舊書》5/111。

了某些政治需要而崇揚佛教，不過並沒聽說有貶抑道教的舉措。）❷過後，這種增長立刻又恢復了。神龍元年（705）中宗下令於諸州各置一道觀（及一佛寺）以慶祝唐室的中興；這些寺觀就都命名爲「中興」。❷誠然，上來這些詔命並未十足施行。❷不過，他們總的影響顯然不小，這可由稍後所將列出的開元時期道士、道觀數看出。除了這些彰明較著的全國性的擴展之外，還有一些零星的增長。例如，開元十九年（731）曾應名道士司馬承禎之請求於五嶽置眞君祠。❷又，前面已提示，當時王公大人往往捨宅爲觀。這點留待下文再討論。經過了幾十年的累積，到了開元年間（713-741），全國道觀總數增加到1,687所（其中1,137所爲道士，550所爲女冠），而道士、女冠數則可能多達一萬五。❷的確，這個數目比起佛教僧尼（僧75,524人，尼

---

❷　見Guisso,　pp.26-50，尤其是37-38；及陳寅恪，〈武曌與佛教〉，《陳寅恪先生論集》，頁305-315。

❷　《舊書》7／137；《唐會要》48／847，「龍興寺」條；《舊書》7／143；《通鑑》208／6610。

❷　高宗在683年的詔命頒佈之後隨即駕崩（見註❷所引書）；因此，該詔命很可能並沒施行。根據上註所引資料，705年的詔命確曾施行。但是，據《唐會要》48／847，長安一座原稱眾香寺的佛寺在705年改稱爲中興寺。這顯示所謂置一座寺觀並不必然意味增建一座。

❷　此事《舊書》192／5128司馬承禎傳及《唐會要》50／879記載較詳細。在年代方面，《舊書》未明白標示，而敘述於開元十五年以後；《唐會要》則作開元九年。另《舊書》8／197玄宗紀及《通鑑》213／6796均略謂開元十九年有此事（舊紀眞君祠作老君廟；按眞君指得道眞仙而言，非必指老君，舊紀此點恐誤）。又《通鑑》胡注引程大昌《演繁露》及杜佑（《通典》？）語，分別作十九年及九年。今暫從《通鑑》及舊紀。

❷　前三個數目見於《唐六典》4／23a；此書編於開元後期。《唐六典》可

50,576人）來仍然小得多。❷但是，只要我們留心到僧尼人數自唐初至開元時期縮減了幾乎一半的事實，我們就很容易可以看出道教的強大活力來。❸道士和道觀數目既然不斷上升，士人接觸道教的機會自然也就不斷增加了。

　　道教的另一個重要發展是道書成了考試內容。高宗上元元年（674），武后上表奏稱皇室出自老子，而《道德經》五千言爲老子之教，故請王公百官均習老子《道德經》，並於明經考試中加考此書（明經本來只考儒家經典）。高宗准其所奏。次年，《道德經》

惜沒有指出道士的數目。《新書》48／1252謂全國有道觀1687座，道士776人。女冠988人。des Rotours, *Fonctionnaires* p.383, n.5，已指出其說之不可靠（亦見《唐六典》上引處）。據《歷代崇道記》，頁20a，中和年間（881—84；書即作於其時）全國有一千九百多個道觀，一萬五千多正式受度的道士。由於《崇道記》作者爲京城高階道士，而該書據說又是進呈給朝廷的（見該書末尾），上列數目基本上應該可靠。這是我的估計的第一個根據。除此之外，我們知道當時雖然有些特別重要的道觀人數較多（例如太宗爲王遠知建的茅山太受觀（《舊書》192／5125）及666年高宗下詔於兗州建置的諸觀（上文及《唐會要》48／850）），一般的觀裡人數卻可能少到只有七名（見上文）。因此，我們可以假設當時每觀道士平均八、九名而得到一萬五千這個約數。

❷　《唐會要》49／863及《新書》48／1252。又參照《唐六典》4／24a（文中「一一一三」應作「二一一三」）及《舊書》43／1831。誠如des Rotours （*Fonctionnaires*, pp.383—84, n.6）所指出，這些數字可能反映了開元時期的情況。

❸　註❿已指出隋朝時有二十三萬僧尼。624年佛道二教發生爭端時，法琳曾在他的〈破邪論〉裡引述傅奕的話說當時全國有僧尼二十萬（《大正藏》，卷52，頁163b）。這個數字推算起來應該大致不錯。

不但成爲明經考試的內容，也成爲進士科的內容。❸這項措施在武則天即位數年後於長壽元年（693）中止，但到了神龍元年（705），又在中宗之下恢復。❸開元二十一年（733），玄宗親自注釋了《道德經》，並詔令天下家藏一本。他並加重了《道德經》在各考試中的份量。❸開元二十九年（741），詔令兩京（長安與洛陽）及天下諸州設置所謂「崇玄學」，招收生徒修習《老子》、《莊子》、《文子》、《列子》；並設一個新的考試科組，稱爲道舉，專考這些典籍（應試者似乎僅限於崇玄學學生。）❸這類措施除了與對老子及道教之尊崇有關外，至少在玄宗時期也許還有鼓勵士人沖虛謙退、不爭仕進的作用。此點容後另論。開元二十九年以後，玄宗似乎多少降低了普及這些道書的努力（我尚未能解釋其原因）。❸但是，先前那些措施顯然已足以對士人產生很大的影響了。在此，值得同時一提的是，依陳國符氏研究，玄宗曾以宏揚老子玄教爲由，在先天（712－13）中命京中諸觀大德及昭文、崇文兩館學士修《一切道

---

❸　《唐會要》75／1373；《舊書》5／99；《新書》44／1163；《通鑑》202／6374；《元龜》639／19a。又參照Guisso, p.30。

❸　《通鑑》205／6490；《唐會要》75／1373；《舊書》7／137。

❸　見《舊書》8／199，《新書》44／1164，及des Rotours, *Examens*, pp. 170－71。《新書》中用「加試《老子》」一語，易生誤解，得特別留意。《登科記考》8／1a－2b收有一道與這些命令有關的詔書。

❸　見《舊書》9／213，24／925；des Rotours, *Examens*, pp.172－73，正文及註；《唐會要》77／1404；《元龜》53／18。

❸　742年他下令除道舉外各種考試不再考《老子》（《唐會要》75／1374）；750年他又下令道舉不考《老子》而加考《易經》（des Rotours, *Examens*, p.175）。

經音義》，以助了解道經；又在開元中（713－41）發使搜訪道經，
纂修成藏，稱爲《三洞瓊綱》，並於天寶七載（748）下詔傳寫，
以廣流布。❸按《三洞》即道藏中最重要的《洞眞》、《洞玄》、
《洞神》三部，舉之可以總括全藏。❸這除了《老》、《莊》等道
家、道教共尊的古典外，自然還包括了神仙、符籙、丹藥等特具道
教色彩的著作。唐朝廷推廣、流布此類書籍之舉雖然似乎直到天寶
七載才有，其前修《一切道經音義》及訪求道經修成道藏一類舉措
應該已足以起推波助瀾的作用，使當時士人對道書的熱中不僅限於
《老》、《莊》等書而已。❸

　　唐代帝王對出名道士與對整個道教的崇揚頗相一致。朝廷經常
會徵召一些道士入京。❸這些人入京後通常被安置於翰林院，以待
皇帝隨時向他們詢問自鍊丹至道家無爲而治的政治理想等方面的問
題。❹當這些道士請求還山時，朝廷通常會頒賜禮物和名譽官位

---

❸　見《道藏源流考》，增訂版，上冊，頁114－21。

❸　同上，頁1－6。

❸　我沒有見到此時期考試考神仙、符籙一類典型道教著作的記載。Michel
　　Strickmann（*Encyclopaedia Britanica,* 1979 ed., vol.17, p.1049）說
　　唐代曾令舉子考《度人經》或《黃庭經》，不知其詳情與根據爲何，謹
　　附記於此。（《唐會要》50／867載長慶二年有勅，命諸色人中有欲入道
　　者，但能精熟《老子經》及《度人經》即可。《度人經》可以《黃庭經》
　　代之。豈即爲Strickmann所本？）。

❸　除另指明者外，以下一段係依據《舊書》191、《新書》196〈隱逸傳〉
　　以及《舊書》191／5106－08張果、葉法善傳。

❹　見《舊書》192／5129吳筠傳及《新書》200／5703尹愔傳。關於唐代前
　　期翰林院的性質，參見第三章（8丁）。

給他們，有時還會特爲他們興建館舍，以利清修。吳筠（曾與李白相過從）和一些茅山道教的祖師，如王遠知、潘師正、司馬承禎等，算是受到此種禮遇的道士中的佼佼者。

最後，我們來看看公主入道與王公大人捨宅爲觀的情形。入道的公主最早見於記載的是高宗、武后之女太平公主。咸亨元年（670）武后之母楊氏逝世，后請度公主爲道士以幸冥福，但直到儀鳳年間（678-78）爲拒吐蕃求婚才眞正爲之築觀，使如道士一般薰戒。❹由此到八世紀末，入道的公主最少還有六人。❹其中最出名的是睿宗女金仙、玉眞兩公主。睿宗於景雲元年（710）十二月以二公主爲女冠，以資天皇太后（高宗、武后）之福，隔年五月並且大興土木，爲之造觀。❹公主入道時有的並未由朝廷立觀，

---

❹ 見《新書》83／3650太平公主傳，《唐會要》50／877「昭成觀」條，50／870「太平觀」條。《新書》所提到的榮國夫人即武后母楊氏（見《舊書》4／74-5永徽六年十一月，4／81顯慶五年冬十月，4／95咸亨元年九月及《通鑑》201／6365咸亨元年九月）。

❹ 除了下面要提到的金仙、玉眞兩公主外，玄宗女萬安公主天寶時爲道士；楚國公主興元元年（784）請爲道士，詔可之（以上見《新書》83／3658-59）；新昌公主天寶六載因駙馬蕭衡亡，奏請度爲女冠（《唐會要》50／877「新昌觀」條；《新書》83／3658）；永穆公主天寶七載出家，捨宅爲觀（《唐會要》50／877「華封觀」條；宋敏求《長安志》8／3b；公主宅所置觀《長安志》作萬安觀而非華封觀，其書另有華封觀，係高力士捨宅置，詳見下文）。

❹ 見《通鑑》210／6659，6665，6667-68；《唐會要》50／871；《舊書》7／157；《新書》83／3656-57。兩公主原封西城、隆昌公主；《唐會要》稱金仙爲西寧公主，不知何故。《新書》謂太極元年（712）造觀爲女道士，不知純係錯誤抑或別有他故。

而是自己捨宅爲觀。❹實際上，當時的公主和其他王公大人，不管是否入道，都常有捨宅立觀的事。❺可能就由於此類風氣太盛，玄宗先天二年（713）五月曾敕王公以下不得「輒」奏請將莊宅置寺觀。❻這種命令其他時候是否還有以及執行到什麼程度，現在已經難以查知。不過在我們已知的事例中，賀知章係於天寶三載（744）致仕入道，並奉准以自宅置觀，居住其中；高力士係於天寶六載（747）捨宅爲觀；李林甫亦係於玄宗朝（不知何年）奏分其宅部份爲觀。❼看來王公大人捨宅立觀的風氣無論如何並未在玄宗朝衰歇下來。上述這些王公的做法除了在某種程度上增加道士、道觀數目外，應該還有吹噓整個道教的功效。這因爲，此等做法不論其動機如何，表面上無不與朝廷尊崇道教之舉緊相呼應。而風動則草偃，皇室朝臣有好之者，下民往往就更有過之者了。就中像玉眞公主那樣與一般士人頗有往來者，其影響自然更爲可觀。❽此理甚明，此處無須贅言。

---

❹ 見註❹永穆公主部份。

❺ 除了下文將要提到的賀知章、高力士和李林甫外，這裡再舉一些例子：①《唐會要》50／877謂開元二十八年蔡國公主捨宅置九華觀；②《長安志》8／2b謂元眞觀神龍元年爲長寧公主第，後公主奏請爲景龍觀，天寶十二載方改爲元眞觀；③《長安志》8／11b謂天寶五載貴妃姊裴氏請捨宅置太眞女冠觀。

❻ 見《唐會要》50／878「雜記」部份。

❼ 分見《舊書》190b／5034、《新書》196／5607賀本傳；《長安志》9／1b「華封觀」條；及《長安志》8／3b「嘉猷觀」條。

❽ 李白有〈玉眞公主別館苦雨贈衛尉張卿二首〉（見《王本》9／475以下），儲光羲有〈玉眞公主山居〉（見《全詩》139／1418）；依詩意應該都是以布衣身份遊於公主門下時所作。

（1乙）

　　出名的隱士，就和出名的道士一樣，也受到唐朝廷的禮遇。調露二年（680），高宗由東都洛陽（玄宗開元二十四年以前唐朝廷常在洛陽）前往汝州的一個溫泉遊覽。途中他親訪了嵩山隱士田遊巖。接著他便把田徵召入都，授爲崇文館學士（崇文館屬東宮；學士掌管圖書經籍並教授生徒）。❹另一位著名的嵩山隱士盧鴻（《舊唐書》本傳作鴻一；似以作鴻爲是）先是屢徵不應，最後則於玄宗開元六年（718）奉召至洛陽。他在洛陽被授爲諫議大夫（諫官），但沒接受，稍後便由朝廷致贈厚禮賜還隱所。❺在《新、舊唐書》的〈隱逸傳〉裡還有不少玄宗之前或玄宗時隱士受朝廷禮遇的故事，這裡就無須一一提及了。在玄宗朝，對高士的崇揚升了級，最後甚至有些制度化起來。我從當時的兩道敕命和岑參的一首詩裡發現，唐朝廷在開元末期和天寶前期至少舉行了二或三次制舉，甄選著名隱士入朝爲官。❺

---

❹　《舊書》192／5117；《新書》196／5598－99；《通鑑》202／6393。

❺　見《舊書》192／5119－21，8／179開元六年；《新書》196／5603－04；
　　《通鑑》212／6732；及段成式，《酉陽雜俎》，前集卷五「怪術」篇第234條。盧的名字除《舊書》192本傳作「鴻一」外，餘均作「鴻」。《通鑑考異》云：「舊傳作盧鴻一，本紀、新傳皆作鴻。按中岳眞人劉君碑，云盧鴻撰，今從之。」是則當以作「鴻」爲是。此註蒙周鳳五教授多所賜教，謹此致謝。

❺　《唐大詔令集》106／549－50，541－42（參照《登科記考》9／7a－b）收有〈處分高蹈不仕舉人勅〉及〈處分制舉人勅〉兩道詔命，是宣布兩個高隱制舉的結果的。由草擬者孫逖的生平推斷（《舊書》190b／5044），第一道詔命當係頒於開元二十四年至天寶三載（736－44）間。第二道則

　　唐代之禮遇高士也有其政治動機在。誠如陳貽焮所指出，在平常時候（以對比於動亂時代）退隱江湖多少總有點不滿時政的意味；因此，徵聘隱士可助朝廷製造深得人心的假象。❷再者，古代曾有一些特別傑出的隱者，一出山便成爲股肱之臣，成就了千古不朽的事功。在這個傳統的影響下，唐代的出名隱士自也常有賢能正直之名。藉著徵選一些隱士入朝爲官，朝廷就可予人以盡力任用賢能的印象。這樣的動機可以從下面關於田遊巖和盧鴻的兩段記載裡看出。《舊唐書》田遊巖傳說，高宗在造訪遊巖時

> 謂〔遊巖〕田：「先生養道山中，比得佳否？」遊巖曰：「臣泉石膏肓，煙霞痼疾，既逢聖代，幸得逍遙。」帝曰：「朕今得卿，何異漢獲四皓乎？」〔時中書侍郎〕薛元超〔在側，〕曰：「漢高祖欲廢嫡立庶，黃、綺方來，豈如陛下崇重隱淪，親問巖穴。」帝甚歡。❸

按四皓即商山四皓（引文中的「黃、綺」指四皓中的夏黃公與綺里季），秦末漢初人。劉邦得天下，四皓對其作爲有所不滿，隱居不出。後劉邦欲廢太子（即劉盈，後嗣位爲惠帝），太子依張良計策求助於四皓。四人於是出山入京，協助太子，終使劉邦改變廢立之意。❹高

　　依《元龜》98／18a－b係頒於天寶四載（745）。岑詩所提那一次高隱制舉舉行於742年（詳見下文），不知與孫逖草詔的那次考試是同是異。
❷　見陳，前引文，《唐詩論叢》，頁168－69。
❸　《舊書》192／5117；參照《新書》196／5599。
❹　見《史記·留侯世家》及《漢書·張良傳》。

宗將田遊巖比爲四皓，言下彷彿視之爲棟樑之才。然而，我們暫且不論田遊巖職位之無足輕重，單單揣摩一下這段對話，也可以看出他眞正在意的是「崇重隱淪，親問巖穴」，廣「獲」高士支持的美名了。又，玄宗在授盧鴻諫議大夫職的詔書裡說：「盧鴻一（按：原文如此）應辟而至，訪之至道，有會淳風，爰舉逸人，用勸天下。」⑮所謂「爰舉逸人」二句，出自《論語·堯曰》首章的「舉逸民，天下之民歸心焉。」類似的話也被引用在送盧鴻離京還山的詔書以及剛剛提到的兩道有關高隱制舉的敕命裡。⑯這無疑是當時朝廷尊崇隱士的整個努力中的一個重要主題。

　　提倡隱逸與提倡《老》、《莊》等道書一樣，也許也兼有舒解士人出仕要求的用意，至少在玄宗時是如此（詳下）。

　　可能由於唐室主要是把對隱士的尊崇當作一種政治手段，受召隱士在政治上並未扮演任何眞正重要的角色。一個隱士應辟至朝廷後，通常被授一個與隱士身份相當而無政治實權的位置。各種諫官之職（例如諫議大夫，四品）就常授與這些人。⑰又，誠如陳貽焮所說，由於商山四皓出山輔佐漢高祖太子的故事，東宮（太子所居）官職之授與也很常見。前面提到的授給田遊巖的崇文館學士就是一例。其他還有洗馬（掌管經籍並侍從出入，五品）、中舍人（掌侍從、獻納、啟

------

⑮　見註⑩。引文出自《舊書》。

⑯　見註⑪。

⑰　除了盧鴻外，史德義亦授諫議大夫（武則天時）；見《太平御覽》506／3b。（《舊書》192／5117-18及《新書》196／5599都說史德義授爲朝散大夫。然朝散大夫爲散官，有銜無職，而《舊書》該處明明指出史授爲諫官；因此，此處從《御覽》。）

奏、五品）等。❸不過，許多被召的隱士都並沒有接受官職，有一部
份可能因爲的確對山林中清靜逍遙的生活較有興趣，另有一部份則
可能因爲體察到自己主要只是被召入京去參加一場政治遊戲而已。
對於這樣的人，唐朝廷就極力褒獎他們的高蹈之志，然後送他們光
榮還山。❺至於那些選擇留在宮中的人，則其官場生涯多半以失敗
了結。❻在玄宗朝，當隱士大批被薦入朝參加制舉時，這些隱士所得
的待遇自然也就更差了。在上文提到的玄宗朝甄選隱士的制舉裡，
有一次（舉行於天寶四載，即745年）只有三人登第（而應試者甚多，詳下；
又，其餘的考試登第人數不明）。這三個人中有一個授爲左拾遺（諫官，

---

❸ 見陳，前引文，《唐詩論叢》，頁169。田遊巖後來曾授太子洗馬（《通
鑑》202／6403）；武后至玄宗時人王友貞曾授太子中舍人（《舊書》
192／5119）。

❺ 例見《舊書》192／5118－21，5124有關王友貞、盧鴻、王希夷、白履忠
諸人的記載。參照《新書》196／5600－01，5603－04。又參看陳貽焮，
前引書，頁168－71。

❻ 就我所知，到李白卒年（762）爲止，由隱士身份轉爲政治人物而能眞正
在政治舞臺上扮演重要角色的只有李泌一人。而李泌的際遇顯然不是一
般隱士所能想望的。這因爲李泌出身於一個極有聲望的家族，而且很早
就得到玄宗及一些達官顯宦的知賞；他以隱士身份從嵩山獻書論政時，
就是由於早年的表現而被玄宗徵召入宮的。再者，被召入宮後他所能做
的也只不過是待詔翰林、供奉東宮（當時的太子即後來的肅宗）而已。
如果不是爆發了安祿山之亂，使得與他有深厚私交的肅宗能趁機自立於
靈武，他也不會有機會成爲布衣卿相一類人物。（見《舊書》130／3620
－23及《新書》139／4631以下李泌傳；此說蒙蒲立本教授（Edwin　G.
Pulleyblank）提示，謹此致謝。）
至於隱士政治生涯終歸失敗之例，可見《舊書》192田遊巖（亦見《通鑑》
202／6403）、史德義、徐仁紀、及孫處玄傳。

八品），另外兩個則不過授個與高隱身份不相干的小官金吾衛兵曹
參軍事（屬京城巡防部隊，正八品下）了事。❻很明顯地，這些隱士只
不過被當做一般追求仕祿的人對待而已。

（ 2 甲 ）

　　唐朝前期崇尚道教和隱士的情形已如上述。這些崇揚措施合起
來對李白及其同時士人的影響如何呢？這個問題必須從多種角度來
說明。以下我們先來探討當時道教的性質以及道士與隱士的異同。

　　依一般定義，我們現在所用的「道教徒」一詞（唐朝時似乎還沒
有）可以簡單說就是指信奉道教的人。而所謂道士就是指專業性的
受度的道教徒。至於隱士，則是指不追求仕進，寧願生活於隱微之
中，通常僻居鄉野山林的那些士人。就如上文所說，隱居常含有各
種政治意味，而隱士也因此常被召請充任各種政治角色。不過，不
管是否與政治有葛藤，隱士與道士一般上應該不難區分。

　　但是，唐朝時的情形比較複雜一點。當時，最流行的道教形式
是茅山道教。茅山位於現在的江蘇鎮江南方，傳說漢茅盈、茅固、
茅衷三兄弟得道於此，因而得名，亦稱三茅山。東晉（四世紀）時
有楊羲及許謐、許翽父子傳於此得所謂上清仙界仙人（稱為「真」或
「真人」）秘傳經、傳（真人生平）、訣（輔助說明）等。後經陶弘景
（齊、梁之際）等整理、發揮、傳播，漸於先前流行的天師道之外形

---

❻　《唐大詔令集》106／541－42；《元龜》98／18a－b。

成一新道教，發展至唐代而臻於極盛。這一派道教描繪了一個階層
井然的神仙世界。這些仙眞或居住於天外，或居住於各地名山中號
稱爲洞天福地的超凡境界裡。此派又深信神仙可求。成仙之道重在
得仙人或師父祕傳以及服食各種仙丹。爲了養生，此派也講求各種
節食及練身方法。可能就爲了尋求仙眞或異人的接引，爲了專心致
志採藥鍊丹，信徒往往遁跡山林。因此，唐代道教徒，不管是否出
家爲道士，多有隱居之實。⑫再者，史屈克曼（Michel Strickmann）
氏曾撰文指出，茅山道教的發源地係南北朝時的南朝，其創建發展
者是一些所謂的「南士」，也就是吳地世族。當時南朝政權主要控
制在北方南下的人手中，南士在政治上頗受歧視壓抑。茅山派的開
創人物中有很多雖然是虔誠傑出的宗教人物，就傳統史官修史的標
準而言卻都可算是隱士。他們努力透過他們所開創的新教派取得了
崇高的精神地位，受到那些來自北方的帝王顯官的敬重。其宗教活
動之具有政治意味是不言可喻的。⑬陶弘景的生平是一個有力的例
子。陶爲茅山派巨擘，前面已經說過。梁朝開國時他曾援引圖讖以
助之。梁武帝時，他深受尊崇，曾屢次被召入宮，諮詢國政。陶因

---

⑫　關於茅山道教之創建及早期發展情形，可參看Michel　Strickmann,(1) "
　　The Mao Shan Revelations: Taoism and the Aristocracy, "
　　T'oung-pao, 63（1977）, 1–64；(2) "On the Alchemy of T'ao
　　Hung-ching," in Holmes Welch and Anna Seidel, eds., *Facets
　　of Taoism: Essays in Chinese Religion*, 123–192. Edward H.
　　Schafer的 *Mao Shan in T'ang Times*對茅山及其與唐代士人生活之
　　關係有一般性的探討。

⑬　　"The Mao Shan Revelations," pp.31–40。

此有「山中宰相」之稱。❻❹這意味著說茅山派的高道同時扮演了一個傳統上常由著名隱士所扮演的政治角色，那就是象徵性的國師。入唐以後，這種現象仍然繼續著。出名的道士仍然有良好的社會、教育背景，甚有高士之風。❻❺而且，如上文所已指出，這些名道士也同樣常被朝廷尊爲國師一類人物。因此，唐代的道教實具有中國隱士傳統的大部份特色。

（2乙）

　　這樣一個道教教派日漸流行之後，隱士中自然就日漸有人受到影響，從事道教活動。初唐時，隱逸、求仙風氣都還未大盛，隱士學道的例子也就較少。從唐初到武則天時期我至今只找到兩個。其一，唐初高士王績有一個姓仲長的隱士朋友，此人頗重「服食」（嚴律飲食、服用藥物以求長生之術）。❻❻其二，武則天時出名的假隱士盧藏用也從事練氣、辟穀（指禁斷五穀：一種服食方式）等活動。❻❼

　　到了李白時期，顯然由於各種崇道、崇隱措施累積產生了影響，隱士大增，隱士之從事道教活動者也大增。我們先來看看當時

---

❻❹　見《南史》76／1898－99、《梁書》51／743陶本傳及陳國符，《道藏源流考》，上冊，頁277。

❻❺　幾個例子：王遠知（《舊書》192／5125）、司馬承禎（《舊書》192／5127）、及吳筠（《舊書》192／5129；《新書》196／5604）。

❻❻　《舊書》192／5116；參照《新書》196／5594。

❻❼　見下，註❽❼。

隱逸之風有多盛。在李白同時或前後不久的著作裡，或者是有關此一時期的稍晚的資料（如《新、舊唐書》）裡，我發現了許多號稱爲「山人」、「野人」、「逸人」、「隱士」（或「隱者」）、「處士」或「徵君」的隱逸之士。❻❽（「徵君」古代原指有德而不應朝廷徵聘的人。）這一類人的數目有多大我們可以從下面幾點得到一點概念。首先，在李白本人的作品裡至少提到了十個山人，六個逸人，六個徵君，五個處士，及一個隱者。❻❾即使在與道隱之流人物並不特別有交往的詩人高適集中也提到了至少十個這類人物。❼〇其次，在前面提到

---

❻❽　以下各舉幾個例子。

　　①山人：岑參，〈贈西嶽山人李岡〉，《全詩》199／2059；劉長卿，〈送處士歸州因寄林山人〉，《全詩》147／1500；李白，〈寄王屋山人孟大融〉，《王本》13／662。②野人：孟浩然，〈題張野人園廬〉，《全詩》160／1650；《舊書》192／5129吳筠傳。③逸人：劉長卿，〈尋張逸人山居〉，《全詩》150／1555；高適，〈贈別沈四逸人〉，《全詩》211／2200；李白，〈上安州裴長史書〉，《王本》26／1246（「逸人東嚴子」）。④處士：《舊書》192／5121王希夷傳；李白，〈題金陵王處士水亭〉，《王本》25／1151；高適，〈贈別晉三處士〉，《全詩》213／2219。⑤隱士（或隱者）：岑參，〈江行……思裴眉隱者〉，《全詩》200／2065；孟浩然，〈宿揚子津寄……劉隱士〉，《全詩》159／1619；李白，〈望終南山寄紫閣隱者〉，《王本》，13／652。⑥徵君：李白，〈秋山寄……王徵君〉及〈鳴臯歌送岑徵君〉，《王本》13／651，7／393。

❻❾　爲方便起見，茲借用花房英樹《索引》中各詩的序列號碼，將有關作品列出。

　　①山人：311，415，426，502，557，564，629，650，896。②逸人：511，677，914，1014。③徵君：221，325，330，404，414，416。④處士：290，301，486，509，913。⑤隱者：417。

❼〇　除註❻❽已經提過的兩首詩外，見〈宋中遇林盧楊十七山人……〉、〈送

的二或三次高隱制舉中，有兩次我們略知梗概；而在這兩次考試中應試者都不少。其中有一次（舉行於天寶四載，即745年）在落榜者中因年歲特高而受到優待的就有五位；另一次（在開元廿四年至天寶三載間，即736至744年間）則單單謝病不應考的就有十六人之多。⑦

　　這些隱士往往或多或少從事一些道教活動。為免煩瀆，我們在此只舉兩個例證。⑦據兩《唐書》〈隱逸傳〉，開元時名處士王希夷曾隱居嵩山，師事嵩山道士黃頤，盡傳其閉氣、導引之術。頤死後希夷又前往徂徠山（在今山東），與另一道士一齊棲隱。他性喜《易經》及《老子》，曾進食松柏葉及雜花散（顯然是他服食活動的一部份）。⑦另詩人岑參曾在詩中提及一個叫李岡的山人。此人隱居西嶽，熟習丹經，曾服用黃精（由一種百合類植物製的長生藥方）。⑦既然道士多有隱士之風，而隱士又多學道，隱士與道士看起來就幾乎混同了。

　　楊山人歸嵩陽〉、〈送蔡山人〉、〈送郭處士往萊蕪兼寄苟山人〉、〈賦得還山吟送沈四山人〉、〈廣陵別鄭處士〉、〈贈別諸山人〉、〈武威……過楊七山人……〉、〈同章公題張處士菜園〉，《全詩》212／2202，213／2219，2220，2221，2222，214／2229，2231，2241。
⑦　見註⑤。
⑦　讀者若有興趣，可另參看下面幾個例子：①《舊書》192／5124自履忠（號梁丘子）傳；白曾註著名茅山經典《黃庭內景經》；②《新書》139／4632及《舊書》130／3621李泌傳；③高適，〈賦得還山吟送沈四山人〉，《全詩》213／2222；④岑參，〈尋少室張山人〉，《全詩》200／2087。
⑦　《舊書》192／5121；《新書》196／5600。
⑦　岑詩見註⑥，第①項。關於黃精的性質，見Joseph Needham *et al.*, *Science and Civilisation in China*, vol. V:3, pp.112, 450。

（2丙）

不過，當時的道士和好道隱士之間到底還有一個很重要的差別，那就是是否正式受度出家。道士是方外人，免賦稅徭役等義務，算得上是擁有特殊身份。因此，凡入道均須領有官方度牒，接受官方管理。⑤當業餘的道教徒就沒有這些麻煩。更重要的是，道士既然鄭重出了家，依理就應虔心信奉其宗教；而一般好道之士則沒有這層義務。所以，隱士（不管是否學道）問政比道士問政要順當得多。從某些跡象看來，這個差別似乎是朝野所共許的。首先，由前面的討論可以看出，唐朝廷對道士的尊崇僅止於偶爾崇奉少數個人而已，而對隱士則曾舉行制式化的考試全面考選，可見對道士與隱士之從政抱持著很不一樣的態度。其次，我們未曾聽說當時的道士動輒以出仕報國爲職志；但是，下面立刻會指出，隱士的心態與道士完全不同。

（2丁）

當時的隱士顯然多半有心以高人賢士的身分出仕。開元末期和

---

⑦ 由孫克寬，〈唐代道教與政治〉，《大陸雜誌》51卷2期（1975年8月），頁69—72所引各種資料，我們大致可以得到這樣的論斷。不過，孫文中有一條很重要的資料係由《辭海》（舊版）「度牒」條轉錄而來，其文曰：「《唐會要》『天寶六載，制僧尼道士，令祠部給牒。』」而我在《唐會要》卷48—50僧道部份、卷59祠部部份、及卷65宗正寺部份都沒找到此一記載。只在49／860查到：「（會昌）六年五月制，僧尼依前令兩街功德使收管，不要更隸主客。所度僧尼，令祠部給牒。」未知《辭海》根據爲何。

天寶四載的高隱制舉應試者那麼多就是很好的證明。不過，我們還可舉出一些更爲生動的例證。前面說過，岑參曾在詩裡提起一次高隱制舉。按該詩即〈宿關西客舍，寄東山嚴、許二山人；時天寶初七月初三日，在內學見有高道舉徵〉。❼❻「內學」疑指京中學校而言。「高道」指道行高超，不指道士，這可由嚴、許二人的身分得到印證。「徵」當是徵召告示。詩裡先敘述了離別思念之情，最後說：「蒼生今有望，飛詔下林丘。」這兩句意謂現在皇上下詔於山林丘壑中尋求隱居的高人，蒼生有希望獲救了。言下分明表示岑認爲嚴、許二人當有意於該考試。又高適有一首詩贈給一個晉姓處士，詩末尾說：「愛君且欲君先達，今上求賢早上書。」❼❼所謂上書，當是指透過延恩匭進獻著作，議論國是，以期獲得皇帝賞識。不管如何，我們可由詩句本身確定，高詩與岑詩立意幾無二致。

　　這些隱士出仕問政的企求並不因修道求仙而消減。高適曾形容剛才提到的那個晉姓處士說：「手持道經注已畢，心知內篇口不言」（「內篇」泛指神仙家言）。可見其人是學道的。除此以外，李泌也是一個很好的例子。李泌因在安祿山亂起之後以布衣身份在肅宗身邊參贊軍國大事而聞名於世。據《新、舊唐書》泌本傳，泌先前「恥隨常格仕進」，常游諸名山，好神仙不死術；天寶中曾自嵩山上書論當世務，因而蒙玄宗召見，得以待詔翰林。❼❽

---

❼❻　見《全詩》200／2065。詩題《英華》缺「內」字，另有些版本無「天寶初」三字。

❼❼　〈贈別晉三處士〉，《全詩》213／2219。

❼❽　見註❻⓿。

（2 戊）

　　李白就是這樣一個道教徒式的隱士。他至少有四次自稱山人、逸人、或野人。**⑦⑨**而他同時代的人也如此看待他。**⑧⓪**從他作品中提到的次數來看，與他交往的人物中隱士比道士多得多。（他只提到過大約十個道士；而我們剛剛才指出，他提到大約三十個隱士。）**⑧①**即使在他受了道籙（在744年；受籙表示正式加入道教教團）之後，他仍然經常把自己比爲古代的高士。**⑧②**更重要的是，李白也有意以隱者的身分求取功名。上章提過，開元十八年（730）左右，他住在安州（今湖北安陸），曾寫了一封信向當時的安州長史（位在刺史之下，爲一州僚屬

---

⑦⑨ 見〈代壽山答孟少府移文書〉、〈上安州裴長史書〉、〈答友人贈烏紗帽〉，《王本》26／1221，1225，26／1248，19／874-75。

⑧⓪ 李華〈故翰林學士李君墓誌并序〉，（《王本》31／1458）稱李白爲高士。這個字眼可以看做對逸人、山人等的尊稱。又，李白曾與孔巢父等五個隱士共隱徂徠山，時人稱之爲「竹溪六逸」（見第二章第四節第一段）。所謂「逸」，即是逸人。

⑧① 他在下列作品中提到了道士（括弧外數字爲花房氏《索引》之序列號碼；括弧內者則是《王本》卷、頁碼）：329（9／508），335（10／521；蓋寰，極可能是道士），427（13／663；胡紫陽），551（17／821；高如貴），570（18／838），818（23／1076；雍尊師，尊師爲道士階級名號），825（23／1079），976（25／1190），279（8／448；玉眞公主），1000（1／1；司馬承禎），1115（30／1432；李白稱其好友元丹丘爲威儀，威儀應即指道教之威儀師）。

⑧② 他在一篇作於757年的作品裡自比漢代高士鄭子眞（見上章（8甲）），又在一首可能作於760年的詩裡自比楚狂接輿（見〈廬山謠……〉，《王本》14／677；此詩年代見詹鍈，《繫年》，頁143）。

之長）裴某干謁。在這封信裡，李白自稱能隱遁山林，淡泊名利，並以此為其主要長處之一。他說：

> 昔與逸人東嚴子隱於岷山之陽，白巢居數年，不跡城市。養奇禽千計，呼皆就掌取食，了無驚猜。廣漢太守聞而異之，詣廬親覩，因舉二人以有道，並不起。（按：蓋謂推薦李白等二人應有道科制舉，而二人均未接受。）此則白養高忘機，不屈之跡也。⑧

這段話裡的某些細節到底有多可靠（如所謂「廣漢太守」之親訪及隱居地為岷山之陽等）在此並不重要。⑧重要的是這些話顯示李白在三十歲時已經把隱逸活動與政治追求聯結起來。（李白於724年左右離故鄉蜀沿江東下旅遊，並有增廣交遊、開創事業之意。727年左右他從長江下游來到安州，在此結婚定居下來，並開始認真追求政治出路。其後不久，他曾在安州附近小山隱居。）⑧此外，前文說過，至德二載（757）李白在宋若思幕中時，曾為宋寫了一篇表文向朝廷舉薦他自己。在這篇文章裡，李白說他天寶初（742）之所以能奉召入京，成為翰林供奉，實與他的高士之名有關。在表末尾，他又說：

---

⑧　《王本》26／1246。

⑧　岷山位於唐代的茂州汶山縣（今四川茂汶縣），約在李白故鄉綿州以西四百里。廣漢為漢代郡名，其地包括唐之綿州，但不包括茂州。因此，如果李白所謂的廣漢太守是指綿州刺史，則親訪李白於岷山之事幾乎不可能發生。我懷疑李白只是在某一無名小山住過，因恐人不知，故誇稱為岷山。州官親訪的事也可能是誇大其辭。詳見第二章第一節第一段正文及❼。又見下文有關李白隱居匡山一段。

⑧　見第二章第二節第一至三段。

> 伏惟陛下（按：謂肅宗）大明廣運，至道無偏，收其希世之英，以
> 爲清朝之寶。昔四皓遭高皇而不起，翼惠帝而方來，君臣離
> 合，亦各有數。豈使此人（謂李白）名揚宇宙而枯槁當年？
> 傳曰：「舉逸人而天下歸心」……特請拜一京官，獻可替否，以
> 光朝列，則四海豪俊，引領知歸。⑧⑥

這段話把李白自己比爲四皓，並說他注定不能爲玄宗所用，合當爲
肅宗効力。所引《論語‧堯曰》篇語正是唐朝廷徵聘隱士時所常用
之口號。看來，李白之曾以隱逸活動爲仕宦之階，實無疑問。

（3甲）

在此，有人也許不免會問：李白與上文所提那些以隱逸求仕進
的士人算不算是僞君子呢？又，既然唐朝廷其實並無意重用隱士，
爲何仍有那麼多人熱中於隱逸從政呢？這兩個問題實際上可以說只
是同一問題的兩面。這個問題就是：當時社會上如何看待隱逸求仕
這件事；從另一個角度來說，那也就是當時崇道崇隱的措施如何使
士人走上道隱之途。以下請逐步論列之。

先說，在唐朝廷各種崇隱措施下，士人隱逸的動機有時的確値
得懷疑。前面提到過的盧藏用就是一個昭著的例子。《新唐書》盧
藏用傳說，盧曾經經由一般途徑，也就是參加考試，追求仕進，但

---

⑧⑥　見〈爲宋中丞自薦表〉，《王本》，26／1219及上章（8甲）。

未能獲得職位。他於是與其兄隱居終南山及少室峰數年（終南山近長安，少室在嵩山中，近洛陽；都是容易接觸到達官貴人的地方），修道學仙，並常登訪其他名山。由於他「有意當世」，志不在隱，遂被目爲「隨駕隱士」。長安年間（701～704），召授左拾遺。盧在朝時，道士司馬承禎曾奉召至闕下，將還山，盧指著終南山說：「此中大有嘉處。」司馬承禎則徐徐調侃說：「以僕視之，仕宦之捷徑耳。」**⑧**這就是著名的所謂終南捷徑的故事。《新唐書・隱逸傳》序在綜論唐代隱士時也說當時

> 放利之徒，假隱自名，以詭祿仕，肩相摩於道，至號終南、嵩少（嵩山少室）爲仕塗捷徑，高尚之節喪焉。**⑧**

這原因是利不分大小，均能打動人心。不管朝廷利用隱士的本意是否爲世人所知，既然隱逸多少有益於仕進，則自然就會吸引一些勢利小人。

（3乙）

不過，盧藏用的例顯然不能引伸到所有隱逸求仕的人身上。至少在玄宗時期，許多人之所以隱逸求仕，可能是因爲唐朝廷崇尚隱逸的各種措施日漸形成了一個強有力的意識形態，影響到了他們。

---

⑧　《新書》123／4374-75；參照《舊書》94／3000-01及《通鑑》210／6669-70。

⑧　196／5594。

爲了行文方便，以下權稱這個意識形態爲「隱士意識」。

　　「隱士意識」主要有兩面。其中一面強調士人應有隱士敝屣名位、淡泊明志的品德。玄宗時期，唐朝廷在徵聘隱士時屢屢提倡個人之靜退與社會之淳厚。下面的話出自處分上文所提幾次高隱制舉之一的一道敕命，是個很好的例子：

> 古之賢君貴重眞隱者，將以勵激浮躁，敦厚風俗。傳不云乎：
> 「舉逸人，天下之人歸心焉。」蓋謂此者。朕緬稽古訓，思
> 宏致理，以爲道之爲體，先崇於靜退，政之所急，實仗於賢
> 才。是用求諸巖藪，假以軺傳。虛佇之懷，亦云久矣。❽

類似的例子還有，我們就不再繁引了。❾不僅是在徵聘隱士時，就是在宣揚《老子》一書時，唐朝廷也同樣極力強調這些品德。例如，開元二十一年（733）玄宗命令家藏御注《老子》一本及考試加重《老子》份量（見上）時，就在詔書裡責備「有位者」「不務清靜」，並訓令他們要努力使人民「還於淳樸」。隨後他又指出，家藏《老子》等措施主旨就在使人民和舉子「敦崇道本，附益化源」（個人之「靜退」與風俗之「敦厚」是《老子》書中的重要主題）。最後，他要求說：

> 朕推誠與人，有此教誡，必驗行事，豈垂空言！今之此

❽　《唐大詔令集》106／549。
❾　見《唐大詔令集》106／541－42，《舊書》192／5118－20王友貞傳及盧鴻傳。

敕，亦宜家置一本，每須三省，以識朕懷。❾

　　唐朝廷如此強調靜退等品德，似乎不只是因爲這些品德切合隱逸生活及《老子》內容的特性。我推想唐朝廷這種努力與當時因仕路狹隘而產生的社會問題有關。與李白差不多同時代的趙匡在其〈選舉議〉一文裡說：「舉人大率二十人中方收一人，故沒齒而不登科者甚眾。」❾證之某一相關資料，這個比率似乎大致不差。❾而這還只是就最後在禮部應試的人而言；在州縣初試就被淘汰的人就更不知有多少了。更有進者，禮部試通過之後實際上只取得任用資格，要實際分發任官還須經過吏部銓選。由此不難想見當時士人經

---

❾　《登科記考》8／1－2。玄宗在742年置崇玄學的詔書（《元龜》　53／18）
　　裡又扼要重申了這層意思。
❾　《全文》355／15b。
❾　呂思勉，《隋唐五代史》，下冊，頁1125－26引了好幾條有關唐代登科
　　情形的資料（包括趙匡的〈選舉議〉）。在每年實際登科人數一點上，
　　各資料的說法由數十到一、二百人不等，差別甚大，頗難取捨。不過，呂
　　氏由《通考》轉引了韓愈的〈贈張童子序〉，序中敘述明經考試錄取比
　　例頗爲詳確。茲錄韓文有關部份如下：「天下之以明二經舉於禮部者，
　　歲至三千人。始自縣考試定其可舉者，然後升於州若府；其不能中科者，
　　不與是數焉。州若府總其屬之所升，又考試之如縣，加察詳焉。定其可
　　舉者，然後貢於天子而升之有司。其不能中科者，不與是數焉。謂之鄉
　　貢。有司者總州府之所升而考試之，加察詳焉。第其可進者，以名上於
　　天子而藏之屬之吏部，歲不及二百人，謂之出身。能在是選者，厥惟艱
　　哉。」（見《韓昌黎文集校注》4／146；《通考》所引有刪節。）三千
　　人中所取不及二百人，則錄取比例在十七、八分之一左右。又，一般皆
　　知當時進士科登第難於他科；是則進士科錄取比例必低於此數。由此看
　　來，趙匡所謂二十取一的說法應該大致不差。

由考試登第而出仕有多難。這種情形造成了不小的社會問題。趙文稍後繼續說：

> 收人既少，則爭第急切。交馳公卿，以求汲引；毀訾同類，用以爭先。故業因儒雅，行成險薄。非受性如此，勢使然也。

又《舊唐書》楊綰傳載賈至於安史之亂時說：

> 近代趨仕靡然向風，致使祿山一呼而四海震蕩，思明再亂而十年不復。向使禮讓之道弘，仁義之道著，則忠臣孝子，比屋可封，逆節不得而萌，人心不得而搖也。❸

賈至把士人競進之風說成安史之亂的罪魁禍首之一，也許有過激的地方。不過，不管是否如此，我們綜觀賈、趙二人的話，應可明白看出，當時士人爲了出仕，已經常常爭到斯文掃地、仁義蕩然的地步。

　　在這種壓力之下，朝廷難免被迫尋求一些補救措施。各種制舉的舉行（包括道舉及高隱不仕舉）以及延恩匭的使用都多少有可能是要象徵性地增加入仕管道，以安撫仕途失意的士人。不過，這些管道無疑都只是杯水車薪，作用有限。如此一來，唐朝廷自然就很可能利用本已深入人心的崇道崇隱宣傳來提倡禮讓靜退的品德了。

　　這些宣傳的結果是，隱逸生活似乎漸被認做一種很重要的人格修養方式，一種有心用世的人在用世之前應該經歷的磨鍊。岑參在〈感舊賦〉裡曾自敘往事說：

---

❸　《舊書》119／3433。

志學集其荼蓼（按：謂年十五即辛苦向學），弱冠干於王侯。荷仁兄之教導，方勵己以增修。無負郭之數畝，有嵩陽之一邱。幸逢時主之好文，不學滄浪之垂鈎。我從東山（按：謂其隱居之地，即嵩山），獻書西周（按：謂往長安獻書求仕）。❾❺

由這段話看來，岑在隱居嵩山之前之後都熱中於政治成就。他之所以隱居，是因爲得到兄長的「教導」，知道應該先這樣做以「增修」自己，才能有所成就。又王昌齡在一封向一個李姓吏部侍郎干謁的信中說：

昌齡豈不解置身青山，俯飲白水，飽於道義，然後謁王公大人以希大遇哉。

他並在這段話前後解釋說自己因爲被生活所迫，才不得不趕著出來干祿。❾❻可見他深知，自己沒有隱居的經歷，可能會受到指摘。又，前面說過，李白在干謁時曾向人誇耀自己的「養高忘機」之跡。這應該也是基於同樣的認識。

「隱士意識」的另一面是賢能的隱者應當而且能夠出山入朝，有所作爲。唐朝廷在獎勵隱士謙沖品德的同時，也不忘強調他們事君報國的義務以及朝廷重用他們的心意。例如，開元五年（717）玄宗在徵召盧鴻的詔書裡說：

〔卿〕窮太一之道，踐中庸之德，確乎高尚，足俟古人。故

---

❾❺　《全文》358／7a。

❾❻　〈上李侍郎書〉，《全文》331／7b。

　　比下徵書，佇諧善績，而每輒託辭，拒違不至，使朕虛心引
　　領，于今數年……豈朝廷之故（《全唐文》作「政」，似較佳）
　　與生殊趣耶？將縱欲山林（《全唐文》「林」下有「往而」二字）
　　不能反乎？禮有大倫，君臣之義，不可廢也。今……重宣斯
　　旨，想有以翻然易節，副朕意焉。**❾❼**

除此以外，前面所引述的處分高隱制舉的敕文也有同樣的意思。這
樣做一方面顯然是爲了敦促隱士出來參與崇隱的政治遊戲，以收點
綴昇平之效。在另一方面則可能是爲了配合提倡靜退的努力，要讓
士人覺得隱遁養名終有實益。不管如何，這種宣傳爲隱士出仕提供
了最冠冕堂皇的理由，其易入人心似乎是可以想見的事。岑參、高
適在勸隱士朋友出山求仕時所說的「蒼生今有望，飛詔下林丘」和
「愛君且欲君先達，今上求賢早上書」（詳上），以及王維詩所謂
的「聖代無隱者，英靈盡來歸，遂令東山客（按：謂隱者），不得顧
採薇」等話，都與上述的宣傳互相呼應。**❾❽**而我們仔細揣摩，發現
詩人在講這些話時都並無虛矯之處。由此可見，在當時人眼中，隱
者出仕已成爲很自然的事。

　　至此，我們可以綜合推想一下盛唐士人如何實際馳騖、徙倚於
隱逸求仕之路。嚴耕望在他的〈唐人習業山林寺院之風尚〉一文中
曾指出，有許許多多的唐代士人在年輕時卜居於道觀、佛寺、或山
中自建的茅舍裡，或獨自、或與朋友一起、或投於高士門下，修身

---

❾❼　《舊書》192／5119－20；《全文》27／9b－10a，〈徵隱士盧鴻一詔〉。
　　　《新書》196／5603－04有些刪改。

❾❽　王維詩句見〈送綦毋潛落第還鄉〉，《全詩》125／1243。

養性，勤勉向學。❾❾我相信這些人多半就是要去隱居養名，以期大用的。他們在遇到了機會，或者是出仕願望高漲的時候，就會出去追求政治成就。其中有了結果，或者是本來就缺乏隱逸傾向的，可能從此一去不回。其他的則可能在追求無成之後又回到原來的地方或者是換個地方去棲隱。所有這些隱士都可能稱起山人、逸人等名號，甚至修道學仙起來。他們固然未必虔心砥礪志節、企求飛昇，卻也未必存心招搖撞騙。他們多半只不過無心地投進一個很特別的時代潮流裡罷了。

（3丙）

李白的情形如何呢？依嚴氏的研究，唐人習業山林寺觀的風尙在李白故鄉蜀也頗爲流行。❿又，杜甫晚年居蜀時曾作〈不見（原注：近無李白消息）〉一詩。詩末尾說李白「匡山讀書處，頭白好（按：一作「始」）歸來。」❿❿這似乎表示李白早年曾在蜀中一座叫匡

---

❾❾　見《唐史研究叢稿》，頁367－412。

❿　見上註，頁397－400。

❿❿　見《杜少陵集詳註》10／33。由詩句「不見李生久，佯狂眞可哀；世人皆欲殺，吾意獨憐才」看來，這首詩應當是作於758年李白被判長流夜郎（見第二章第七節第五段）以後。William Hung, *Tu Fu*, pp.158, 160以爲「匡山」二句顯示詩係杜甫762年訪李白故鄉綿州時作。此說似無確證。不過，「匡山」二句的確表示詩是在李白故鄉一帶寫的，而我們又知道杜甫於759－60年之交搬到蜀（Hung，上引處）因此；我們可以得到正文裡的論斷。亦見下註有關匡廬山部份。

山的山裡讀書。所謂匡山，有些宋人以爲就是李白〈訪戴天山道士不遇〉詩中的戴天山（在李白故鄉綿州，亦即今四川江油），不知是否。
⑩ 我們也無法確定李白所自稱的隱居「岷山之陽」（見上）是否就是指讀書匡山一事。不過，我們應可撇開細節不論而確定說，李白在廿四歲之前居住於蜀時，就已從事習隱養名的活動。其後，他一方面頻頻在各地隱居，另一方面則又頻頻出山干謁求仕，天寶元年（742）時甚至多少憑著高士之名而奉召入京、供奉翰林。⑩

　　李白這種行徑顯然就建基在「隱士意識」上。上章大致說過，李白開元十五年（727）後不久曾在安州附近隱居。當時，他住在一座叫壽山的小山上，曾以此山的口氣寫了一篇書信，答覆某一孟姓少府（即縣尉）的一篇〈移文〉。從李白的信看來，孟某似乎在其〈移文〉中指出，壽山爲無名小山，李白眞要隱居的話應到名岳大山去才對；而且，賢才應該爲人君所用，不應躲進山裡。按：移文是古代一種官文書，徵召、曉喻等時用之。南北朝時孔稚珪曾作〈北山移文〉，借北山（即鍾山，在今南京）神靈之口，抨擊曾隱居此山而後又應詔出仕的周顒。此文收於《文選》中，極爲出名。依此一傳統，則孟某的移文可能有嘲諷李白爲假隱士之意。不過，李

---

⑩ 李詩見《王本》23／1079；戴天山的位置見《寰宇記》83／5a及《王本》題下注。宋人說法見《唐詩紀事》18／271引楊天惠語及姚寬（卒於1161年）《西溪叢語》，卷下，頁21b所引《綿州圖經》（已佚）語。楊天惠自稱係依據李白故鄉父老傳聞；《圖經》的依據也許也一樣。
　　洪邁，《容齋隨筆》8／315，「匡山讀書」條及《杜少陵集詳註》10／34引黃鶴注均以爲匡山指廬山，因爲廬山亦名匡廬山。然李白雖曾短時期居住廬山，廬山終非其故鄉，故此說頗難令人信服。
⑩ 詳見上章（8甲）。

白的信口氣輕鬆自在，末尾並招引孟某隔年春天也到壽山來；因此，孟文也有可能只是熟人間玩笑調侃之作。不管如何，我們從信中看不出李白有做假心虛的跡象。李白在信中除了聲稱小山亦可隱居、賢者隱居有理之外，並詳細描繪了一個仕隱兩全的浪漫夢想。這段話已引於上章開頭。其中所述夢想充滿天才狂想，並非常人所可能有。但是，除去其天才狂想的部分，則這個夢想實在是「隱士意識」極好的寫照。

（4甲）

上來我先費力指出李白的隱逸求仙活動具有複雜的政治社會背景，主要原因是這點以往沒有得到學界充分的注意。我並無意主張李白的隱逸求仙活動只是干祿求仕的工具而已。實際上李白這些活動顯然還應該從宗教信仰（或說生活方式）的角度來理解的。理由如下。第一，李白之藉道隱活動從事政治追求雖然開始得很早，他之真正對隱逸求仙生活產生興趣似乎開始得同樣早。例如李集中的〈訪戴天山道士不遇〉說：

> 犬吠水聲中，桃花帶露濃。樹深時見鹿，溪午不聞鐘。
> 野竹分青靄，飛泉挂碧峰。無人知所去，愁倚兩三松。

又〈登峨眉山〉說：

> 蜀國多仙山，峨眉邈難匹。周流試登覽，絕怪安可悉。
> 青冥倚天開，彩錯疑畫出。泠然紫霞賞，果得錦囊術。

雲間吟瓊簫，石上弄寶瑟。平生有微尚，歡笑自此畢。

煙容如在顏，塵累忽相失。儻逢騎羊子，攜手凌白日。❿

前詩寫李白某次往訪山中道士不遇的感想。雖然全詩以描寫山中所
見景物爲主，詩末二句仍清楚點出詩人不見道士的惆悵。我們似乎
沒有理由認爲李白這次造訪道士只是爲了博取好道之名，而詩中表
現的惆悵之情純是僞裝的。由此，我們可以說，李白其時雖然未必
即已親自隱居學仙，卻顯然已對那種生活有了興趣。後詩寫詩人登
上有仙山之名的峨眉山，見到山中各種美景勝境，於是興起飛昇遐
舉的奇想。詩末的「騎羊子」即指傳說中騎木羊入蜀成仙的葛由而
言。❺ 這首詩更顯示李白對神仙世界是眞心嚮往的。這兩首詩後者
大概作於開元十二年（724）李白出蜀途中；前者寫作年代不詳，
但可確定作於李白出蜀之前。❻ 由此可見，李白之衷心喜歡道隱活
動正如他之藉道隱活動從事政治追求一樣，是從開元十二年離蜀之
前就開始的。❼ 第二，李白對道隱活動本身的這種喜好終其一生都
未曾衰減。這點看了後文之後自然可以明白，這裡不須多加說明。
以下就讓我們從宗教信仰（或生活方式）的角度來探討李白的道隱生
活。

---

❿ 二詩分見《王本》23／1079及21／968。

❺ 見王琦注引《列仙傳》卷上。

❻ 二詩繫年見第二章❺、⓫。

❼ 李白藉道隱活動從事政治追求的年代見本章（3丙）。

（4乙）

　　道教信仰裡最吸引李白的東西之一無疑就是關於神仙世界的種種傳說了。我們剛剛已經指出，他開元十二年登峨眉山時，面對著山中的勝景，就夢想著要飛昇遐舉了。此後，除去某些挫折沮喪、自傷自省的時刻之外，他一生似乎都存著這個夢想。⑩ 他的詩裡充滿了各式各樣的神仙故事。例如，東海上的蓬萊、方丈、瀛洲三仙島在他作品中出現了不下數十次。⑩ 西王母宴請周穆王、降訪漢武帝的傳說以及其他許多著名仙人，如赤松子、安期生、麻姑等，的異事在他詩中也都數見不鮮。⑩ 此外，稍後我們還會看到，李白也頗好那些所謂洞天福地的說法。看來李白彷彿要把種種古籍，諸如史書《史記》、志異書《博物志》、仙經《神仙傳》、《抱朴子》、《漢武故事》等等，裡面的神仙故事都不時拈出來把玩一下才行。⑪ 自然，這些故事在李白生活中、作品中出現得太頻繁之後，有時難免會流為陳套。但他們無疑經常會吸引打動李白的心靈。

---

⑩　見下文（6甲）。

⑩　見花房英樹《索引》蓬萊、蓬瀛、蓬海、瀛洲、方蓬、金闕、金銀臺等條，頁279−80，189，3，422，467。

⑩　提到西王母的詩見花房氏《索引》頁36，83王母、瑤池等條。提到赤松子的詩有〈古風其二十〉（《王本》2／114）及〈對酒行〉（《王本》6／353）。提到安期生的詩有〈對酒行〉及〈古風其七〉（《王本》2／98）。提到麻姑的詩有〈西岳雲臺歌……〉及〈古風其九〉（《王本》7／381，2／100）。

⑪　關於東海三仙山的傳說在戰國時就已流行。後來由於《史記》、《漢書》中有秦皇、漢武派人往三仙山求藥不得的記載，這些傳說更變得家喻戶曉起來。見《史記》6／247，263，28／1369−70及《漢書》25a／1216

　　神仙傳說吸引李白的地方主要有兩方面：一是神仙的長生不老，一是神仙生活的縹緲絢麗。以下我們引三首詩爲例來說明：

　　黃河走東溟，白日落西海。逝川與流光，飄忽不相待。

　　春容捨我去，秋髮已衰改。人生非寒松，年貌豈長在。

　　吾當乘雲螭，吸景駐光彩。

　　朝弄紫泥海，夕披丹霞裳。揮手折若木，拂此西日光。

　　雲臥遊八極，玉顏已千霜。飄飄入無倪，稽首祈上皇。

　　呼我遊太素，玉杯賜瓊漿。一餐歷萬歲，何用還故鄉。

　　永隨長風去，天外恣飄揚。

　　仙人騎彩鳳，昨下閬風岑。海水三清淺，桃源一見尋。

　　遺我綠玉盃，兼之紫瓊琴。盃以傾美酒，琴以閑素心。

―17，1222―24，1227。西王母的故事由來已久，且歷經變化。在《山海經》裡，西王母是個人面獸身的神（見袁珂《山海經校注》2／50，12／306，16／407）；在《穆天子傳》裡，是位優雅的婦人；在《漢武帝內傳》裡，又成了風姿綽約、年約三十的仙女（見《內傳》開頭）。這故事的細節也隨出處而改變。李詩〈古風其四十三〉（《王本》2／141）中所提周穆王訪西王母於其居所的話似出自《穆天子傳》或《列子》（卷三）。〈贈嵩山焦鍊師〉（《王本》9／509）中將西王母與東方朔並提，則可能本自《漢武故事》或《博物志》（卷八末）。赤松子的故事見《列仙傳》卷上。安期生的故事見《列仙傳》卷上及《抱朴子》（此書多次提及安期生，見 *Concordance du "Pao-p'ou-tseu Nei-p'ien"*, p. 256）。麻姑的故事見《神仙傳》（收於《龍威秘書》冊一）2／2，7／3。大野實之助《李太白研究》頁491―93，500―03還表列了很多提到《神仙傳》及《列仙傳》中故事的李白作品，可以參看。

二物非世有，何論珠與金。琴彈松裡風，盃勸天上月。
風月長相知，世人何倏忽。⑪

例一是〈古風五十九首〉的第十一首。詩中前八句講的是事物不斷在推移、年華很快會流逝的現象。簡單說，這種現象就是所謂的無常；這是世間最令人悵惘無奈的事之一。自古詩人往往因感慨世事無常而冀望飛昇出世，長生不老。李白也是如此。這首詩的最後兩句說詩人想要乘著飛龍（「雲螭」）上天，吸取日月精華（「吸景」），以求「光彩」常「駐」，實際上也就是想要成仙不老。⑪ 同樣的情感也多多少少表達在例二〈古風〉第四十一首和例三〈擬古十二首〉第十首裡。例二「雲臥」二句說仙遊千年而容顏依然如玉；「一飡」句說在神仙世界吃一餐的功夫就是人世間的一萬年。詩人因此就希望永遠飄揚天外，不願回人間的故鄉了。例三裡的「海水」句用了麻姑的故事。依《神仙傳》卷二王遠傳所載，麻姑有一次告訴王遠說，自前次相見以來她已三度見到東海蓬萊之水日漸清淺，化爲桑田。「桃源」出自陶潛的〈桃花源記〉。根據這篇記，烏托邦式的桃花源在被一個漁人無意中發現之後便永遠沒再被人找到過。「海水」句是個典型的無常的意象；「桃源」句則似乎意謂在這世間裡理想國是難找的。兩句合在一起大概用來襯托出長生成仙之可欲來。詩末尾感歎風月悠悠而人命倏忽，意義甚明，就無須多加解釋

---

⑪ 三詩分見《王本》2／102，2／139，24／1100。詩題見下文。

⑬ 關於「雲螭」，王琦注引六臣註《文選》21／30b郭璞〈遊仙詩〉「雲螭非我駕」句呂延濟註云：「雲螭，龍也。」關於「吸景」，王琦注引楊齊賢曰：「吸景，吸日月之景。」

了。除了透露長生的企求之外，後面兩首詩主要就描述了詩人想像中的神仙生活。例二裡的紫泥海是一個神話中的海，相傳謫仙東方朔曾到此一遊。「若木」據傳位於昆崙山極西日入之處。**⑭**「太素」可能是某天宮、某一神仙所轄境域、或某一天宮所在之一山峰的名字。**⑮**詩裡雖然似乎很當真地標舉了這些神仙境物，讀者卻不必太過拘執。李白總之是在遐想中拋開了凡人所有的煩惱與限制，飄然暢遊了天外許多絢麗奇異的地方，享用了人世難求的珍饈美味。在例三裡，則李白所夢想的不是飛昇出世，而是就地成仙。閬風在傳說裡是昆崙山中的一座高峰。**⑯**仙人從這山上下來了以後特別眷顧了李白，送給了他一個綠玉盃和一把紫瓊琴。如此一來，他就可以在這世界上享受神仙的樂趣了。

（4丙）

李白對神仙世界的遐想往往與山岳密不可分。在他長年的漫遊生活裡，李白遊覽了許多山岳，並在其中一些隱居過。這些山岳有時會純以其景觀之美吸引住他。例如〈望廬山五老峰〉就說得很明白：

> 廬山東南五老峰，青天削出金芙蓉。九江秀色可攬結，吾將

---

⑭ 見《別國洞冥記》（收於《龍威秘書》第一部）1／1b及《山海經校注》
12／437-38正文及郝懿行註。

⑮ 見《王本》2／140註**❽**及《校注》2／165。

⑯ 見《水經注·河水》1／1及《海內十洲記》。

此地巢雲松。⑪

又如〈自巴東舟行經瞿唐峽，登巫山最高峰，晚還題壁〉說：

> 江行幾千里，海月十五圓。始經瞿唐峽，遂步巫山巔。
> 巫山高不窮，巴國盡所歷。日邊攀垂蘿，霞外倚穹石。
> 飛步凌絕頂，極目無纖煙。卻顧失丹壑，仰觀臨青天。
> 青天若可捫，銀漢去安在……積雪照空谷，悲風鳴森柯。
> 歸途行欲曛，佳趣尚未歇……。⑱

這一首詩大概作於乾元二年（759）二、三月間。李白於乾元元年初由潯陽流放夜郎，沿長江西上，此時來到瞿唐峽，因此有「江行幾千里，海月十五圓」之句。⑲細玩詩句，李白此次登山興趣主要是在遊覽上。

有時候，山岳吸引李白的地方在山中生活的自在悠閒，這從〈山中問答〉、〈山中與幽人對酌〉及〈夏日山中〉三詩可以看出一斑：

> 問余何意棲碧山，笑而不答心自閒。桃花流水窅然去，別有天地非人間。

> 兩人對酌山花開，一杯一杯復一杯。我醉欲眠卿且去，明朝有意抱琴來。

---

⑪　《王本》21／990。
⑱　《王本》22／1021。
⑲　第二章第七節第五段。

　　懶搖白羽扇，裸袒青林中。脫巾挂石壁，露頂灑松風。⑫

這裡的「我醉欲眠卿且去」一句本是《宋書》陶淵明本傳及蕭統
〈陶靖節傳〉裡描敘淵明生活之曠達閒適的話。這句話充分提醒我
們：山林田園中的自在生活本是隱者的傳統樂趣。李白既然醉心於
隱居求仙活動，則他之喜愛這種生活實在是再自然不過的事。

　　不過，山岳最令李白著迷的地方顯然在於它們與神仙之間的關
聯。我們翻查一下李白的詩作就會發現，李白一見到山多半就會同
時想到仙人，想到學仙。前面引過的〈登峨眉山〉就是一個好例
子。下面我們還可再舉些證據。第一，出名的〈廬山謠送盧侍御虛
舟〉寫道：「五岳尋仙不辭遠，一生好入名山遊。」又〈下途歸石
門舊居〉寫道：「余嘗學道窮冥筌（王琦注云：「冥，幽也。筌，跡也。
冥筌，道中幽冥之跡也」），夢中往往遊仙山。」⑫ 這是李白自己的
總括的敘述。第二，〈望黃鶴山〉說：

　　　　東望黃鶴山，雄雄半空出。四面生白雲，中峰倚紅日……頗
　　　　聞列仙人，于此學飛術。一朝向蓬海，千載空石室。金竈生
　　　　煙埃，玉潭祕清謐……寒余羡攀躋，因欲保閒逸。觀奇遍諸
　　　　岳，茲嶺不可匹。⑫

又〈日夕山中忽然有懷〉說：

---

⑫　三詩分見《王本》19／874，23／1074，23／1073。
⑫　二詩見《王本》14／677，22／1011。
⑫　《王本》21／992。

久臥青山雲，遂爲青山客。山深雲更好，賞弄終日夕。月銜
樓間峰，泉漱階下石……緬思洪崖（按：仙人名）術，欲往滄
海隔。雲車來何遲，撫己空嘆息。⓬

又〈遊泰山六首〉其一說：

四月上泰山，石平御道開……飛流灑絕巘，水急松聲哀。北
眺崿嶂奇，傾崖向東摧……登高望蓬瀛，想象金銀臺……玉
女四五人，飄颻下九垓。含笑引素手，遺我流霞杯。稽首再
拜之，自愧非仙才。⓬

這是三個很好的具體的例子。李白不僅在遊覽或隱居於像峨眉山、
泰山、廬山這種名山時會想到神仙，他有時甚至面對著一些無名小
山也會動起遐想。例如他有一首〈焦山望松寥山〉詩說：「石壁望
松寥，宛然在碧霄。安得五綵虹，架天作長橋。仙人如愛我，舉手
來相招。」據王琦注引清《一統志》，焦山在鎮江東北長江中，松
寥山即在其旁。⓬ 就我知識所及而言，松寥山實在不是什麼名山。
另外，李白年輕時隱居過的安州壽山更是十足名不見經傳的小山，
而李白在山中時也同樣侈言餐霞乘鸞、飛騰遐舉。⓬ 有時候李白根
本不必身在某山──單單想像起那山來，他就能在心中創造出栩栩
如生的充滿神仙境界之光彩與玄秘的山景來。他集中有幾首極出色

⓬　《王本》23／1072。

⓬　《王本》20／922。

⓬　詩及注並見《王本》21／973。參看詹鍈，《李白全集》，冊六，頁2961。

⓬　見上章開頭。

的詩，如〈鳴皋歌送岑徵君〉與〈夢遊天姥吟留別〉就部份是這樣寫出來的。(我們無法確定李白在寫這些詩以前有沒有去過詩中所寫的山岳。不過，即使李白去過，他在寫詩時也無法一一明白記住山中景觀，更何況他所寫的景觀有些根本不是現實世界裡所可能有的（下文要引到的〈夢遊天姥吟〉中的句子是很好的證明）；因此，我們才會說李白在心中創造出這些詩中的山景來。)下面我們引〈鳴皋歌〉中的一段作爲例子來看看：

> 邈仙山之峻極兮，聞天籟之嘈嘈。霜崖縞皓以合沓兮，若長風扇海湧滄溟之波濤。玄猿綠羆，舔唼柴岑，危柯振石，駭膽慄魄，群呼而相號。峰崢嶸以路絕，挂星辰於巖嶁 ⑫⑦

　　山岳與神仙的關聯是不言可喻的。山中景觀壯麗、莊嚴而多變，無疑是世間與神仙傳說絢麗縹緲之特性最相契合的事物。可能部份由於這個原因，在李白以前的文學和道教傳統裡，這樣的關聯已有相當長的歷史。在曹操出名的遊仙詩〈氣出唱〉三首裡，所提到的神仙都住在山中。類似的情況也可以在阮籍〈詠懷詩〉其三十二、三十五，郭璞〈遊仙詩〉（翡翠戲蘭苕），和孫綽〈遊天台山賦〉裡看到，而這些只不過是我們順手查到的幾個出名的例子而已。在另一方面，我們可以看到，葛洪《神仙傳》裡所記載的神仙多半是在山中成仙的。

　　不過，李白對山岳，尤其是對名山，的熱情應該還與所謂的洞天福地的信仰有關。關於洞天的故事西晉文人左思與郭璞的作品裡

---

⑫⑦ 《王本》7／393－94。

就已提到過一些。⑫ 因此，很明顯地這類故事的起源還要更早。⑫
依郭璞的描述，在長沙巴陵與太湖包山（或作苞山）之間有地道，
「潛逵傍通，幽岫窈窕。金精玉英瑱其裡，瑤珠怪石琦其表。驪虯
摻其址，梢雲冠其嶺。海童之所巡遊，琴高之所靈矯（按：海童、琴
高皆仙人名）。」稍後，梁陶宏景綜合了茅山創教經典及一些當代著
作，對洞天也作出了一套說法。他說洞天是神仙世界好幾層中的一
層，位於地下，屬天眞（仙人的一個等級）治下，但係地仙及將修成
眞人者之居所。⑬ 到了唐朝，洞天成了一套對所有此世及其他世界
內之神聖處所的有系統的信仰的一部份。在這套信仰裡，中國的許
多名山據說都是各種各樣神仙居所的所在地，這些居所稱爲「中國
五嶽」（以別於一個假想的世界裡的五嶽），十大洞天，三十六洞天，
七十二福地等等。⑬ 茅山道教祖師司馬承禎曾特別奏請玄宗爲掌理

---

⑫　見左思，〈吳都賦〉，《文選》5／111及郭璞，〈江賦〉，同前書，12／
　　261正文及李善注。

⑫　參照陳國符，《道藏源流考》，頁62－64。陳氏由後漢作品《越絕書》
　　中引了一個類似的說法，可是我沒有找到這個故事。

⑬　Michel Strickmann, "On the Alchemy of T'ao Hung-ching," pp.
　　179-80.

⑬　見杜光庭（晚唐），〈洞天福地嶽瀆名山記〉，《道藏》《洞玄》部鞠上。
　　杜文的根據今已不能詳查。但是，從以下兩點證據判斷，李白的時代應
　　已有這樣的信仰存在，雖然可能不像杜所記載的那麼詳細與系統化。其
　　一，《一切道經音義妙門由起》（編於玄宗朝初期）引了一部較早的道
　　書說：「三清上界、十洲、五岳、及其他名山洞天、甚至虛空都由眞人
　　治理。」見吉岡義豐，〈三洞奉道科誡儀範の成立について〉，《道教
　　研究》，冊一，頁23－30，尤其是23，29。其二，道士司馬承禎曾向玄
　　宗上表，提到說五嶽均有洞天，爲上清眞人所治（見下面正文）。

五嶽的仙眞立祠。⑬由此看來，洞天的信仰在當時應是茅山道教的
重要教義之一。李白詩中最少曾五次提到洞天福地，這是他受到此
一信仰影響的明證。⑬下面引的〈夢遊天姥吟〉裡的片段可以說是
李白對那些洞天的戲劇化的描敘：

> 列缺霹靂，丘巒崩摧。洞天石扇，訇然中開。青冥浩蕩不見
> 底，日月照耀金銀臺。霓爲衣兮風爲馬，雲之君兮紛紛而來
> 下。虎鼓瑟兮鸞回車，仙之人兮列如麻。⑭

（4丁）

　　李白雖然是個狂熱得超乎尋常的拜山者，卻顯然不是一個獨一
無二的拜山者。在他的時代，愛「仙山」似乎是一種風尙。單單在
李白的出名朋友當中，就有不少人或多或少有這樣的熱情。例如，
元丹丘遊過嵩山、華山、峨眉山及剡中（今浙江嵊縣一帶，有天台、四
明、天姥、會稽等名山）；孟浩然曾遊剡中數年；孔巢父曾與李白共
隱徂徠山，又於七四七年左右遊剡中；魏顥曾隱居王屋山，並於七
五四年尋訪李白途中遊嵩山及剡中；杜甫曾於年輕時遊剡中，後來

---

⑬　見《舊書》192／5128司馬承禎傳。

⑬　見〈送王屋山人魏萬……〉、〈奉餞高尊師……〉、〈贈別舍人弟臺卿…
　　…〉、〈遊泰山六首其一〉（《王本》16／752，17／821，12／605－06，
　　20／921－22）及下文所引〈夢遊天姥吟〉。

⑭　《王本》15／707。

又曾遊王屋山，尋訪山中著名的小有洞天，希望與該地的道士學道。⑬
這些人中元丹丘是個狂熱不減李白的道徒，孟浩然、孔巢父、魏顥
則都做過隱士，他們的愛山行徑還比較沒有特別引人注意的地方。
現在連「每飯不忘君國」、一向以典型儒者爲人所知的杜甫也有熱
愛仙山之事，當時仙山之魅力有多大就不言可喻了。其中風光旖旎
的剡中地區歷來常爲茅山祖師隱遁之所，咸信饒有神仙，因此似乎
更充滿了來自全國各地的朝聖者。⑬這就難怪上述那些李白友人以
及李白本人都遊歷過剡中了。我們從很多地方都可以看出李白是個
很容易受浪漫時尚影響的人。⑬他對仙山的熱愛難免也與當時愛山
的潮流有關吧。

---

⑬　關於元丹丘，見〈元丹丘歌〉、〈聞丹丘子於城北山……〉、〈西岳雲臺
　　歌……〉（《王本》7／384，13／657，7／384）及第二章第六節第五段。
　　關於魏顥，見第二章第六節第十一段以及⑭所引詩。關於孟浩然，見陳
　　貽焮，〈孟浩然事跡考辨〉，《唐詩論叢》，頁24-37及孟本人的〈越
　　中逢天台太乙子〉、〈宿天台桐柏觀〉（《全詩》159／1626，1623）等
　　詩。關於孔巢父，見第二章第四節第一段及第六節第五段。關於杜甫，
　　見聞一多，《少陵年譜》，頁丙52-53，59-60；又見杜光庭，〈洞天
　　福地……〉，頁3b。

⑬　見 Michel Strickmann, "The Mao Shan Revelations," p.31ff。及
　　Edward H. Schafer, *Mao Shan in T'ang Times* p.46。這一帶的名
　　山在南朝文人作品中經常與神仙相關。例如孫綽〈遊天台山賦〉中之天
　　台山及《文選》11謝靈運〈登臨海嶠〉詩之天姥山。依杜光庭〈洞天福
　　地……〉，在剡中及附近地區有兩個大洞天，六個洞天，及大約十個福
　　地。

⑬　見上章（2甲）。

（5甲）

　　以上我們敘述了李白對神仙世界的狂熱，以下我們就來考察他追求長生的實際努力。一般說來，李白求仙的努力與他對神仙世界的狂熱不太成比例。他的作品裡幾乎沒有什麼跡象顯示他曾嚴肅從事過道教的吐納、導引（兩種內丹術）、辟穀（不食五穀，只進藥物以求成仙的修鍊術）、房中術（以長生為目標的性衛生）等幾種長生之術。❸有些資料，包括李白本人的一首詩在內，顯示李白可能曾服用草藥；但是他並沒有在意到把這些藥的名稱和功用記錄下來的程度。❸我們所確知的李白的嚴肅的努力只包括偶爾煉煉金丹以及受過一次道籙而已。李白受道籙一事係天寶三載（744）他從宮中被賜金還山後不久的事。❹李白的煉丹活動比較難以定年，不過我們大致上可以確定，這些活動主要也發生在天寶三載那次政治上的大挫敗之後。❹

---

❸　〈廬山謠〉（《王本》14／677－78）中有「琴心三疊道初成」句。依施逢雨，《李白詩的藝術成就》，頁90知「琴心三疊」乃是道教內丹術的一種境界。這是我所找到的唯一表示李白鍊內丹的詩。

❸　李白在〈留別廣陵諸公〉（《王本》15／718；由其內容看顯然是作於天寶三載被賜金還山後；參見第二章第五節第三段）裡說他「採藥窮山川」。山河中採的藥理當包括草藥在內。另獨孤及〈送李白之曹南序〉記李白天寶十二載（753）由梁往曹南（見第二章第六節第十段及❸）時「仙藥滿囊，道書盈篋」。這些藥或許也包括草藥在內。

❹　見第二章第六節第二段。

❹　以下是我所找到的明示李白從事煉丹活動的作品：（甲）〈草創大還贈柳官迪〉（《王本》10／536），作於李白受道籙之後（見詹鍈，《繫年》，

　　李白煉金丹和求道籙的活動所以發生在天寶三載以後，原因可能是多重的。首先，我在前文曾指出，天寶三載以前李白的心思主要是在他的政治追求上。對年輕壯盛的李白而言，長生不死的遙遠夢想應該很容易就會被建功立名的強烈慾望所掩蓋。他因此可能只是隨興從事一些比較容易做到的道教活動——如研讀道經、隱遁山林、以及服用一些易得的藥餌———一方面以滿足他的宗教需求，另一方面則以培養他的高士之名而已。⓬

　　頁61）；（乙）〈秋日鍊藥院鑷白髮〉（《王本》10／515），詩題顯示李白已有「白髮」，但尚不多，因此或許作於四十多歲剛入中年時（參見詹，《繫年》，頁77）；（丙）〈留別曹南羣官之江南〉（《王本》15／708－09），作於753年（見註⓭）；（丁）〈流夜郎半道承恩放還⋯⋯書懷示息秀才〉（《王本》11／591），作於759年（詹，《繫年》，頁132）；（戊）〈廬山謠⋯⋯〉（《王本》14／677－78），可能作於760年（詹，《繫年》，頁143）；（己）〈避地司空原言懷〉（《王本》24／1116－17），可能作於758年（見上章註⓭）；（庚）〈留別廣陵諸公〉（見註⓭）；（辛）〈金陵與諸賢送權十一序〉·（《王本》27／1162－64），序中自稱曾「收河車於清溪」，清溪在秋浦，因此當是754年左右居秋浦後作（見第二章第六節第十一段）；（壬）〈代壽山答孟少府⋯⋯〉（《王本》26／1220－26，尤其是1225）。這些作品中，只有最後一個是作於744年以前的（其年代應是727年後不久，見上章開頭）。在這作品裡，李白自稱曾餌「金砂」（金液凝成的粉末？）但是在〈遊泰山〉（《王本》20／921－26，尤其是第三及第五首）及〈秋於敬亭送從姪耑⋯⋯序〉（《王本》27／1266；上二作品分別作於742年及737年後某時，見第二章㉑及〈序〉文）裡，李白卻還在說自己未曾真正營煉金丹。因此我懷疑或者是李白答孟少府的書信不能全按字面了解（李白在信中力圖向孟顯示自己是個真隱士，因此有可能誇大了自己的道教活動），或者是李白只是曾從朋友處獲得一些丹藥。

⓬ 詳見上章前半。

　　其次，天寶三載以前煉金丹與受道籙對李白而言看來根本就過分昂貴，這尤以煉丹爲然。煉丹術所費到底多少，我們誠然無法詳知；但煉丹術之非一般人所輕易負擔得起則有相當堅強的證據。以下我們舉兩個例。第一，當杜甫在天寶三、四載認識李白並與他先後共遊梁宋、東魯時，杜也正對道教有特別的興致。⑭ 稍後他有心要煉金丹，但是卻煉不起。他寫詩告訴李白說：

　　　豈無青精飯，使我顏色好？苦乏大藥資，山林跡如掃。⑭

按青精飯是以一種叫南燭的樹的枝葉煎汁煮成的飯，在唐代是一種流行的長生食物。⑭ 大藥即是煉金所得的仙丹。這幾句詩很清楚地指出，杜甫吃得起青精飯，但是煉不起丹，所以還沒隱遁到山林裡去（傳統上煉丹多在山中）。第二，有些記載指出，即使像葛洪、陶宏景那樣顯赫的道徒，如果沒有有財有勢者的支持，也一樣無法供應煉丹的材料。⑭ 我們從某些跡象可以看出，在李白得到玄宗的賞識（在天寶元年）之前，他的經濟狀況是不足以從事這種活動的。⑭

---

⑭ 聞一多，《少陵年譜》，頁丙59-62。參照郭沫若，《李白與杜甫》，頁181-85。

⑭ 《杜少陵集詳註》1／19。

⑭ 見Schafer, *Mao Shan in T'ang Times*, p.27；參照《杜少陵集詳註》1／19所引陶宏景《登眞隱訣》中的話。依《辭海》（1979年版，冊一，頁310，171）的說法，古人所稱的南燭也許指烏飯樹（Vaccinium bracteatum）而言。

⑭ 見《抱朴子內篇》卷4及《南史》卷76陶宏景傳。

⑭ 關於李白的經濟狀況，學者間曾有幾種不同的說法。比較流行的一種說法是：李白的父親是西域富商，李白本人或其兄弟也經營商業。見麥朝

先說，李白有一首寫給一個李姓襄陽縣尉（少府）的詩（即〈贈從兄襄陽少府皓〉；所謂「從兄」指其人姓李，李白與之聯宗，認之為兄，而非其人真為李白堂兄），可能作於開元二十二年（734）或二十三年李白訪問襄州後不久。⑭這首詩說：

> 結髮未識事，所交盡豪雄。卻秦不受賞，擊晉（一作「救趙」）寧為功。小節豈足言，退耕舂陵東。歸來無產業，生事如轉蓬。一朝烏裘敝，百鎰黃金空。彈劍徒激昂，出門悲路窮。吾兄青雲士，然諾聞諸公。所以陳片言，片言貴情通。棣華儻不接，甘與秋草同。

在前六句裡，李白先自述平生志意。第三、四句謂詩人以卻秦救趙有功的魯仲連和朱亥作為楷模。第六句中的舂陵係漢地名，故治在唐隨州棗陽縣東，與安州相近。⑭因此，所謂舂陵東當指李白當時居家所在的安州而言。第七至第十二句寫詩人經濟情況之窘困。「歸來」一語可能指訪襄州後歸安州。「百鎰」句則指歸家後黃金

<hr />

樞，〈李白的經濟來源〉，《文學遺產》427期（1962）；郭沫若，《李白與杜甫》，頁13－14；並參看林庚，《詩人李白》，第五段。這個說法並沒有很好的根據。先說，李白與西域並沒有關係（詳見第一章）。再者，誠如耿元瑞〈李白是靠經商過活嗎？〉（《文學遺產》444期（1962））一文所指出，所謂李白本人曾經經營商業的說法乃是由一些斷章取義的材料所推出來的。郭沫若所提李白兄弟曾經經商的論點證據更是脆弱。耿元瑞認為李白主要是靠別人的資助生活，其說似乎比較可信。以下我將補充修改他的看法。

⑭ 詩見《王本》9／462；繫年見第二章第二節第六段及下面正文。

⑭ 見《元和志》21／13a。

百鎰己空；這個數目是否誇大，現已難以詳考。⑮ 末六句先推崇對方，其次向對方攀交情，最後委婉向對方求助。全詩措詞雖然還算矜持，訴苦求助之意卻相當明確。另外，作於開元二十五至二十八年（737－740）間初遊關中時的〈贈新平少年〉和〈豳歌行上新平長史兄粲〉也有向人訴苦（前詩）或甚至向人靦顏求助（後詩）的話；又作於開元二十九年左右居東魯時的〈贈從弟冽〉雖然主旨不在訴苦或求助，卻也提到了自己「乏尺土」，也就是沒有地產的事。⑮ 這些詩這裡就不再詳細引述了。從這些明白的例證看來，李白在開元二十二年至天寶元年（734－42）奉召入京前生活絕不富裕。至於李白在開元十二年出蜀東遊至開元二十二年之間（724－34）的經濟狀況，我們也可從一些較間接的資料裡推出一點眉目。李白在〈上安州裴長史書〉裡說他某次遊揚州時，「不逾一年，散金三十餘萬。」又說某次與蜀中友人吳某遊楚，吳死於洞庭，白將之暫時殯於湖邊，自己便前往金陵；數年後李白西還，為吳「丐貸」營葬。依我們對李白遊蹤的了解，這裡所提的遊揚州、往金陵之事

---

⑮ 第二章⑮提列，《舊書》玄宗紀開元十三年有「時累歲豐稔，東都米斗十錢，青、齊米斗五錢」的記載（安旗、薛天緯《李白年譜》頁25引）。關於玄宗時期的物價，我們就只知道這些。由這樣的記載，我們實在難以確定這裡的「黃金百鎰盡」是否誇大。但李白講話有時候很明顯地是很誇大的。例如〈行路難〉其一（《王本》3／189）說「金樽清酒斗十千，玉盤珍羞直萬錢」；與《舊書》的記載比，這兩句詩顯然不實。這是我對「百鎰」這個數目持保留態度的原因。

⑮ 關於前二詩，見《王本》7／379，9／504及上章（4己）與第二章⑪。關於後詩，見《王本》12／627－28及第二章⑭。

都發生於李白開元十二年出蜀東遊時，西還之事則發生於開元十五年（727）。❶❺❷ 李白在此次還至洞庭之後不久就在安州結婚，婚後在安州住到開元二十二年以後，並一直沒有與父母兄弟有什麼聯繫。❶❺❸ 從以上這些線索，我推想李白在出蜀時從父母那邊拿了一些盤纏，而在開元十五或十六年（727或728）結婚之前就差不多已經把錢用完。婚後他在很大程度上可能是依靠妻方的接濟而維持家庭並追求功名的。在上述這種情況之下，李白要成爲一個煉丹士顯然是不大可能的。（自然，他有可能在訪問道友時接觸到煉丹術。）道籙雖然沒有金丹那樣昂貴，卻也不是輕易可得的。這一點我們稍後再談。

　　在天寶三載的政治失意之後，李白便有了更進一步投身於道教的資力和欲望。先說資力，李白這一年離開長安時是被「賜金還山」的。誠然，從當時唐朝廷賞賜著名高士的行情來看，李白所得到的賞賜似乎不會太多。❶❺❹ 但是，他供奉翰林院並獲朝廷賜金的經

---

❶❺❷ 見第二章第二節第一、二段。

❶❺❸ 就我所知，沒有任何李白著作提到他婚後有與蜀中父母兄弟聯繫的事。只有兩篇李白著作「提及」他的父母兄弟，即〈秋於敬亭送從姪耑……序〉（《王本》27／1266）及〈萬憤詞投魏郎中〉（《王本》24／1122）。前者作於婚後至少十年左右之後（見序文本身）；後者作於757年，見第二章❶❸❽。

❶❺❹ 這一點從當時一些出名隱士所受的待遇就可以看出。據《舊書》192／5120-21，唐室給盧鴻的待遇是「歲給米百石，絹五十匹，充其藥物」，又臨還山時「賜隱居之服及草堂一所」。這是我所查到的給隱士的最慷慨的賞賜。王希夷只得「州縣春秋致束帛酒肉，仍賜衣一副，絹一百匹」（《舊書》，頁5121）。

歷無疑會給他帶來相當的聲望。（這裡是依常情判斷，本無須特別
舉證。不過，我們剛好有一個現成的實例，因此就順便把它附在這
裡：上文提到的杜甫贈李白詩中有兩句說：「李侯金閨彥，脫身事
幽討。」所謂金閨，本指漢之金馬門，這裡借指唐之翰林院。所謂
幽討，即指道教活動。杜甫稱李白爲「金閨彥」，就表示李白當時
已以曾經供奉翰林之高士的身份爲人所知。）大概因爲有了這樣的
聲望，李白爾後便較常從地方官吏得到資助。**⑮** 而這些資助有時候
便可能使得李白有能力去從事煉丹等活動。再說投身道教的欲望。
從人情之常來看，一個人在某一方面遭遇重大挫折之後，本來就常
常會試圖在其他方面尋求補償。再者，誠如上章所已提過，所謂賜
金還山，顧名思義就是順應當事人隱逸山林的願望，讓他很體面地
回到山中去。一個人被賜金還山後固然依舊相當風光，但是按理卻
不合再出來追求政治上的成就。因此，在這次失意之後，李白至少
有一陣子不可能再有什麼政治上的機運。如此一來，李白就更可能
把精神投注到他本來所熱衷的宗教活動上去了。**⑯**

（5乙）

　　李白之受道籙算是他正式進入道教界的表徵。**⑰** 道籙是在紙或

---

⑮ 這點可由第二章的李白生平概述中看出。

⑯ 范傳正〈唐左拾遺……李公新墓碑〉（《王本》31／1464）說李白還山後
　　「好神仙非慕其輕舉」，而係「將不可求之事求之，欲耗壯心、遣餘年
　　也。」從上面有關李白對神仙世界之嚮往的討論看來，范說實不可從。

⑰ 以下關於道籙之性質與傳授的一段文字主要的根據是⑴《隋書・經籍志》

絲帛上寫上或畫上玄秘文字、圖象而成的符。籙有很多「階」，每一階的籙據說都有召喚某些鬼神仙人來治病、鎮邪、或甚至服侍籙主的效力。**⑮⑧**（李白說他所得的籙能夠「三災蕩璿璣，蛟龍翼微躬。」所謂「璿璣」（同璇璣），指北斗星斗勺的四顆星。這與「蛟龍」大概都是畫在李白道籙上的圖形。李白相信它們能夠祛除災害、輔助自己。）**⑮⑨**這些道籙被用來傳授給道士以及虔誠的世俗信徒，以作爲教團對他們的宗教造詣以及與教團的關係的認定。**⑯⓪**

35／1091－94有關道教的一段記載，(2)《正一修眞略儀》，(3)《傳授三洞經戒法籙略說》，(4)《正一法文法籙部儀》，(5)《三洞修道儀》，及(6)《傳授經戒儀注訣》。(2)至(6)均收於《道藏》《正一部》中。(1)編纂於唐初；(3)爲玄宗初期張萬福撰；(5)則爲五代孫夷中撰（見陳國符，《道藏源流考》，頁359）。我懷疑其他各著作也作於唐代前後祕傳道教盛行時（參看吉岡義豐，前引書，頁20－23；陳國符，頁309；及Strickmann, "The Mao Shan Revelations," p.18, n.36）。可能由於道教的祕傳性質，上述這些著作都沒有指出一套詳細的、系統化的經籙傳授儀式來。不過，我們尚能從這些資料勉強綜合出一個大要。而就本章所需而言，一個大要應已足夠了。在緊接著的幾條註中，凡是提及上述這些資料時，將只提其號碼。

⑮⑧ 關於籙之性質，見上註著作(1)，頁1092及著作(2)，頁19a－20b，又見李白〈訪道安陵遇蓋寰〉（《王本》10／522）中描述他所得道籙的一段。關於籙之階位與效力，見上註著作(1)，頁1092；著作(2)，頁1a－4a，11b－12a，17b－18b；著作(3)，第一部份，頁1－19及第二部份，頁8；及著作(5)。又見陳國符，頁351－59及註**⑯⓪**所引韋夏卿詩。依據這些資料，似可確定所謂「正一」諸階道籙是授給初學者，而所謂「上清」諸階道籙則是授給道行最高的弟子的。

⑮⑨ 見上註所引李白詩。

⑯⓪ 以下有一些證據顯示道籙也傳給俗家弟子：（甲）註**⑮⑦**所引著作(4)記載了某一個符的傳授情形（頁24a）。該處所提到的受傳授的人中有些記明是

傳授時先得由師徒一齊進行一個時期的齋戒。接著由徒弟進獻盟誓
用的貴重物品，並且立「契券」，發誓不洩漏傳授內容並恪守宗教
戒律、實踐特別宗教義務；所有這些儀式都以諸神衆仙爲證人。**⓰**
道籙本身必須由具有特定資格的道士製作，製作時並得虔誠敬謹。
⓱ 李白所受的道籙是他本人請託一個名叫蓋寰的人造的。爲了這個
籙，李白似乎送了一份頗重的禮給蓋寰。**⓲**

道士，有些則沒有。在未記明者中有一人被稱爲「劉散騎道符」。「散
騎」當指散騎常侍，是個官銜。依此，這個姓劉的顯然不是個道士。
(乙) 在一首題爲〈送顧況歸茅山〉的詩(《全詩》272／3057－58)裡，
章夏卿 (大曆間，亦即766－779年間，制舉及第；見《舊書》165／
4297及《新書》162／4995本傳) 分別於第三句「法尊稱大洞」、第四句
「學淺忝初眞」下註說「著作已受上清畢法」(「畢法」當作「法畢」)
及「夏卿初受正一」。所謂「著作」顯然指顧況；顧況789年由著作郎職
位貶謫饒州 (見傅璇琮，〈顧況考〉，《唐代詩人叢考》，頁393－97)。
我們若比較章詩與另外兩首作於同一場合的詩，即綦毋誠〈同章夏卿送
顧況歸茅山〉及顧況〈奉酬茅山贈賜并簡綦毋正字〉(《全詩》272／
3058，266／2953；後詩或題作〈奉酬章夏卿送歸茅山并簡……〉)，則
可看出三詩似作於789年顧況離京時。(依傅璇琮，前引處及頁400－01，
顧於前往其饒州新職之前曾先遊茅山所在的今長江三角洲一帶。) 這表
示作詩時章、顧二人均在朝任官。另，從《新、舊書》章夏卿本傳及傅
璇琮的還算詳實的顧況生平研究看來，章、顧二人似都未曾成爲道士。
他們都是以在家弟子身份受道籙的。Schafer在前引書頁39中對章詩的解
釋實不可從。

⓰ 見註**⓮**，著作(3)，第二部份，頁8a－17a；著作(4)；著作(6)，頁5b－7b，
9b－10b；著作(1)，頁1091－94。另參看Strickmann, "The Mao Shan
Revelations," pp.22－30。

⓱ 見註**⓮**，著作(2)，頁19a－20b及(6)，頁7b－8b。

⓲ 見第二章**⓴**及李白〈訪道安陵遇蓋寰……〉(《王本》10／522) 的「黃
金滿高堂，答荷難克充」二句。

　　李白所受的道籙是個位階很高的籙。從他的兩首詩判斷，這個籙叫做「豁落七元符」。❻ 據今人研究，這樣的一個符是「漫步於北斗七星（七元）時佩帶」的❻。有一部道書說此符是茅山道教創始人之一許翽所繪製佩帶的幾種符籙之一；另一部道書則說此符是位階很高的「上清」籙二十四階之一。❻ 很明顯地，李白的道行被評得相當高。難怪在一首作於天寶十二載（753）的詩裡，李白還得意洋洋地提到他這個符說：「身佩豁落圖，腰垂虎盤囊。」❻ 不過，我懷疑李白之獲得高階道籙與他的道教修爲關係小，而與他新近獲得的翰林俊彥之名關係反而大些。

（5 丙）

　　金丹在一般人眼中不會陌生，因此不像道籙那樣需要費神介紹。在此，我們可以直接來看看李白煉了、服了些什麼金丹。就我所知而言，李白只有兩次明白提到他所煉的仙藥的名字。在〈廬山謠寄盧侍御虛舟〉（約作於上元元年，即760年）裡，他說他服用了「還丹」；

---

❻ 從〈訪道安陵……〉中的「七元洞豁落」及「三災蕩璿璣」二句（見上文及註❻）以及〈留別曹南羣官之江南〉（《王本》15／708－09）的「身佩豁落圖」句，我斷定李白的籙就是今人道教研究中所提的豁落七元符（見下文）。

❻ Strickmann, "The Mao Shan Revelations," p.53, n.116。

❻ 見Strickmann，前引處；及註❻，著作(2)，頁18a。關於上清籙的地位，見註❻。

❻ 見註❻所引〈留別曹南羣官……〉。此詩繫年見註❻。

在〈草創大還贈柳官迪〉（作於天寶三載，即744年後）裡，他向柳官迪報告了他煉「大還」的情形。⓰ 除了這兩種金丹外，李白還在幾首詩裡顯示出要煉「金液」的強烈心意，有可能也眞的試著去煉過。⓱ 所謂「還丹」，可能首見於魏伯陽的《參同契》；在中國煉丹術裡，這是非常出名的一種丹。⓲ 葛洪《抱朴子》的〈金丹篇〉便將「還丹」與「金液」列爲金丹之首。據今人研究，這種丹似乎是一種「由汞與硫昇華而得的硃紅色的汞硫合成物。」⓳ 李白所謂的「大還」應該是「大還丹」的省稱，而「大還丹」顯然是一種特別的還丹。⓴ 在談到煉製此丹的情形時，李白引了不少丹書（最突出的是《參同契》）。這些作品就像一般的丹書一樣，都文字玄誕、隱喻連連。例如，李白描寫他所用到的一些材料說：「姹女乘河車，黃金充轅軛。」（「姹女」當即「河上姹女」，即水銀；「河車」即鉛。）他又提到部份製作過程說：「朱鳥張炎威，白虎守本宅。」（「朱鳥」即朱雀，指火；「白虎」指鉛或水銀。）⑳ 雖然這種文字今日尙非

⓰ 見註⑭（戊）條及（甲）條。

⓱ 見〈寄王屋山人孟大融〉（《王本》13／662：由詩中「中年謁漢主，不愜還歸家；朱顏謝春暉，白髮見生涯」四句看，應作於744年以後很久）及〈涇溪南藍山下有落星潭……〉（《王本》14／695-96；年代不詳；詹鍈《繫年》頁150繫於761年，然證據不是很充分）。

⓲ 見Joseph Needham *et al.*, *Science and Civilisation in China*, V:3, pp.73-74。

⓳ 見前註，p.74。

⓴ 此名見於唐人梅彪之《石藥爾雅》卷一，但梅彪本人也不知其煉製方法。見陳國符，頁388。

⑳ 關於李白所引丹書及其特色，見王琦在《王本》10／536的註及Arthur

全不可解，但由於李白並未按部就班寫出所有煉製材料和過程，我們對他的「大還」也就只能略知一二了。至於「金液」的製作，則據說須「一斤黃金與多種物質置於一容器內，密封後放置一個時期，直至煉成液體爲止。」⓱ 這裡面所說的多種物質可能是「汞（或醋與野山莓汁——按：異說源自對葛洪用語的不同解釋）、雄黃、鉀鎂礬（或普通食鹽）、鐵礬（或綠礬）、汞（或磁鐵礦）、硝石、與朱砂。」⓲ 李白這些仙丹的效用如何呢？《抱朴子》中曾如此述及「金液」之神效：

> 〔金液〕服一兩便僊。若未欲去世，且作地水僊之士者，但齋戒百日，服半兩，則長生不死，萬害百毒不能傷之。可以畜妻子，居官秩，任童所欲，無所禁也。若復欲昇天者，乃可齋戒斷谷一年，更服一兩，便飛昇矣。⓳

據說「還丹」也一樣地神奇。不過，這是神仙家自己的說法，恐怕難免有自誇之處。若以現代自然科學的眼光來看，則「還丹」、「金液」的材料吃多了都可能致命。李白能活到六十二歲（在當時已經算很不錯），也許就證明上述的仙藥他終究並沒吃太多。

Waley, *The Poetry and Career of Li Po,* pp.55—56。關於煉丹術術語的意義，見Needham, V:3, pp.66—68及王琦註❾。

⓱ Needham, V:3, p.88。

⓲ 同上，p.89。

⓳ 內篇〈金丹篇第四〉（台北影印《中國子學名著集成》本），新頁85。

（6甲）

李白不僅嚴肅的求仙活動不多，而且還常有與神仙信仰相矛盾的念頭和舉動。他的矛盾念頭有些看來似乎只是對神仙信仰的情緒的反彈。例如，他的〈擬古十二首其三〉說：

> 長繩難繫日，自古共悲辛。黃金高北斗，不惜買陽春。
> 石火無留光，還如世中人。即事已如夢，後來我誰身？
> 提壺莫辭貧，取酒會四鄰。仙人殊恍惚，未若醉中真。**⑰**

又〈月下獨酌四首其四〉說：

> 窮愁千萬端，美酒三百杯。愁多酒雖少，酒傾愁不來。
> 所以知酒聖，酒酣心自開。辭粟臥首陽，屢空飢顏回。
> 當代不樂飲，虛名安用哉？蟹螯即金液，糟丘是蓬萊。
> 且須飲美酒，乘月醉高臺。**⑱**

前詩末二句說神仙虛無縹緲，不如飲酒那樣眞實。後詩末四句說美食（「蟹螯」）可以充當金丹，美酒（「糟丘」）可以充當仙境，因此只要飲酒享樂就好了。這些話顯然沒有否定神仙信仰的意圖；它們只不過反映李白對神仙追求的某種程度的不耐罷了。

不過，李白有時候看起來卻赫然像是正面在向神仙信仰挑戰。例如，在〈登高丘而望遠海〉裡，他寫道：

---

⑰ 《王本》24／1094。
⑱ 《王本》23／1064。

登高丘，望遠海。六鼇骨已霜，三山流安在？　扶桑半摧折，白
日沉光彩。銀臺金闕如夢中，秦皇漢武空相待……君不見驪
山、茂陵盡灰滅，牧羊之子來攀登。　盜賊劫寶玉，精靈竟
何能？　窮兵黷武今如此，鼎湖飛龍安可乘！⑲

所謂「六鼇」的故事，依《列子》（〈湯問〉篇）的記載是這樣的。
東海中有五仙山漂流海上，天帝應山中仙人之請，命禹彊遣巨鼇十
五分三番以頭負載諸山。有龍伯國巨人捕獲六鼇，燒其骨以事占
卜。五山中的岱輿，員嶠因此漂至極北，沉於海中。其餘三山（即
蓬萊，瀛洲，方丈）則未聽說有漂流之事。李白不知是記錯了這個
故事還是另外有所依據。驪山、茂陵分別是秦始皇、漢武帝陵墓所
在。鼎湖相傳是黃帝成仙登天的地方。這段詩寫秦皇、漢武派人往
三仙山求不死藥不成的故事。這些故事是歷來攻擊神仙之教的最有
力的例證。它們的殺傷力強到使道門的巨擘葛洪不得不在《抱朴
子》裡費盡口舌來辯解，說「學僊之法，欲得恬愉澹泊，滌除嗜
慾，」而帝王日理萬機，殫精竭慮，本不適合求仙；又說秦皇、漢
武之失敗可能導自「始勤而卒怠，或不遭乎明師。」⑳另《漢武帝
內傳》造了一個西王母等仙人降訪武帝的故事，並同樣指摘武帝不
專心求道以致於學仙不成，我懷疑這也是道士造出來為神仙之道作
辯解的。但是上面引的李白詩顯然不接受這些道徒的解釋。除外，
〈古風五十九首其三〉也提到秦始皇的這個失敗破滅的夢，只是語

⑲　《王本》4／223。
⑳　〈論僊第二〉，新頁33。

氣比較緩和而已。這裡，值得我們注意的是，這兩首詩都沒顯露出由秦皇漢武之失敗而對自己的求仙活動感到懷疑的痕跡。李白好像是懷著無事人的心情，在緬懷古事，憑弔這兩個曠世雄主的霸業和幻夢，絲毫都不覺得他們的失敗與自己有切身關係一樣。

　　類似地，在一首叫〈日出入行〉的詩裡，李白首先說人非元氣，因此無法與運行不息的太陽長周旋。但是，他又說：

> 草不謝榮於春風，木不怨落於秋天。誰揮鞭策驅四運？萬物
> 興歇皆自然。⑱

他接著譴責古代神話中企圖讓太陽暫停運轉的魯陽，說他「逆道違天，矯誣實多，」並歸結說他本人將「囊括大塊，浩然與溟涬同科。」（「溟涬」，謂自然元氣）⑱ 這也就是說，他肯定死亡是大自然的法則之一，是人所必須遵循的。明人胡震亨曾指出說，漢樂府郊祠歌〈日出入〉「言日出入無窮，人命獨短，願乘六龍仙而升天，」而李白則似有意「反其意。」⑱ 這也許是對的。奇怪的是，對神仙世界有狂熱嚮往的李白怎麼會故意與期待乘龍升天的古詩唱反調呢？「草不謝榮」等幾句詩用語與《莊子·大宗師》篇本文及郭注有多處雷同，看來李白的觀念是透過郭象注而來自《莊子》的。⑱

---

⑱　《王本》3／211。

⑱　魯陽之故事見《淮南子·覽冥訓》。

⑱　胡氏語見本詩詩題下王琦注。此地所提的漢樂府詩見《樂府詩集》卷1。誠如詹鍈所指出（〈李白樂府探源〉，《論叢》，頁82），李白詩與此漢樂府詩不僅主題相關，有些地方甚至連文字都相似。

⑱　此處所引前兩句詩很可能是由〈大宗師〉篇郭象注文之「故聖人之在天下，

也許李白做此詩時剛剛讀過《莊子》，深受《莊子》感動吧？前面那些關於秦皇漢武的作品會不會也是在讀到有關的著作時發的議論呢？不管如何，上引的材料顯示，李白的神仙思想是可能暫時從他腦中讓開給完全互相矛盾的觀點，或眠居心中與那些觀點並存的。

（6乙）

在李白的生平裡還有兩件小趣事可以讓我們看出他不在意其神仙信仰的一面。我們前面說過，李白在天寶三載受了道籙，其後嚴肅的求仙活動並較多了起來。但是，在一首作於天寶三載後，題爲〈答湖州迦葉司馬問白是何人〉的詩裡，李白卻自稱爲「青蓮居士謫仙人」，並說自己是金粟如來的「後身」（金粟如來可能是創自中國人的一個佛名；在唐代，一般咸信此佛是維摩詰居士的一個前身）。⑱他至少還在另一作品裡提到自己這個佛教味十足的別號（青蓮，或音譯爲尼羅烏鉢羅華，梵文nilôt-pala，巴利文nila-uppala，是佛教中常用的純

煖焉若春陽之自和，故蒙澤者不謝，淒乎若秋霜之自降，故凋落者不怨也」（《莊子集釋》3a／232）轉化而來。另「大塊」一詞與未引到的「其始與終古不息」句則可能本自〈大宗師〉本文的「夫大塊載我以形」、「維斗得之，終古不忒；日月得之，終古不息」等語（同前書，頁242，247）。參看《校注》3／268。

⑱ 詩見《王本》19／876。「謫仙」一語顯示此詩作於第二次長安之行（742－44；李白在此次長安之行中認識了賀知章，賀稱他爲謫仙人；見第二章第五節第四段）以後。關於金粟如來一語的意義，見陳寅恪，〈敦煌本維摩詰經……跋〉，《陳寅恪先生論集》，頁228－29及《望月佛教大辭典》增訂本，頁1368a。

潔的象徵）。⑱ 由此可看出他似乎一時興致高，頗樂得兼以道教謫仙與佛教居士的身份自詡。（他先前也曾像唐時許多士人一樣在佛寺裡歇足或度假，並且大談佛理；不過自稱居士這倒是首次見到。）⑱ 另外，在一篇也作於天寶三載以後的送別的〈序〉裡，李白又把自己心愛的「仙」號與別的事物結合在一起，那就是酒。⑱ 他這次自稱爲「酒仙翁」。誠然，一個人受了道籙之後未必就有義務排佛戒酒。⑱ 但是，一邊以神仙自詡，一邊又對佛教和酒熱心到自稱居士酒翁，這就無論如何有點特別了。

　　整個地看來，李白的神仙信仰是狂熱而不嚴肅的。他對成仙不死有極其熱情、認眞的一面。他因政治慾望高漲或因不耐成仙之難

----

⑱ 〈答族姪僧中孚〉（《王本》19／897）也提到此一別號。有關「青蓮」一語的說明見《望月佛教大辭典》，頁2817a，4144c，及228a。此語在李白集中多次與有關佛教的內容連用；見花房英樹《索引》，頁326。有人以爲青蓮是李白家鄉的鄉名。王琦則指出，依《彰明逸事》（宋人楊天惠撰，不傳），李白家鄉宋時原稱清廉鄉；王氏並懷疑是「後人因李白生於此，故易〔鄉名〕作青蓮」。見《王本》35／1574長安元年條及詹鍈，《繫年》，頁111。王說應可從。

⑱ 關於唐士人居佛寺談佛理之論斷例見杜甫，〈遊龍門奉先寺〉、〈題忠州龍興寺所居院壁〉（《杜少陵集詳註》1／1，14／80）；孟浩然，〈雲門寺西……符公蘭若最幽與薛八同往〉、〈夜泊廬江聞故人在東寺以詩寄之〉（《全詩》159／1623，160／1635）；及李白，〈與元丹丘方城寺談玄作〉、〈安州般若寺水閣納涼喜遇薛員外乂〉（《王本》23／1059，1060－61）。又見Kenneth Ch'en, "The Role of Buddhist Monasteries in T'ang Society," pp.214－19。

⑱ 見〈金陵與諸賢送權十一序〉（出處及繫年已見註⑭，辛條）。

⑱ 我沒有找到有關世俗道教信徒之戒律與禁忌的資料。此點有待博雅教正。

而時或求仙意興衰減的現象，乃是人情之常，並不足以用來否定他的熱情與認真。但是，有趣的是，儘管他對神仙的嚮往十分熱烈，這份嚮往卻沒有機會發展成一個嚴肅的、理智的、一貫的信仰。他並不在意他的思想行為是不是與他的神仙信仰相抵觸。我們在他身上看到了對同一宗教的極熱心然而卻又極隨意的特異態度。

附　錄

甲：與「山東李白」一語相關的資料

作　者	作　　品	內　　容
杜　甫	〈蘇端薛復筵簡薛華醉歌〉	近來海內為長句，汝與山東李白好。
李陽冰	〈草堂集序〉	公乃浪跡縱酒，以自昏穢。詠歌之際，屢稱東山。
魏　顥	〈李翰林集序〉	間攜昭陽、金陵之妓，迹類謝康樂，世號為李東山。
元　稹	〈唐檢校工部員外郎杜君墓係銘并序〉	詩人以來，未有如子美（按：杜甫）者、時山東人李白亦以奇文取稱，時人謂之李、杜。
劉昫等	《舊唐書·李白傳》	李白……山東人……父為任城尉，因家焉。

樂　史	不詳；轉引自楊愼《丹鉛總錄》（Ａ）及〈李詩選題辭〉（Ｂ）	（Ａ）白客遊天下，以聲妓自隨。效謝安石風流，自號東山。時人遂以東山李白稱之。（Ｂ）李白慕謝安風流，自號東山李白。

乙：李白家世資料對照表

李　陽　冰	范　傳　正	《新唐書》
Ａ.李白，字太白	Ａ.公名白，字太白。	Ａ.李白，字太白。
Ｂ.隴西成紀人	Ｂ.其先隴西成紀人。 Ｃ.絕嗣之家，難求譜牒。公之孫女搜於箱篋中，得公之亡子伯禽手疏十數行，紙壞字缺，不能詳備。	
Ｄ.涼武昭王暠九世孫。 Ｅ.蟬聯珪組，世爲顯著。	Ｄ.約而計之，涼武昭王九代孫也。	Ｄ.興聖皇帝九世孫。

F. 中葉非罪，謫居條支，易姓與名。然自窮蟬至舜，五世爲庶，累世不大曜，亦可嘆焉。	F. 隋末多難，一房被竄於碎葉。流離散落，隱易姓名。	F. 其先隋末以罪徙西域。
	G. 故自國朝以來，漏於屬籍。	
H. 神龍之始逃歸於蜀。	H. 神龍初潛還廣漢，因僑爲郡人。	H. 神龍初遁還，客巴西。
	I. 父客，以逋其邑，遂以客爲名。高臥雲林，不求祿仕。	
J. 復指李樹而生伯陽。驚姜之夕，長庚入夢。故生而名白，以太白字之。世稱太白之精，得之矣。	J. 公之生也，先府君指天枝以復姓，先夫人夢長庚而告祥。名之與字，咸所取象。	J. 白之生，夢長庚星，因以命之。

*三段文字均無刪節。

引用書目

說明：

㈠本書目中文著作依書名或作者姓名之漢語拼音順序排列；西文著作依作者姓氏之字母順序排入；日文著作則依作者姓氏之漢語發音順序排入。

㈡中文著作中，清代（含）以前著作因一向多以書名爲人所熟知，今均以書名爲排列依據。民國以來的著作則主要以作者姓名爲排列依據；僅有少數以書名爲人所熟知者準清以前著作之例，依書名排列。遇有疑難，則以互見方式處理。

㈢全書所引正史均係北京中華書局點校本。書目中將不再一一指明。

㈠略名表

《寰宇記》：《太平寰宇記》

《校注》：《李白集校注》

《舊書》：《舊唐書》

《論文集》：《李白研究論文集》

《全詩》：《全唐詩》

《全文》：《全唐文》

《通鑑》：《資治通鑑》

《王本》：王琦注本《李太白全集》

《新書》：《新唐書》

《英華》：《文苑英華》

《元龜》：《冊府元龜》

《元和志》：《元和郡縣圖志》

《纂錄》：《十六國春秋纂錄》

㈡與李白研究直接相關的著作

安旗主編。《李白全集編年注釋》。成都：巴蜀書社，1990。

安旗。〈李白三入長安別考〉，收於李白研究學會編《李白研究論叢》。成都：巴蜀書社，1987。

安旗、薛天緯。《李白年譜》。濟南：齊魯書社，1982。

稗山。〈李白兩入長安辨〉，收於《中華文史論叢》第二輯。北京：中華書局，1962。

陳鈞。〈李白謁見蘇頲年代考辨〉，收於《中國李白研究》1990上。

陳貽焮。〈唐代某些知識份子隱逸求仙的政治目的：兼論李白的政治理想和從政途徑〉，收於其《唐詩論叢》（見該條）。

陳寅恪。〈李太白氏族之疑問〉，收於《李白研究論文集》（見該條）。

大野實之助。《李太白研究》。東京：早稻田大學出版部，1971。

Eide, Elling O. "On Li Po," In *Perspectives on the T'ang*. Ed. Arthur F. Wright and Denis Twitchett. New Haven and London: Yale Univ. Press, 1973.

《分類補註李太白詩》。元蕭士贇補註。明神宗萬曆三十年（1602）

許自昌校訂本。

葛景春、劉崇德。〈李白由東魯入京考〉。《河北大學學報》，
　　1983年1期。

耿元瑞。〈李白是靠經商過活嗎？〉。《文學遺產》，444期
　　（1962）。

郭沫若。《李白與杜甫》。北京：人民文學出版社，1971。

《河嶽英靈集》。唐殷璠編選。收於《唐人選唐詩（十種）》。香
　　港：中華書局，1958。

胡懷琛。〈李太白的國籍問題〉，收於《李白研究論文集》（見該
　　條）。

花房英樹。《李白歌詩索引》。京都：京都大學人文科學研究所，
　　1957。

黃錫珪。《李太白年譜》。北京：作家出版社，1958。

劍梅。〈李白的籍貫家世與種族點滴〉，收於《唐詩研究論文集》
　　第二輯第二部分。香港：中國語文學社，1969。

《李白集校注》。瞿蛻園、朱金城編。上海：古籍出版社，1980。

《李白詩選》。復旦大學中文系編。北京：人民文學出版社，1977
　　二版。

《李白研究論文集》。中華書局編。北京：中華書局，1964。

李長之。《道教徒的詩人李白及其痛苦》。澳門影印1940原刊本。

李從軍。《李白考異錄》。濟南：齊魯書社，1986。收有下列四篇
　　本書引用文章：

　　　　〈李白歸蜀考〉

　　　　〈李白三入長安考〉

〈由江東之游再考李白的三入長安〉

〈關於李白三入長安質疑的質疑〉

《李太白全集》。清王琦注。北京：中華書局，1977。

《李太白文集》。東京靜嘉堂文庫藏宋本李白集，縮印於平岡武夫
　　編《李白の作品》。京都：京都大學人文科學研究所，1958。

林庚。《詩人李白》。上海：古典文學出版社，1958。

麥朝樞。〈李白的經濟來源〉。《文學遺產》，427期（1962）。

喬象鍾。〈李白從璘事辨〉，收於《李白研究論文集》（見該條）。

施逢雨。《李白詩的藝術成就》。台北：大安出版社，1992。

Shih, Feng-yu. *Li Po:A Biographical Study*. Ph. D. thesis;
　　Vancouver: Univ. of British Columbia, 1983.

唐明敏。《李白及其詩之版本》。碩士論文；台北：政治大學，
　　1975。

《唐寫本唐人選唐詩》。敦煌殘本。收於《唐人選唐詩》（見《河
　　嶽英靈集》）。

Waley, Arthur. *The Poetry and Career of Li Po*. London:
　　George Alley and Unwin; New York: The MacMillan Company,
　　1950.

王瑤。《李白》。上海：人民文學出版社，1954。

王運熙。〈談李白的蜀道難〉。《文學遺產》，144期（1957）。

王運熙、李寶均。《李白》。上海：古籍出版社，1979。

謝力。〈李白開元末年入京考〉，收於《李白學刊》第一輯。上海
　　：三聯書店，1989。

胥樹人。《李白和他的詩歌》。上海：古籍出版社，1984。

《又玄集》。韋莊編選。收於《唐人選唐詩》（見《河嶽英靈集》）。

俞平伯。〈李白的姓氏籍貫種族的問題〉，收於《李白研究論文集》
　　（見該條）。

郁賢皓。〈李白出蜀年代考〉，收於其《李白叢考》。西安：陝西
　　人民出版社，1982。

郁賢皓。〈李白兩入長安及有關交游考辨〉。《南京師院學報》，
　　1978年4期。

郁賢皓。《李白選集》。上海：古籍出版社，1990。

郁賢皓。〈李白與張垍交游新證〉。《南京師院學報》，1978年1
　　期。

郁賢皓。《天上謫仙人的秘密——李白考論集》。台北：商務印書
　　館，1997。

詹鍈主編。《李白全集校注彙釋集評》。天津：百花文藝出版社，
　　1996。

詹鍈。《李白詩論叢》。北京：作家出版社，1957。

詹鍈。《李白詩文繫年》。北京：作家出版社，1958。

張昕。〈諸家李白年譜中有關安陸十年繫年比較〉，收於李白研究
　　學會編《李白研究論叢》。成都：巴蜀書社，1987。

(三)其他著作

《百種詩話類編》。見臺靜農。

《抱朴子》。葛洪撰。台北影印《中國子學名著集成》本。

《抱朴子內篇》。王明《抱朴子內篇校釋》本。北京：中華書局，
　　1980。

《北夢瑣言》。孫光憲（卒於968年）撰。北京：中華書局，1960。

《北齊書》。李百藥撰。

《北史》。李延壽撰。

《別國洞冥記》。傳爲漢郭憲撰。收於《龍威秘書》（見該條），
　　第一輯。

Bingham, Woodbridge. *The Founding of the T'ang Dynasty: The
　　Fall of Sui and Rise of T'ang*. Baltimore:Waverly Press,
　　1941.

《博物志》。張華撰。范寧《博物志校證》本。北京：中華書局，
　　1980。

《曹子建詩注》。黃節注。台北：藝文印書館，1971。

《冊府元龜》。王欽若等撰。北京：中華書局，1960。

岑仲勉。《西突厥史料補闕及考證》。北京：中華書局，1958。

岑仲勉。《唐人行第錄外三種》。北京：中華書局，1962。

岑仲勉。《唐史餘瀋》。北京：中華書局，1960。

岑仲勉。《通鑑隋唐紀比事質疑》。香港：中華書局，1977。

《長安と洛陽》。平岡武夫編。京都：京都大學人文科學研究所，
　　1956。

《朝野僉載》。張鷟撰。收於吳永編《續百川學海》。台北影明本。

Chavannes, Edouard. *Documents sur les Tou-Kiue（Turcs）
　　Occidentaux, suivi des Notes Additionnelles*. Paris:
　　Librairie d'Amérique et d'Orient, n. d.; originally

published in St Petersburg in 1903; "Notes Additionnelles" originally published in *T'oung-pao*, 5(1904), 1-110.

陳登原。《國史舊聞》。二冊。北京：中華書局，1962。

陳國符。《道藏源流考》。增訂二版，二冊。北京：中華書局， 1963。

陳弱水。〈思想史中的杜甫〉。《中研院史語所集刊》第69本第一分（1998）。

陳貽焮。《杜甫評傳》。上中下三卷。上海：古籍出版社，1982－ 88。

陳貽焮。《唐詩論叢》。長沙：湖南人民出版社，1980。

陳寅恪。《陳寅恪先生論集》。台北：中央研究院，1971。收有下列六篇本書引用文章：

〈李唐氏族之推測〉（1932）

〈李唐氏族之推測後記〉（1933）

〈李唐武周先世事蹟雜考〉（1936）

〈三論李唐氏族問題〉（1935）

〈敦煌本維摩詰經文殊師利問疾品演義跋〉

〈武曌與佛教〉（1935）

陳寅恪。《唐代政治史述論稿》。香港：中華書局，1974；依1947 上海版排印。

陳垣。《二十史朔閏表》。1962修訂本；北京：中華書局，1978重印。

Ch'en Kenneth K. S. *Buddhism in China: A Historical Survey*.

Princeton: Princeton Univ. Press, 1964.

──────."The Role of Buddhist Monasteries in T'ang Society." *History of Religion*, 15（Feb. 1976）.

程千帆。《唐代進士行卷與文學》。上海：古籍出版社，1980。

《楚辭補註》。洪興祖補註。北京：中華書局，1983，白化文等點校本。

《辭海》。三冊。上海：辭書出版社，1979。

《大唐西域記》。玄奘撰。上海：人民出版社，1977。

《大唐新語》。唐劉肅撰。上海：古典文學出版社，1957。

《大正新修大藏經》。東京，1924－34。

《丹鉛總錄》。楊慎撰。《四庫全書珍本四集》本。台北：商務印書館，1973。

《道藏》。見《正統道藏》。

《登科記考》。清徐松撰。台北影印清光緒十四年（1888）本。

des Rotours, Robert. *Le Traité des Examens; Traduit de la Nouvelle Histoire des T'ang*. 2nd ed. San Francisco: Chinese Materials Center, 1976. 1st ed. published in Paris in 1932.

──────. *Traité des Fonctionnaires et Traité de l'Armée, Traduits de la Nouvelle Histoire des T'ang*. 2nd ed. San Francisco: Chinese Materials Center, 1974. 1st ed. published in Leiden in 1948.

〈洞天福地嶽瀆名山記〉。見《正統道藏》。

《讀史方輿紀要》。顧祖禹撰。北京：中華書局，1955。

《讀書雜識》。清勞格撰。台北：藝文印書館，1972影《月河精舍叢鈔》本。

《杜少陵集詳註》.。仇兆鰲註。香港：中華書局，1974。

Ebrey, Patricia Buckley. *The Aristocratic Families of Early Imperial China*. Cambridge: Cambridge Univ. Press, 1978.

《爾雅異》。宋羅願撰。洪焱祖《爾雅翼音釋》本。未著出版地：1884。

傅勤家。《中國道教史》。上海：商務印書館，1937。

傅璇琮。《唐代科舉與文學》。台北：文史哲出版社，1994。

傅璇琮。《唐代詩人叢考》。北京：中華書局，1980。

《古今姓氏書辨證》。鄧名世（活躍於宋高宗年間）編。岱南閣叢書本；無出版年代。

《括地志輯校》。賀次君編。北京：中華書局，1980。

《會稽掇英總集》。宋孔延之編。《景印文淵閣四庫全書》第1345冊。

Guisso, R. W. L. *Wu Tse-t'ien and the Politics of Legitimation in T'ang China*. Bellingham: Western Washington Univ., 1978.

郭紹虞。《宋詩話輯佚》。二冊。北京：中華書局，1980。

《國語》。左丘明撰。上海：古籍出版社，1978。

《韓昌黎文集校注》。馬茂元校注。台北：河洛出版社，1975年影本。

《漢書》。班固等撰。

《漢武帝內傳》。撰者不詳。收於《龍威秘書》（見該條）第一輯。

《漢武故事》。撰者不詳。收於《續談助》，《叢書集成初編》No.
　　272。長沙：商務印書館，1939。

《漢語大詞典》。上海：《漢語大詞典》出版社，1987－1994。

《翰苑羣書》。宋洪遵編。收於《知不足齋叢書》第十三輯。台北
　　影印1921年本。

《河東先生集》。柳宗元撰，宋廖瑩中註。台北影印1923年本。

《鶴林玉露》。宋羅大經撰。上海：商務印書館，1926。

Hightower, James Robert. *The Poetry of T'ao Ch'ien*. Oxford:
　　Clarendon Press, 1970.

Holzman, Donald. Poetry and *Politics: The Life and Works* of
　　Juan Chi（*A. D. 210-263*）. Cambridge: Cambridge Univ.
　　Press, 1976.

《後漢書》。范曄撰。

《淮南子》。淮南王劉安等撰。台北影印1804年聚文堂本。

《混元聖紀》。見《正統道藏》。

Hung, William. *Tu Fu: China's Greatest Poet*. New York:
　　Russell & Russell, 1969; first published by Harvard
　　Univ. Press in 1952.

————. *A Supplementary Volume of Notes for Tu Fu: China's
　　Greatest Poet*. Cambridge, Massachusetts: Harvard Univ.
　　Press, 1952.

吉岡義豐。〈三洞奉道科誡儀範の成立について〉。收於吉岡義豐
　　與Michel Somié編《道教研究》第一冊。東京，1965。

《晉書》。房玄齡等撰。

《經進東坡文集事略》。蘇軾撰，郎曄編註。二冊。北京：文學古
　　籍刊行社，1957。

《舊唐書》。劉昫等撰。

《舊唐書校勘記》。岑建功等撰。台北影印1872年本。

Johnson, David G. *The Medieval Chinese Oligarchy*. Boulder,
　　Colorado: Westview Press, 1977.

Karlgren, Bernhard. *Grammata Serica Recensa. MFEA Bulletin*,
　　29(1957); rpt. Stockholm: Museum of Far Eastern
　　Antiquities, 1972.

勞格。見《讀書雜識》。

《歷代崇道記》。見《正統道藏》。

《歷代詩話續編》。丁福保編。北京：新華書局，1983。

《梁書》。姚思廉等撰。

《梁昭明太子集》。蕭統撰。收於張溥編《漢魏六朝百三名家集》。
　　1925年掃葉山房本。

《列女傳補注》。劉向撰，王照圓補注。長沙：商務印書館，1938。

《列仙傳》。傳爲劉向撰。收於《說乳》卷43。台北：商務印書館，
　　1972影涵芬樓本。

《列子》。撰者不詳。楊伯峻《列子集釋》本。北京：中華書局，
　　1979。

劉盼遂。〈李唐爲蕃姓考〉。《女師大學術季刊》，1：4（1930）
　　及2：1（1931）。

劉盼遂。〈李唐爲蕃姓三考〉。《燕京學報》，15期（1934）。

《龍威秘書》。馬俊良編。十輯。台北影印1794年大酉山房本。

呂思勉。《隋唐五代史》。二冊。北京：中華書局，1959。

Minorsky, V. *Ḥudūd al-'Ālam. "The Regions of the World," A Persian Geography 372 A.H.-982 A.D.* E. J. W. Gibb Memorial Series, New Series, XI. 1st ed., 1937; London: Messrs. Luzac and Company, 1970.

牟潤孫。〈敦煌唐寫姓氏錄殘卷考〉。《文史哲學報》，第3期（1951）。

《穆天子傳》。撰者不詳。收於《龍威秘書》（見該條）第1輯。

《南豐先生文集》。曾鞏撰。1597年查溪澄雪亭本。

《南齊書》。蕭子顯撰。

《南史》。李延壽撰。

Needham, Joseph, *et al. Science and Civilisation in China.* Vol. 5, Part III. Cambridge: Cambridge Univ. Press, 1976.

Pulleyblank, Edwin G. *The Background of the Rebellion of An Lu-shan.* London: Oxford Univ. Press, 1955.

──────. "Neo-Confucianism and Neo-Legalism in T'ang Intellectual Life." In *The Confucian Persuasion.* Ed. Arthur F. Wright. Stanford, California: Stanford Univ. Press, 1960.

──────. "Some Examples of Colloquial Pronunciation from the Southern Liang Dynasty." *In Studia Sino-Mongolica: Festschrift für Herbert Franke.* Ed. Wolfgang Bauer. Wiesbaden, 1979.

錢穆。《史記地名考》。香港：龍門書店，1968。

《錢注杜詩》。杜甫撰，錢謙益注。北京：中華書局，1958。

《全唐詩》。清彭定求等編。北京：中華書局，1960。

《全唐文》。清董誥等編。台北影1814年本。

《容齋隨筆》。洪邁撰。五集。上海：古籍出版社，1978。

Samolin, William. *East Turkistan to the Twelfth Century: A Brief Political Survey.* London: Mouton, 1964.

Schafer, Edward H. *Mao-shan in T'ang Times.* Society for the Study of Chinese Religion, Monograph No. 1, 1980.

Schipper, Kristofer, *et al.,* eds. *Concordance du Pao-p'u-tseu Nei-p'ien.* Paris: L'Ecole Française d'Extrême-Orient, 1965.

Seidel, Anna K. "The Image of the Perfect Ruler in Early Taoist Messianism: Lao-tzu and Li Hung." *History of Religion,* 9:2-3, 1969-70.

《山海經》。郭璞《山海經注》本。台北1965年影本。

《山海經》。袁珂《山海經校注》本。上海：古籍出版社，1980。

《少室山房筆叢》。明胡應麟撰。上海：中華書局，1964。

《神仙傳》。葛洪撰。收於《龍威秘書》（見該條）第1輯。

《神異經》。託名東方朔撰。《漢魏叢書》本。

《升菴全集》。楊慎撰。《萬有文庫》本。上海：商務印書館，1937。

《石林燕語》。葉夢得撰。《四庫全書珍本別集》本。台北：商務印書館，1975。

《十六國春秋纂錄》。北魏崔鴻撰，清湯球編校。收於《叢書集成
　　初編》。上海：商務印書館，1936。

《史記》。司馬遷撰。

《史通》。劉知幾撰。清浦起龍《史通通釋》本。二冊。上海：古
　　籍出版社，1978。

《世說新語》。劉義慶撰。香港：中華書局，1978。

《水經注》。酈道元撰。《四庫全書珍本別集》本。台北：商務印
　　書館，1975。

《四庫全書總目提要》。永瑢、紀昀主編。上海：商務印書館，
　　1933。

《宋書》。沈約撰。

Strickmann, Michel. "The Mao Shan Revelations: Taoism and
　　the Aristocracy." *T'oung-pao,* 63(1977).

————. "On the Alchemy of T'ao Hung-ching." In *Facets of
　　Taoism: Essays in Chinese Religion.* Ed. Holmes Welch
　　and Anna Seidel. New Haven and London: Yale Univ. Press,
　　1979.

《隋書》。魏徵等撰。

臺靜農等編。《百種詩話類編》。三冊。台北：藝文印書館，1974。

《太平廣記》。李昉等編。上海：掃葉山房，1926。

《太平寰宇記》。樂史撰。台北1963影1803年本。

《太平御覽》。李昉等編。北京：中華書局，1960影宋本。

譚其驤主編。《中國歷史地圖集》，冊五。上海：地圖出版社，
　　1982。

譚優學。〈王昌齡行年考〉，收於《唐詩研究論文集》第三輯。香
　　港：中國語文學社，1970。

《唐大詔令集》。宋敏求編。北京：商務印書館，1959。

《唐方鎮年表》。清吳廷燮撰。收於《二十五史補編》冊六。北京
　　：中華書局，1956。

《唐國史補》。唐李肇撰。上海：古籍出版社，1979。

《唐會要》。宋王溥編。北京：中華書局，1955。

《唐六典》。唐玄宗時官修，題玄宗撰，李林甫等注。《四庫全書
　　珍本別集》本。台北：商務印書館，1976。

《唐律疏議》。長孫無忌等撰。現代標點本，前有勵廷儀1735年序
　　文。

《唐詩紀事》。宋計有功撰。北京：中華書局，1965。

《唐音癸籤》。胡震亨撰。上海：古典文學出版社，1957。

《唐語林》。宋王讜撰。台北：世界書局，1962影本。

《唐摭言》。王定保撰。上海：古籍出版社，1978。

藤田豐八。《東西交涉史の研究——西域篇及附篇》。東京，1932
　　— 33。

藤田豐八。《慧超往五天竺國傳箋釋》。收於《大日本佛教全書》
　　冊LXXIII。東京：鈴木研究基金會，1972。

《通典》。杜佑撰。《萬有文庫》本。上海：商務印書館，1935。

Twitchett, D.C. *Financial Administration under the T'ang.*
　　2nd ed. Cambridge: Cambridge Univ. Press, 1970.

————, ed. *Sui and T'ang China, 589–906*, Part I. Vol. 3
　　of *The Cambridge History of China.* Cambridge: Cambridge

Univ. Press, 1979.

窪德忠。《道教史》。東京：山川出版社，1977。

王桐齡。〈楊隋李唐先世系統考〉。《女師大學術季刊》，2：2
　　（1931）。

王堯。〈敦煌古藏文歷史文書漢譯初稿選〉。《歷史學》，3
　　（1979）。

王仲犖。〈試釋吐魯番出土的幾件有關過所的唐代文書〉。《文物》，
　　1975年第7期。

《往五天竺國傳》。唐慧超撰。收於羅振玉，《羅雪堂先生全集》，第
　　三輯冊六。台北1970影本。亦收於《大日本佛教全書》（見藤
　　田豐八）。

望月信亨編。《望月佛教大辭典》。增訂本。京都：1954－71。

Ware, James R. *Alchemy, Medicine and Religion in the China
　　of A.D. 320: The Nei P'ien of Ko Hung.* 1966; rpt. New
　　York: Dover Publications, 1981.

《魏書》。魏收撰。

《魏武帝詩注》。曹操撰，黃節注。收於《魏文武明帝詩注》。台
　　北：藝文印書館，1972。

《文選》。蕭統編，李善注。香港：商務印書館，1978。

《文選》。蕭統編，六臣注。台北：漢京文化公司，1980影古迂書
　　院刊本。

聞一多。《聞一多全集》，冊三。上海：開明書店，1948。收有下
　　列兩種本書引用著作：
　　　　《岑嘉州繫年考證》

《少陵先生年譜會箋》

《文苑英華》。李昉等編。台北1965影1567年本。

Wright, Arthur. *The Sui Dynasty.* New York: Alfred A. Knopt, 1978.

吳震。〈從吐魯番出土氾德達告身談唐碎葉鎮城〉。《文物》，1975年第8期。

《西溪叢語》。宋姚寬撰。收於《筆記小說大觀續編》。台北影本。

相馬隆。《流沙海西古文化論考》。東京：山川出版社，1977。

蕭滌非。《杜甫研究》下卷。濟南：山東人民出版社，1957。

《謝康樂詩註》。謝靈運撰，黃節註。台北：藝文印書館，1971。

新疆博物館、西北大學歷史系考古專業。〈1973年吐魯番阿斯塔那古墓羣發掘簡報〉。《文物》，1975年第7期。

《新唐書》。歐陽修等撰。

嚴耕望。《唐史研究叢稿》。香港：新亞研究所，1969。

葉嘉瑩。〈一組易懂而難解的好詩〉，收於其《迦陵談詩》冊一。台北：三民書局，1970。

《一切經音義》。慧琳撰。台北1970影本。

《猶龍傳》。見《正統道藏》。

《輿地廣記》。宋歐陽忞撰。台北影1812年本。

《輿地紀勝》。宋王象之撰。台北影1860年粵雅堂本。

郁賢皓。《唐刺史考》。江蘇古籍出版社，1987。

《元豐類槀》。曾鞏撰。1890年慈利漁浦書院本。

《元和郡縣圖志》。李吉甫撰。1880年金陵書局本。

《樂府詩集》。郭茂倩編。四冊。北京：中華書局，1979。

張滌華。《類書流別》。修訂版。上海：商務印書館，1958。

張維編。《隴右金石錄》。甘肅：甘肅省文獻徵集委員會，1943。

趙萬里。《漢魏南北朝墓誌集釋》。北京：科學出版社，1956。

《貞觀政要》。吳兢撰。上海：古籍出版社，1978。

〈眞系〉。唐李渤撰。收於《雲笈七籤》。《四部叢刊初編》本。

《正統道藏》。收有下列數種本書所引著作：

    《傳授經戒儀注訣》。《正一部》，楹下

    《傳授三洞經戒法籙略說》。《正一部》，肆上

    〈洞天福地嶽瀆名山記〉。唐杜光庭撰，《洞玄部》，鞠上

    《混元聖紀》。宋謝守灝撰。《洞神部》，與

    《歷代崇道記》。杜光庭撰。《洞玄部》，惟上

    《三洞修道儀》。五代孫夷中撰。《正一部》，楹下

    《猶龍傳》。宋賈善翔撰。《洞神部》，敬下

    《正一法文法籙部儀》。《正一部》，肆上

    《正一修眞略儀》。同上

《中國地名大辭典》。國立北平研究院編。1930；東京1974影本。

《中國古今地名大辭典》。1931；上海：商務印書館，1935影本。

《中華人民共和國分省地圖集》。地圖出版社編。北京：地圖出版
    社，1974。

《周書》。令狐德棻等撰。

周勛初。《高適年譜》。上海：古籍出版社，1980。

朱希祖。〈駁李唐爲胡姓說〉。《東方雜誌》，33：15（1936）。

朱希祖。〈再駁李唐氏族出於李初古拔及趙郡說〉。《東方雜誌》，34
    ：9（1937）。

《竹書紀年》。徐文靖《竹書紀年統箋》本。台北影1877年本。

《莊子集釋》。郭慶藩撰。台北：世界書局，1971。

《資治通鑑》。司馬光等撰。文中附《考異》及胡三省注。北京：
　　古籍出版社，1956。

《左傳》。傳爲左丘明撰。《十三經注疏》本。台北：藝文印書館
　　影1815年本。

國家圖書館出版品預行編目資料

李白生平新探

施逢雨著.—初版.—臺北市：臺灣學生，1999[民 88]

面；公分

ISBN 957-15-0984-1 (精裝)
ISBN 957-15-0985-X (平裝)

1.(唐)李白 – 傳記

782.8415   88011864

李白生平新探 （全一冊）

著　作　者：施　　　　逢　　　　雨
出　版　者：臺　灣　學　生　書　局
發　行　人：孫　　　　善　　　　治
發　行　所：臺　灣　學　生　書　局
　　　　　　臺北市和平東路一段一九八號
　　　　　　郵政劃撥帳號00024668號
　　　　　　電　話：(02)23634156
　　　　　　傳　真：(02)23636334
本書局登
記證字號：行政院新聞局局版北市業字第玖捌壹號
印　刷　所：宏　輝　彩　色　印　刷　公　司
　　　　　　中和市永和路三六三巷四二號
　　　　　　電　話：(02)22268853

定價：精裝新臺幣三四〇元
　　　平裝新臺幣二七〇元

西元一九九九年八月初版

78294
ISBN 957-15-0984-1 (精裝)
ISBN 957-15-0985-X (平裝)